Waarom mannen niet luisteren

&

vrouwen niet kunnen kaartlezen

Allan & Barbara Pease

Waarom mannen niet luisteren

en vrouwen niet kunnen kaartlezen

Spectrum

Uitgeverij Unieboek | Het Spectrum bv, Houten-Antwerpen

Spectrum maakt deel uit van Uitgeverij Unieboek | Het Spectrum bv
Postbus 97
3990 DB Houten

Oorspronkelijke titel: Why men don't listen & Women can't read maps
Uitgegeven door: Pease Training International 1998
Illustraties: John Hepworth

Vertaald door: L.C. van Twisk
Omslagontwerp: Studio Herman Bade B.V., Baarn
Eerste druk 1999
Vijfentwintigste druk 2010
Zetwerk: Elgraphic bv, Schiedam

ISBN 978 90 274 6767 6
NUR 770
www.unieboekspectrum.nl

Inhoud

Inleiding

Een autotochtje

Op een zonnige zondagochtend gingen Bob en Anja met hun twee tienerdochters op weg naar het strand. Bob zat achter het stuur en Anja zat naast hem. Ze keerde zich om de paar minuten naar haar dochters om zich in hun levendige gesprekken te mengen. Voor Bob leek het alsof ze allemaal tegelijkertijd praatten en een onophoudelijke herrie creëerden waar geen touw aan vast te knopen was. Uiteindelijk had hij er schoon genoeg van.

'Kunnen jullie alsjeblieft je mond houden?'

Er volgde een sprakeloze stilte.

'Waarom?' vroeg Anja ten slotte.

'Omdat ik probeer auto te rijden!' antwoordde hij geërgerd.

De vrouwen keken elkaar in volslagen verwarring aan.

'Probeert auto te rijden?' mompelden ze tegen elkaar.

Ze konden geen enkel verband zien tussen hun gesprek en zijn vermogen om auto te rijden. Hij begreep niet waarom ze allemaal door elkaar praatten, soms over verschillende onderwerpen, terwijl het leek alsof niemand van hen luisterde.

Waarom konden ze niet gewoon hun mond houden en hem zich op het verkeer laten concentreren? Door hun gepraat had hij de voorgaande afslag op de snelweg gemist.

Het fundamentele probleem hier is eenvoudig: mannen en vrouwen verschillen van elkaar. De een is niet beter of slechter – maar verschillend. Wetenschappers, antropologen en sociobiologen weten dit al jaren, maar ze zijn zich er ook pijnlijk van bewust dat als ze deze kennis openbaar zouden maken, ze door deze Politiek Correcte wereld voor paria's uitgemaakt zouden worden. De huidige maatschappij is vastbesloten te geloven dat mannen en vrouwen over exact dezelfde vaardigheden, talenten en vermogens beschikken – terwijl de wetenschap ironisch genoeg begint aan te tonen dat ze van elkaar verschillen als dag en nacht.

En waar blijven wij dan? Als maatschappij, op een zeer wankele basis. Pas wanneer we ons een begrip vormen van de verschillen tussen mannen en vrouwen, kunnen we beginnen te bouwen op basis van onze gezamenlijke krachten – in plaats van op onze individuele zwakten. In dit boek zullen we de enorme ontwikkelingen aangrijpen die zich recentelijk hebben voorgedaan in de wetenschap van de evolutie van de mens, en aantonen hoe de lessen die zijn geleerd van toepassing zijn op zowel mannelijke als vrouwelijke relaties. De conclusies die we onthullen zullen controversieel zijn. Ze zullen confronterend zijn. Ze zullen af en toe bijzonder verontrustend zijn. Maar ze zullen ons een diepgaand begrip bieden van de vele vreemde dingen die zich tussen mannen en vrouwen voordoen. Hadden Bob en Anja dit maar gelezen voordat ze op weg gingen...

Waarom het schrijven van dit boek zo moeilijk was

Het kostte drie jaar en meer dan 400.000 kilometer om dit boek te schrijven. In de loop van ons onderzoek bestudeerden we verhandelingen, interviewden we deskundigen en gaven we seminars in Australië, Nieuw-Zeeland, Singapore, Thailand, Hong Kong, Maleisië, Engeland, Schotland, Ierland, Italië, Griekenland, Duitsland, Nederland, Turkije, de Verenigde Staten, Zuid-Afrika, Botswana, Zimbabwe, Zambia, Namibië en Angola.

Een van de moeilijkste opgaven was het verkrijgen van de meningen over de feiten van openbare en particuliere organisaties. Zo is bijvoorbeeld minder dan 1 procent van alle commerciële piloten vrouw. Toen we dit met functionarissen van luchtvaartmaatschappijen probeerden te bespreken, waren velen te bang hun mening hierover te geven, uit angst te worden beschuldigd van seksisme of een vrouwonvriendelijke houding. Velen zeiden 'geen commentaar' te hebben en sommige organisaties uitten zelfs dreigementen om te voorkomen dat hun namen in ons boek zouden worden genoemd. Vrouwelijke leidinggevenden waren over het algemeen welwillender, hoewel velen onmiddellijk een verdedigende houding aannamen en dit onderzoek beschouwden als een aanval op het feminisme, terwijl ze niet eens wisten waarover het ging. Sommige gezaghebbende opinies die we hebben opgetekend werden in

schemerige kamers en achter gesloten deuren 'in vertrouwelijke sfeer' verkregen van bedrijfsmanagers en professoren aan universiteiten, met de garantie dat ze niet zouden worden geciteerd en dat de naam van hun organisaties niet zou worden genoemd. Velen hadden twee meningen: de Politiek Correcte publieke opinie en hun echte mening, die 'niet geciteerd' mocht worden.
Je zult dit boek soms uitdagend vinden, soms verrassend, maar altijd fascinerend. Hoewel het is gebaseerd op onweerlegbaar wetenschappelijk bewijs, hebben we gebruik gemaakt van alledaagse gesprekken, overtuigingen en scenario's die variëren van grappig tot zonder meer jolig om ervoor te zorgen dat het boek met plezier wordt gelezen. Onze doelstelling is om jou, de lezer, te helpen meer over jezelf en het andere geslacht te weten te komen, zodat je interacties en relaties meer vervullend, vreugdevoller en bevredigender kunnen zijn.
Dit boek is opgedragen aan alle mannen en vrouwen die zich ooit om twee uur 's nachts rechtop in bed de haren uit het hoofd trokken terwijl ze hun partner smekend vroegen: 'Maar waaróm begrijp je het niet?' Relaties lopen stuk omdat mannen nog altijd niet begrijpen waarom een vrouw niet meer als een man kan zijn, en omdat vrouwen nog altijd verwachten dat hun mannen zich net zo gedragen als zij. Dit boek zal je niet alleen helpen tot een beter begrip te komen van het andere geslacht, het zal je ook helpen jezelf te begrijpen. En hoe jullie allebei als gevolg hiervan een gelukkiger, gezonder en harmonieuzer leven kunnen leiden.

Barbara en Allan Pease

Hoofdstuk 1

Dezelfde soorten, andere werelden

De evolutie van een schitterend wezen

Mannen en vrouwen verschillen van elkaar. De een is niet slechter of beter dan de ander, maar alleen verschillend. Ongeveer het enige wat ze met elkaar gemeen hebben is dat ze tot dezelfde soort behoren. Ze leven in verschillende werelden, met verschillende normen en waarden en volgens heel andere regels. Iedereen weet dit, maar er zijn maar heel weinig mensen – vooral mannen – die bereid zijn dit toe te geven. De waarheid bevindt zich echter recht onder onze neus. Kijk maar naar het bewijs. In de westerse wereld eindigt ongeveer 50 procent van de huwelijken in een scheiding en de meeste serieuze relaties lopen spaak nog voordat ze de kans krijgen langdurig te worden. Mannen en vrouwen van elke cultuur, geloofsovertuiging en kleur harrewarren voortdurend over de meningen, gedragingen, houdingen en overtuigingen van hun partner.

Sommige dingen liggen voor de hand

Wanneer een man naar de wc gaat, gaat hij daar meestal om maar één reden heen, en ook niet meer dan dat. Vrouwen gebruiken de toiletruimte als een conversatiezaal en therapiekamer. Vrouwen die de toiletruimte binnengaan en elkaar niet kennen, kunnen er als beste vriendinnen en levenslange kameraden uit te voorschijn komen. Maar iedereen zou onmiddellijk achterdocht krijgen wanneer een man zou uitroepen: 'Hé Frank, ik ga naar de wc, ga je mee?'

Mannen gaan over de afstandsbediening van de televisie en zappen langs de zenders; vrouwen vinden het niet erg om naar de reclames te kijken. Wanneer ze onder druk staan, gaan mannen aan de alcohol en vallen andere landen binnen; vrouwen eten chocolade en gaan uit winkelen.

Vrouwen hebben commentaar op mannen om het feit dat ze ongevoelig zijn, niet om dingen geven, niet luisteren, niet warm en

medelevend zijn, liever seks willen dan de liefde bedrijven, en de wc-bril omhoog laten staan.
Mannen hebben commentaar op vrouwen om hun manier van autorijden, omdat ze niet in staat zijn een stratenplan te lezen, omdat ze de kaart ondersteboven houden, geen gevoel voor richting hebben, te veel praten zonder tot de kern te komen, niet vaak genoeg het initiatief nemen tot seks en de wc-bril niet omhoogdoen. Mannen lijken nooit iets te kunnen vinden, maar hun cd's staan in alfabetische volgorde. Vrouwen weten altijd de zoekgeraakte autosleutels te vinden, maar zelden de kortste weg naar hun bestemming. Mannen vinden dat ze het meest gevoelige geslacht zijn. Vrouwen wéten dat ze het zijn.

Mannen verbazen zich over de manier waarop een vrouw een kamer vol mensen kan binnenwandelen en op iedereen direct commentaar kan leveren; vrouwen kunnen zich niet voorstellen dat mannen zo onopmerkzaam kunnen zijn. Mannen zijn met stomheid geslagen dat een vrouw het rode waarschuwingslampje van de olie op het dashboard niet ziet, maar wel op vijftig meter afstand een vuile sok in een donkere hoek ziet liggen. Vrouwen zijn verbijsterd over het feit dat een man altijd een auto tussen twee andere auto's gepropt krijgt, alleen via de achteruitkijkspiegel, maar nooit de G-plek weet te vinden.
Als een vrouw tijdens het autorijden verdwaald raakt, zet ze de auto stil en vraagt naar de weg. Voor een man is dit een teken van zwakte. Hij zal uren rondjes blijven rijden en dingen mompelen als: 'Ik weet een andere weg om er te komen', of: 'Ik weet ongeveer waar we zijn', en: 'Hé, dat benzinestation herken ik!'

Verschillende taakverdelingen

Mannen en vrouwen hebben zich anders ontwikkeld omdat ze wel moesten. Mannen gingen op jacht, vrouwen verzamelden. Mannen beschermden, vrouwen zorgden. Als gevolg hiervan ontwikkelden hun lichamen en hersenen zich op totaal verschillende manieren.

Terwijl hun lichamen lichamelijk veranderden om zich beter aan hun specifieke functies aan te passen, veranderde ook hun denken. Mannen werden langer en sterker dan de meeste vrouwen, terwijl hun hersenen zich ontwikkelden overeenkomstig hun taken. Vrouwen waren er meestal tevreden mee dat de man aan het werk was terwijl zij het vuur in de grot brandende hielden, en hun hersenen ontwikkelden zich overeenkomstig hun functie in het leven.

De hersenstructuren van mannen en vrouwen bleven zich miljoenen jaren aldus op verschillende manieren ontwikkelen. Nu weten we dat beide geslachten informatie verschillend verwerken. Man en vrouw denken verschillend. Ze geloven in verschillende dingen. Ze beschikken over verschillende inzichten, prioriteiten en gedragingen.

Doen alsof het anders is, is hét recept voor een hartaanval, verwarring en desillusie in je hele leven.

Het argument 'stereotiep'

Sinds eind jaren tachtig heeft zich een explosie van onderzoek voorgedaan naar de verschillen tussen mannen en vrouwen en de manier waarop de mannelijke en vrouwelijke hersenen werken. Voor het eerst in de geschiedenis zijn we door geavanceerde hersenscanners in staat gesteld de hersenen 'live' aan het werk te zien en hebben we met die vluchtige blik op het uitgestrekte landschap van de menselijke hersenen veel antwoorden gekregen op de vragen over de verschillen tussen man en vrouw. Het onderzoek dat in dit boek wordt besproken, komt voort uit studies op wetenschappelijk, psychologisch en sociologisch gebied, die allemaal duidelijk in één richting wijzen: niet alles is hetzelfde; mannen en vrouwen verschillen inderdaad van elkaar. Gedurende het grootste gedeelte van de twintigste eeuw werden deze verschillen weggverklaard door de sociale omstandigheden, dat wil zeggen dat wij zouden zijn wie we zijn vanwege de houding van onze ouders en leraren, die op hun beurt de houdingen van hun maatschappij weerspiegelden. Meisjesbaby's kregen roze kleertjes en poppen om mee te spelen en jongensbaby's werden in het blauw gekleed en kregen speelgoedsoldaatjes en voetbaltruitjes. Jonge meisjes werden geknuffeld en aangeraakt, terwijl jongens een klap op hun schouder kregen en te horen kregen dat ze niet moesten huilen. Men geloofde tot voor kort dat een baby werd geboren met hersenen zo schoon als een lei, waarop zijn/haar leraren zijn/haar keuzen en voorkeuren konden schrijven. Het biologische bewijs dat ons nu ter beschikking staat laat echter een enigszins ander beeld zien van waarom wij denken zoals we denken. Het toont op overtuigende wijze aan dat het voornamelijk onze hormonen en verbindingen in de hersenen zijn die verantwoordelijk zijn voor onze houdingen, voorkeuren en gedragingen. Dit betekent dat als jongens en meisjes op een onbewoond eiland zouden opgroeien zonder de leiding van een georganiseerde maatschappij of ouders, meisjes nog altijd zouden knuffelen, aanraken, vriendinnen maken en met poppen spelen, terwijl jongens mentaal en fysiek met elkaar zouden wedijveren en groepen met een duidelijke hiërarchie zouden vormen.

De verbindingen in onze hersenen in de baarmoeder en de invloed van onze hormonen bepalen ons denken en gedrag.

Zoals duidelijk moge zijn, zijn de verbindingen in onze hersenen en de hormonen die door onze lichamen razen de twee factoren die nog lang voordat we geboren zijn grotendeels bepalen hoe we zullen denken en ons zullen gedragen. Onze instincten zijn niet meer dan onze genen die bepalen hoe ons lichaam zich in een gegeven omstandigheid zal gedragen.

Is dit alles een samenzwering van de man?

Sinds de jaren zestig probeert een aantal pressiegroepen ons ervan te overtuigen onze biologische nalatenschap overboord te zetten. Ze beweren dat onze regeringen, religies en onderwijssystemen alles bij elkaar niet meer zijn dan een complot van mannen om de vrouw te onderdrukken en onder de duim te houden. Vrouwen zwanger houden was een manier om hen nog meer te beheersen. Historisch gezien lijkt dit zeker het geval. Maar de volgende vraag moet gesteld worden: als vrouwen en mannen identiek zijn, zoals deze groepen beweren, hoe kon de man dan ooit de wereld zo volledig zijn gaan overheersen? Onderzoek naar de werking van de hersenen biedt ons nu vele antwoorden. We zijn niet identiek. Mannen en vrouwen zouden gelijk moeten zijn in die zin dat ze allebei evenveel mogelijkheden zouden moeten krijgen om zich volledig te verwerkelijken, maar ze zijn beslist niet identiek in hun aangeboren vaardigheden. Of mannen en vrouwen *gelijk* zijn, is een politieke of morele vraag, maar of ze *identiek* zijn is een wetenschappelijke vraag.

De gelijkheid van mannen en vrouwen is een politieke of morele kwestie; het essentiële verschil is een wetenschappelijke kwestie.

Diegenen die zich verzetten tegen het idee dat onze biologie van invloed is op ons gedrag, doen dit vaak met de beste bedoelingen; ze kanten zich tegen seksisme. Maar ze halen de begrippen *gelijk* en *identiek* door elkaar, wat twee totaal verschillende dingen zijn. In dit boek zul je zien dat de wetenschap bevestigt dat mannen en vrouwen zowel lichamelijk als geestelijk vergaand verschillen; ze zijn níet hetzelfde.

We hebben de wetenschappelijke werken onderzocht van toonaangevende paleontologen, etnologen en neurologen. Het verschil in hersenbouw tussen vrouwen en mannen is nu duidelijk boven alle speculaties, vooroordelen of redelijke twijfel verheven.

Het kan zijn dat sommigen bij het afwegen van de in dit boek besproken verschillen tussen mannen en vrouwen zullen zeggen: ‘Nee, zo ben ik niet. Dat doe ik niet!’ Misschien is dat ook niet het geval. Maar we hebben hier te maken met *gemiddelde* mannen en vrouwen, dat wil zeggen, hoe de meeste mannen en vrouwen zich meestal in de meeste situaties zullen gedragen en zich gedroegen. ‘Gemiddeld’ betekent dat je, als je een kamer vol mensen hebt, zult opmerken dat mannen dikker en langer zijn dan vrouwen, 7 procent langer en gemiddeld 8 procent dikker, om precies te zijn. De langste en dikste persoon in de kamer kan een vrouw zijn, maar over het geheel genomen zijn de mannen dikker en langer dan de vrouwen. In het *Guinness Book of Records* zijn de dikste en langste mensen altijd mannen geweest. De langste mens die wordt vermeld is Robert Peshing, die 2,79 meter lang was, en de langste persoon in 1998 was Alan Channa uit Pakistan, die 2,31 meter lang was. De geschiedenisboeken staan vol met 'Lange Jannen' en 'Kleine Suzannes'! Dat is niet seksistisch. Het is een feit.

De positie die wij (de auteurs) innemen

Sommige mensen beginnen zich als ze dit boek lezen misschien zelfvoldaan, arrogant of boos te voelen. Dit komt doordat ze in meer of mindere mate het slachtoffer zijn geweest van ideologische theorieën die beweren dat vrouwen en mannen hetzelfde zijn. Daarom willen wij onze positie hierin verduidelijken. Wij, de auteurs, schrijven dit boek om je te helpen je relaties met beide geslachten te ontwikkelen en te verbeteren. Wij geloven dat mannen en vrouwen gelijke kansen moeten krijgen om carrière te maken op elk gebied dat ze verkiezen, en dat gelijk gekwalificeerde mensen een gelijke beloning moeten ontvangen voor dezelfde inspanning.
Verschil is niet het tegengestelde van gelijkheid. Gelijkheid houdt in dat we vrij zijn om te kiezen wat je wilt doen, en verschil houdt in dat we, als mannen of vrouwen, wellicht niet dezelfde dingen willen doen.
Ons doel bestaat eruit de man-vrouwrelatie objectief te bekijken, de daarmee gepaard gaande geschiedenis, interpretaties en implicaties te verklaren, en technieken en strategieën te ontwikkelen voor een meer gelukkige en vervullende manier van leven. We zullen nergens omheen draaien met veronderstellingen of politiek correcte clichés. Als iets eruitziet als een eend, klinkt als een eend, loopt als een eend en er genoeg bewijs is dat het een eend is, dan zullen we het een eend noemen.
Het bewijs dat hier wordt gepresenteerd, laat zien dat de geslach-

ten een natuurlijke *neiging* hebben tot verschillende manieren van gedrag. We suggereren niet dat een van de geslachten vastzit aan een bepaalde manier van gedrag of zich zo zou móeten gedragen.

Nature versus *nurture*

Melissa schonk het leven aan een tweeling, een meisje en een jongen. Jasmine wikkelde ze in een roze deken en Adam in een blauwe. Familieleden brachten zachte, pluizige speeltjes als cadeautje voor Jasmine mee, en een speelgoedvoetbal en een voetbaltruitje voor Adam. Iedereen kirde en maakte lieve geluidjes naar Jasmine en zei tegen haar dat ze mooi en schattig was, maar het waren meestal de vrouwelijke familieleden die haar oppakten en knuffelden. Toen de mannelijke familieleden op bezoek kwamen, richtten ze zich het meest op Adam, spraken aanzienlijk luider, porden in zijn buik, wipten hem op en neer en maakten opmerkingen over zijn toekomst als voetballer.

Een dergelijk scenario zal iedereen bekend voorkomen. Het werpt echter wel een vraag op: wordt dit volwassen gedrag veroorzaakt door onze biologie of is het aangeleerd gedrag dat van generatie op generatie wordt voortgezet? Komt het door de natuur of door de opvoeding?

Het grootste gedeelte van de twintigste eeuw geloofden psychologen en sociologen dat het merendeel van ons gedrag en voorkeuren was aangeleerd door sociale conditionering en onze omgeving. We weten echter dat opvoeding een geleerd verschijnsel is; adoptiefmoeders zijn, of ze nu mens of aap zijn, uitstekend in staat hun kinderen te verzorgen. Wetenschappers daarentegen hebben gesuggereerd dat biologie, chemische huishouding en hormonen grotendeels verantwoordelijk zijn. Er is sinds 1990 een overstelpende hoeveelheid bewijs geweest ter ondersteuning van deze wetenschappelijke visie dat we bij de geboorte al zijn voorzien van een groot gedeelte van onze 'hersensoftware'. Het feit dat mannen meestal de jagers waren en vrouwen de verzorgers, bepaalt zelfs heden ten dage nog altijd ons gedrag, overtuigingen en prioriteiten. Een grootscheeps onderzoek aan de universiteit van

Harvard toont aan dat we ons niet alleen verschillend gedragen tegenover jongens- en meisjesbaby's, maar ook verschillende woorden gebruiken. Tegen meisjesbaby's zeggen we zachtjes: 'Wat ben je toch lief', 'Je bent een klein hartendiefje', 'Je bent een prachtig meisje', en tegen jongensbaby's verheffen we onze stem en zeggen: 'Hé, grote vent!', en: 'Wauw, wat ben jij sterk!'
Toch wordt het gedrag van meisjes en jongens niet *gevormd* door het geven van een Barbiepop of een Action Man, het wordt er alleen door *versterkt*. Zo kwam in de Harvard-studie ook naar voren dat het kenmerkende gedrag van volwassenen tegenover meisjesbaby's en jongensbaby's alleen het reeds bestaande verschil accentueerde. Wanneer je een eend in een vijver zet, begint hij te zwemmen. Kijk onder het oppervlak en je zult zien dat de eend zwemvliezen heeft. Als je zijn hersenen analyseert, kom je tot de ontdekking dat er tijdens de ontwikkeling van de eend al een 'zwemmodule' aanwezig is. De vijver is een plaats waar de eend zich op dat moment toevallig bevindt, maar veroorzaakt niet zijn gedrag.
Onderzoek heeft aangetoond dat we meer een product van onze biologie zijn dan het slachtoffer van sociale stereotypen. We zijn verschillend omdat onze hersenen anders zijn opgebouwd. Daardoor nemen we de wereld op verschillende manieren waar en beschikken we over verschillende waarden en prioriteiten. Niet slechter of beter, maar verschillend.

Je gids van de mensheid

Dit boek is te vergelijken met een gids voor een bezoek aan een buitenlandse cultuur of ander land. Het bevat het plaatselijke jargon en uitdrukkingen, verklaringen van lichaamstaal en inzichten in het antwoord op de vraag waarom de inwoners zijn zoals ze zijn.
De meeste toeristen gaan naar het buitenland zonder dat ze veel onderzoek naar de plaatselijke omgeving hebben gedaan, en raken geïntimideerd of worden kritisch omdat de plaatselijke bevolking geen Nederlands of Engels spreekt of hamburgers of patat bereidt. Maar om van de ervaring van een andere cultuur te genieten of er voordeel van te hebben, moet je eerst de geschiedenis en

de evolutie van die cultuur begrijpen. Vervolgens is het nodig dat je basiszinnen leert en je voegt naar de plaatselijke manier van leven om een ervaring uit de eerste hand en een diepere waardering van die cultuur te verkrijgen. Als je dat doet, zie je er niet uit als een toerist, klink je niet als een toerist en handel je niet als een toerist, want dat is iemand die net zoveel profijt heeft van thuisblijven en alleen maar te *denken* aan andere landen.

Dit boek zal je laten zien hoe je niet alleen kunt genieten, maar ook profijt kunt hebben van de kennis over het andere geslacht. Maar eerst moet je ook hun geschiedenis en evolutie begrijpen.

Naar verluidt sprak een Amerikaanse toerist tijdens een bezoek aan Windsor Castle in Engeland de volgende woorden: 'Het is een prachtig kasteel, maar waarom hebben ze het zo dicht bij het vliegveld gebouwd?'

Dit boek behandelt feiten en de realiteit. Het gaat over echte mensen, authentiek onderzoek, feitelijke gebeurtenissen en opgetekende gesprekken. En je hoeft je geen zorgen te maken over dendrieten, het corpus collosum, neuropeptiden, magnetische resonantie in beeldvorming en dopamine bij het onderzoeken van de hersenfunctie. Wij hebben dat wel gedaan, maar houden nu alles zo eenvoudig mogelijk om het makkelijk leesbaar te houden. We hebben voornamelijk te maken met een relatief recente wetenschap die sociobiologie wordt genoemd: de studie die ons gedrag verklaart aan de hand van onze genen en evolutie.

Je zult een heleboel ideeën, technieken en strategieën ontdekken die wetenschappelijk worden gestaafd en grotendeels voor de hand liggend zijn of getuigen van gezond verstand. We hebben alle technieken, praktijken of meningen opzij geschoven die niet zijn gebaseerd op, of bewezen, door de wetenschap.

We hebben hier te maken met de moderne naakte aap, de aap die de wereld beheerst met megacomputers en op Mars kan landen, en die nog altijd rechtstreeks van de vis afstamt. Het heeft miljoenen jaren geduurd voor we ons tot een soort ontwikkelden, maar tegenwoor-

dig zijn we in een technologische, politiek correcte wereld geduwd die weinig tot geen consideratie met onze biologie heeft.
Het duurde bijna honderd miljoen jaar tot we ons tot een maatschappij ontwikkelden die intelligent genoeg was om een man op de maan te zetten, maar toen hij daar was, moest hij nog altijd net als zijn primitieve voorvader naar de wc. Mensen zien er per cultuur misschien een beetje anders uit, maar onder het oppervlak komen onze biologische behoeften en impulsen overeen. We zullen aantonen hoe onze verschillende gedragsgewoonten geërfd of van generatie op generatie doorgegeven zijn, en je zult zien dat er maar weinig culturele verschillen zijn.
Laten we nu een korte blik werpen op de ontwikkeling van onze hersenen.

Hoe we zijn geworden wie we zijn

Ooit, heel lang geleden, leefden mannen en vrouwen gelukkig samen en werkten ze in harmonie. De man waagde zich elke dag in een vijandige en gevaarlijke wereld om zijn leven als jager op het spel te zetten en voedsel mee terug te brengen naar zijn vrouw en kinderen, en hij verdedigde hen tegen wrede dieren of vijanden. Hij ontwikkelde navigatievaardigheden op de lange-afstand, zodat hij voedsel kon lokaliseren en dit mee naar huis kon nemen; en de vaardigheid tot scherpschutter, zodat hij een bewegend doel kon raken. Zijn taakomschrijving was simpel: hij was een *jager* – en niemand verwachtte meer van hem.
De vrouw echter voelde zich waardevol omdat haar man zijn leven op het spel zette voor de zorg van zijn gezin. Zijn succes als man werd afgemeten aan zijn vermogen een prooi binnen te halen, en zijn gevoel van eigenwaarde werd afgemeten aan haar waardering voor zijn strijd en inspanning. Het gezin was afhankelijk van de manier waarop hij zijn taakomschrijving als jager en beschermer vervulde – en niet meer dan dat. Het was niet nodig dat hij 'de relatie analyseerde' en er werd niet verwacht dat hij de vuilniszak buiten zette of hielp bij het verschonen van de luiers.
De rol van de vrouw was net zo duidelijk. Omdat zij was aangesteld

als de drager van het kind, gaf dit richting aan de manier waarop ze zich zou ontwikkelen en waarop haar vaardigheden gespecialiseerd raakten om die rol te vervullen. Zij moest in staat zijn in haar onmiddellijke omgeving alert te zijn op tekenen van gevaar, over uitstekende navigatievaardigheden op korte afstand beschikken, oriëntatiepunten gebruiken om haar weg terug te vinden en in zeer hoge mate afgestemd zijn op het voelen van kleine veranderingen in het gedrag en uiterlijk van kinderen en volwassenen. Alles was eenvoudig: hij was de *lunch-jager* en zij de *nest-verdediger.*

Zij bracht de dag door met de verzorging van haar kinderen, het verzamelen van fruit, groenten en noten, en de interactie met de andere vrouwen in de groep. Ze hoefde zich niet bezig te houden met de hoofdvoedselvoorraad of het bevechten van vijanden, en haar succes werd afgemeten aan haar vermogen het familieleven gaande te houden. Haar eigenwaarde kwam voort uit de waardering van de man voor haar vaardigheden om het gezellig te maken en te verzorgen.

Haar vermogen kinderen te dragen werd als magisch, zelfs heilig, beschouwd, want alleen zij bezat het geheim tot het schenken van leven. Er werd nooit van haar verwacht dat ze op dieren zou jagen, de vijand zou bevechten of een gloeilamp zou vervangen.

Overleven was moeilijk, maar relationeel was het makkelijk. En zo ging het honderdduizenden jaren. Aan het einde van elke dag kwamen de jagers met hun prooi terug. De prooi werd gelijkelijk verdeeld en iedereen at gezamenlijk in de gemeenschappelijke grot. Iedere jager ruilde een gedeelte van zijn prooi tegen fruit en groenten van de vrouw.

Na de maaltijd zaten de mannen rond het vuur in de vlammen te staren, spelletjes te spelen of verhalen of grappen te vertellen. Dit was de prehistorische versie van het zappen met de afstandsbediening of geabsorbeerd zijn in de krant. Ze waren uitgeput door de jacht en kwamen op krachten om de volgende dag opnieuw op jacht te gaan. De vrouwen gingen door met de verzorging van de kinderen en zorgden ervoor dat de mannen genoeg te eten en rust kregen. Iedereen waardeerde de inspanning van de ander; mannen werden niet beschouwd als lui en de vrouwen werden niet gezien als hun onderdrukte dienstmaagden.

Deze eenvoudige rituelen bestaan nog altijd bij de oude beschavingen in plaatsen als Borneo, gedeelten van Afrika en Indonesië en bij sommige autochtone Australiërs, de Maori's in Nieuw-Zeeland en de eskimo's van Canada en Groenland. In deze culturen weet en begrijpt iedereen zijn of haar rol. De mannen waarderen de vrouwen en de vrouwen waarderen de mannen. Een ieder ziet de ander als uniek in zijn of haar bijdrage tot de overleving en het welzijn van de familie. Maar bij mannen en vrouwen die in de moderne geciviliseerde wereld leven, zijn deze oude regels overboord gezet – en daarvoor in plaats heersen nu chaos, verwarring en ongelukkig zijn.

We hadden niet verwacht dat het zo zou zijn

De gezinseenheid is voor de overleving niet langer afhankelijk van mannen en er wordt niet langer van vrouwen verwacht dat ze thuis blijven als verzorgers en huisvrouwen. Voor het eerst in de geschiedenis van onze soort verkeren de meeste mannen en vrouwen in verwarring over hun taakomschrijving. Jij, de lezer van dit boek, bent onderdeel van de eerste generatie mensen die worden geconfronteerd met een reeks omstandigheden die je voorvaderen en -moeders niet hoefden aan te pakken. Voor het eerst *ooit* zijn we bij onze partners op zoek naar liefde, hartstocht en persoonlijke vervulling, omdat de basisbehoefte aan overleving niet langer doorslaggevend van aard is. Onze moderne sociale structuur voorziet in de regel in onze basisbehoeften door middel van pensioenfondsen, sociale voorzieningen, beschermingswetten voor de consument en diverse regeringsinstanties. Wat zijn dan nu de nieuwe regels, en waar leer je die regels? Dit boek probeert hierop enkele antwoorden te geven.

Waarom paps en mams niet kunnen helpen

Als je voor 1960 bent geboren, ben je opgegroeid met ouders die een houding ten opzichte van elkaar hadden die was gebaseerd op de aloude regels van overleving van man en vrouw. Je ouders her-

haalden het gedrag dat ze van hún ouders hadden geleerd, die op hun beurt hún ouders weer nadeden, en zo gaat het terug tot de vroegere holbewoners in hun duidelijk omlijnde rollen.
Nu zijn de regels helemaal veranderd en weten je ouders niet meer hoe ze je moeten helpen. Het scheidingspercentage van pasgetrouwden ligt rond de 50 en wanneer je vaste en homoseksuele relaties meerekent, ligt het échte scheidingspercentage van partners waarschijnlijk boven de 70. We moeten nieuwe regels leren om erachter te komen hoe we gelukkig kunnen zijn en emotioneel ongeschonden de eenentwintigste eeuw kunnen binnengaan.

We zijn nog altijd gewoon een andere diersoort

'Zo, mijn zoon, markeert hij zijn territorium om andere honden weg te houden. Dat noem je instinctief gedrag, en het komt algemeen voor bij lagere diersoorten die niet denken.'

De meeste mensen vinden het moeilijk zichzelf te beschouwen als gewoon een andere diersoort. Ze weigeren het feit onder ogen te zien dat 96 procent van wat er in ons lichaam kan worden aangetroffen, ook in een varken of paard kan worden aangetroffen. Het enige waardoor we van andere dieren verschillen, is ons vermogen te denken en plannen voor de toekomst te maken. Andere dieren kunnen alleen op situaties reageren op basis van de ingebouwde verbindingen in hun hersenen en door gedrag te herhalen. Ze kunnen niet *denken*, ze kunnen alleen *reageren*.

De meeste mensen accepteren en erkennen dat dieren een instinct bezitten waardoor hun gedrag grotendeels wordt bepaald. Dit instinctieve gedrag kun je makkelijk waarnemen: vogels zingen, kikkers kwaken, mannetjeshonden tillen hun poot op en katten besluipen hun prooi. Maar dat zijn geen intellectuele gedragingen waardoor veel mensen er moeite mee hebben de link te leggen tussen dit gedrag en hun eigen gedrag. Ze negeren zelfs het feit dat hun eigen eerste gedragingen instinctief waren: huilen en zuigen. Welk gedrag we ook van onze ouders erven, of dit nu positief of negatief is, de kans is groot dat dit op dezelfde manier aan je kinderen wordt doorgegeven als bij alle andere diersoorten. Wanneer je een nieuwe vaardigheid leert, geef je deze door aan je kinderen, en dit gaat op dezelfde manier in zijn werk als wetenschappers die generaties slimme en domme ratten weten te fokken in een groep die vervolgens wordt verdeeld in ratten die hun weg in een doolhof weten te vinden en in ratten die hopeloos verdwaald raken. Wanneer wij als mensen onszelf accepteren als een diersoort waarbij instinctieve gedragingen zijn ingesleten door miljoenen jaren evolutie, wordt het makkelijker onze fundamentele drijfveren en impulsen te begrijpen, waardoor we onszelf en anderen meer zouden accepteren. En daarin ligt de weg naar oprecht geluk.

Hoofdstuk 2

Absolute logica

Mannen kunnen nooit iets in de koelkast of voorraadkast vinden.

Het feest was al in volle gang toen Wim en Marijke aankwamen. Eenmaal binnen keek Marijke Wim recht in de ogen en zei zonder dat haar lippen leken te bewegen: 'Kijk eens naar dat stel bij het raam...' Wim draaide zijn hoofd om om te kijken. 'Je moet niet nu kijken', siste ze. 'Je kijkt veel te nadrukkelijk!' Marijke kon niet begrijpen waarom Wim zo indiscreet zijn hoofd had omgekeerd, en Wim kon het niet geloven dat Marijke de andere mensen in de kamer kon zien zonder dat het leek alsof ze keek.
In dit hoofdstuk zullen we de verschillen onderzoeken in de zintuiglijke waarneming van mannen en vrouwen en wat dit inhoudt voor onze relaties.

De vrouw als radardetector

Voor een vrouw is het duidelijk wanneer een andere vrouw van streek is of zich gekwetst voelt, terwijl een man over het algemeen eerst echt tranen moet zien, een woedeaanval moet meemaken of een klap in zijn gezicht moet krijgen voordat hij ook maar enigszins door heeft wat er aan de hand is. Want vrouwen zijn, net als de meeste vrouwelijke zoogdieren, voorzien van veel verfijndere zintuigen dan mannen. Als de drager van het kind en verdediger van het nest moet de vrouw over het vermogen beschikken subtiele veranderingen waar te nemen in de gemoedstoestand en houding van anderen. Datgene wat over het algemeen 'vrouwelijke intuïtie' wordt genoemd, is grotendeels het vermogen van de vrouw kleine details en veranderingen in het uiterlijk of het gedrag van anderen scherp waar te nemen. Dat is iets wat door de hele geschiedenis heen mannen die het niet zo nauw nemen heeft verbijsterd – en die mannen worden steevast betrapt.
Een van de deelnemers aan onze seminars zei dat hij niet kon geloven hoe scherp zijn vrouw kon zien wanneer hij iets te verbergen had, maar dat het leek alsof dit vermogen haar volledig in de

steek liet wanneer ze de auto achteruit in de garage moest parkeren. Het schatten van de afstand tussen de achterbumper van de auto en de muur van de garage heeft echter te maken met het vermogen tot ruimtelijk inzicht, dat zich aan de voorkant van de rechterhersenhelft bevindt en bij de meeste vrouwen niet sterk ontwikkeld is. We zullen daar in hoofdstuk 5 verder op ingaan.

'Mijn vrouw kan op vijftig meter afstand een blonde haar op mijn jas waarnemen, maar rijdt als ze de auto parkeert, tegen de muur van de garage.'

De verdedigers van het nest moesten, om de overleving van hun familie te waarborgen, in staat zijn kleine veranderingen waar te nemen in het gedrag van hun kroost die duidden op pijn, honger, verwonding, agressie of depressie. Mannen bevonden zich, omdat ze de jagers waren, nooit lang genoeg in of rond de grot om de non-verbale signalen te interpreteren, of de manier waarop intermenselijke communicatie plaatsvond. De neuropsycholoog professor Ruben Gur, van de Universiteit van Pennsylvania, maakte gebruik van hersenscans om aan te tonen dat wanneer de hersenen van de man zich in een rustfase bevinden, minimaal 70 procent van de elektrische activiteit is uitgeschakeld. Scans van de hersenen van de vrouw lieten in dezelfde fase 90 procent activiteit zien, waarmee wordt bevestigd dat haar hersenen voortdurend informatie uit haar omgeving registreren en analyseren. Een vrouw kent de hoop, dromen, romances, geheime angsten, gedachten en gevoelens van haar kinderen, en weet meestal ook wat voor soort kattenkwaad ze in de zin hebben. Mannen zijn zich er vaag van bewust dat er ook nog een paar kleine mensen in het huis wonen.

Een en al oog

Het oog is een verlengstuk van de hersenen dat zich buiten de schedel bevindt. Het netvlies aan de achterkant van de oogbol bevat ongeveer 130 miljoen staafcellen die fotoreceptoren worden genoemd en die in zwart-wit kleuren verwerken, en 7 miljoen kegelvormige cellen die voor de kleuren zorgen. Het X-chromosoom voorziet in deze kleurcellen. Vrouwen hebben twee X-chromosomen, waardoor ze een grotere verscheidenheid van kegelvormige cellen hebben dan mannen. Dit verschil komt tot uiting in het feit dat vrouwen kleuren gedetailleerder kunnen beschrijven. Een man zal zich beperken tot het beschrijven van basiskleuren zoals rood, blauw en groen, maar vrouwen hebben het over ivoorwit, bleek blauwgroen, zachtpaars en appelgroen.

Het menselijk oog heeft duidelijk zichtbaar oogwit, dat bij andere primaten ontbreekt. Hierdoor kan het oog zich bewegen en gericht kijken, hetgeen van wezenlijk belang is voor directe menselijke communicatie. De ogen van de vrouw vertonen meer oogwit dan die van de man, omdat persoonlijke communicatie van dichtbij een integraal onderdeel vormt van vrouwelijke verbondenheid. Meer oogwit biedt een grotere reeks van oogsignalen die kunnen worden verstuurd en ontvangen door de richting te registreren waarin de ogen zich bewegen.

Dit soort oogcommunicatie is voor de meeste andere diersoorten niet van doorslaggevend belang en daarom bezitten ze geen of weinig oogwit en vertrouwen ze op lichaamstaal als de hoofdvorm van communicatie.

Ogen in haar rug?

Niet echt, maar het komt er wel bij in de buurt. Vrouwen hebben niet alleen een grotere verscheidenheid van kegelcellen in het netvlies, ze hebben ook een breder perifeer gezichtsveld dan mannen. Als verdediger van het nest bezit de vrouw hersensoftware die haar in staat stelt aan beide zijden van haar hoofd en boven en onder haar neus in een hoek van minstens 45 graden helder te zien. Het effectieve perifere gezichtsveld bedraagt bij de meeste vrouwen bijna 180 graden. De ogen van de man zijn groter dan die van de vrouw en zijn hersenen hebben de ogen dusdanig vormgegeven dat ze beschikken over een soort 'tunnelvisie' op lange afstand, wat inhoudt dat de man recht voor zich uit

en op lange afstand duidelijk en nauwkeurig kan zien, bijna als een verrekijker.
Als jager had de man een gezichtsveld nodig dat hem toeliet scherp te stellen op een prooi in de verte en deze na te jagen. Hij evolueerde alsof hij oogkleppen ophad, zodat hij niet kon worden afgeleid van een prooi, terwijl een vrouw haar ogen nodig had voor een breder gezichtsveld zodat ze roofdieren kon waarnemen die het nest beslopen. Dit is de reden waarom de moderne man zonder enige moeite zijn weg naar een verafgelegen café weet te vinden, maar nooit iets terugvindt in koelkasten, kasten en laden.

Het gezichtsveld van de man en van de vrouw

> *Vrouwen hebben een breder perifeer gezichtsveld, mannen hebben een tunnelvisie.*

In 1997 werden in het Verenigd Koninkrijk 4132 kinderen als voetganger gedood of gewond, van wie 2460 jongens en 1492 meisjes waren. In Australië is het aantal doden en gewonden onder voetgangers bij jongens meer dan twee keer zo hoog als bij meisjes. Jongens nemen meer risico's bij het oversteken dan meisjes en dit gegeven, in combinatie met een slechter perifeer gezichtsveld, verhoogt het aantal doden en gewonden onder hen.

Waarom de ogen van de vrouw zoveel zien

Het netvlies wordt elke seconde gebombardeerd door miljarden fotonen licht, een hoeveelheid die vergelijkbaar is met honderd megabyte aan computergegevens. Dit is te veel voor de hersenen om te verwerken en daarom wordt de informatie teruggebracht tot alleen datgene wat nodig is om te overleven. Als bijvoorbeeld onze hersenen alle kleuren van de lucht kunnen verwerken, wordt alleen datgene uitgekozen wat nodig is om te zien: de kleur blauw. Onze hersenen vernauwen ons zicht, zodat we ons op één specifiek ding kunnen concentreren. Als we op zoek zijn naar een naald op een vloerbedekking, hebben we een meer geconcentreerd vernauwd gezichtsveld. De hersenen van de man, die zijn gebouwd voor het jagen, nemen een veel smaller gezichtsveld waar. De hersenen van de vrouw decoderen informatie over een breder perifeer bereik vanwege haar verleden als verdediger van het nest.

De glibberige kwestie van de verdwenen boter

Iedere vrouw in de wereld heeft ooit eens het volgende gesprek gevoerd met een man die voor een open koelkast staat:

David: 'Waar is de boter?'
Anna: 'In de koelkast.'
David: 'Daar heb ik gekeken, maar ik kan geen boter vinden.'
Anna: 'Hij ligt echt in de koelkast. Ik heb hem er net ingelegd!'
David: 'Nee – je moet hem ergens anders hebben neergelegd. Er is beslist geen boter in de koelkast!'

Na deze woorden loopt Anna de keuken in, doet de koelkast open en haalt als bij toverslag een pakje boter te voorschijn. Onervaren mannen hebben soms het gevoel dat dit een truc is en beschuldigen de vrouw ervan dat zij altijd dingen voor hem verborgen houdt in laden en kasten. Sokken, schoenen, ondergoed, jam, boter, autosleutels, portefeuilles – ze zijn er allemaal, maar ze kunnen ze niet zien. Met haar bredere perifere gezichtsveld kan een vrouw het grootste gedeelte van de inhoud van de koelkast of kast zien zonder haar hoofd te bewegen. Mannen bewegen hun hoofd heen en weer en op en neer terwijl ze op zoek zijn naar de 'ontbrekende' voorwerpen.

'We kunnen elkaar zo niet blijven zien, knappe jongen ... Op een dag doet Sam zijn oogkleppen af!'

Dit verschil in gezichtsvermogen heeft belangrijke implicaties voor ons hele leven. Statistieken van autoverzekeringsmaatschappijen bijvoorbeeld laten zien dat het minder waarschijnlijk is dat vrouwelijke bestuurders bij een ongeluk op een kruispunt aan de zijkant worden geraakt dan mannelijke bestuurders. Haar grotere perifere gezichtsveld stelt haar in staat verkeer van de zijkant te zien aankomen. Het is waarschijnlijker dat haar auto aan de voor- of achterkant wordt geraakt bij een poging de auto achterwaarts in te parkeren, aangezien dat een uitdaging vormt voor haar minder ontwikkelde vermogen tot ruimtelijk inzicht.

Het leven van de vrouw staat minder onder druk wanneer ze de problemen begrijpt die mannen hebben met het zien van dingen op korte afstand. Wanneer een vrouw tegen een man zegt: 'het ligt in de kast', levert het voor hem minder stress op als hij haar gelooft en blijft zoeken.

Vrouwen en lonken

Een breder perifeer zicht is de reden waarom vrouwen zelden worden betrapt op 'lonken' naar mannen.
Bijna iedere man is er weleens van beschuldigd dat hij naar het andere geslacht lonkte, maar slechts weinig vrouwen krijgen deze klacht van mannen. Onderzoekers van seksueel gedrag doen er overal verslag van dat vrouwen net zoveel – en soms zelfs meer – naar het lichaam van de man kijken als de man naar dat van de vrouw. Toch worden vrouwen er met hun superieure perifere zicht zelden op betrapt.

Zien is geloven

De meeste mensen willen iets niet geloven tot ze het bewijs hebben gezien, maar kunnen we onze ogen vertrouwen? Miljoenen mensen geloven in ufo's ondanks het feit dat 92 procent van alle ufo-waarnemingen wordt gedaan in afgelegen plattelandsgebieden rond elf uur op zaterdagavond – vlak nadat de cafés zijn dichtgegaan. Er is nog nooit een ufo gezien door een eerste minister of president, en ufo's landen nooit op een universiteitscampus, naast het onderzoekslaboratorium van de overheid of het Witte Huis. En ze landen nooit met slecht weer.
Onderzoeker Edward Boring bedacht de volgende illustratie om te laten zien dat iedereen in dezelfde afbeelding verschillende dingen ziet. Vrouwen zien eerder een oude vrouw met haar kin weggestopt in de kraag van haar bontjas en mannen zien het afgewende profiel van een jonge vrouw.
De afbeelding daaronder is een andere illustratie om aan te tonen dat datgene wat je ziet niet noodzakelijkerwijs is wat je krijgt.
Hier worden je hersenen voor de gek gehouden om je te doen geloven dat de achterkant van de tafel langer is dan de voorkant. Vrouwen vinden dit meestal amusant en mannen eisen bewijs door een meetlat te pakken en te gaan meten.

Wat zie je?

In de volgende afbeelding richten je hersenen zich op de donkere kleur, zodat het lijkt alsof er een groep afwijkende vormen is. Wanneer je anders kijkt en je concentreert op de witte gedeelten, verschijnt het woord FLY. Een vrouw zal eerder het woord FLY zien dan een man, omdat zijn hersenen zich vasthaken aan de geometrische vormen.

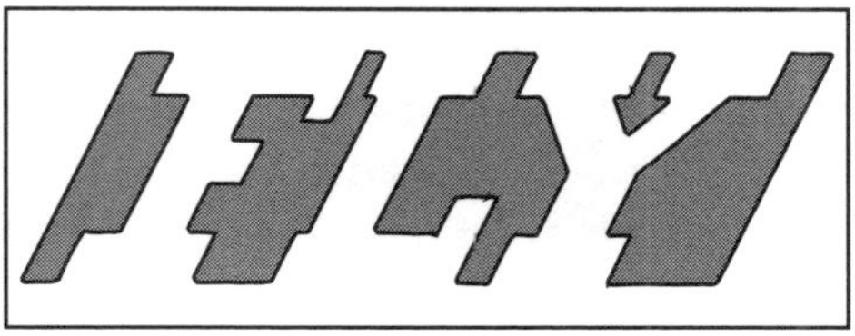

Waarom mannen 's nachts zouden moeten rijden

Hoewel een vrouw beter in het donker kan zien dan een man, vooral wat het rode gedeelte van het spectrum betreft, kunnen de ogen van een man beter over een lange afstand en over een smaller bereik zien, hetgeen hem een veel beter – en daardoor veiliger – nachtzicht over lange afstand biedt dan een vrouw. Gecombineerd met zijn vermogen tot ruimtelijk inzicht in zijn rechterhersenhelft kan een man de bewegingen van andere auto's op de weg voor en achter hem van elkaar onderscheiden en herkennen. De meeste vrouwen kunnen bevestigen dat ze een soort nachtblindheid hebben: een onvermogen te onderscheiden op welke weghelft het naderende verkeer zich bevindt. De jagersblik van de man is voor deze taak uitgerust. Dat betekent dat wanneer je een lange rit gaat maken, het logisch zou zijn dat de vrouw overdag rijdt en de man 's nachts. Vrouwen kunnen in het donker meer details zien dan mannen, maar ze zien over een korter en breder gebied.

Tijdens lange autoritten zou de man 's nachts moeten rijden en de vrouw overdag.

Mannen hebben veel meer last van vermoeide ogen dan vrouwen, omdat hun ogen zijn berekend op zien op lange afstand en zich daardoor voortdurend opnieuw moeten aanpassen om naar een computerscherm te kijken of de krant te lezen. De ogen van een vrouw zijn beter afgestemd op activiteiten op korte afstand, waardoor ze zich langer met details kan bezighouden. Bovendien zijn de verbindingen in haar hersenen afgestemd op het verrichten van gecoördineerde werkzaamheden op een klein gebied die om fijne motoriek vragen, wat betekent dat de gemiddelde vrouw uitstekend een draad door het oog van de naald kan halen en de details op een computerscherm kan lezen.

Waarom vrouwen een 'zesde zintuig' hebben

Eeuwenlang kwamen vrouwen op de brandstapel omdat ze 'bovennatuurlijke machten' zouden bezitten, onder andere het vermogen om de afloop van relaties te voorspellen, om leugenaars op te sporen, om met dieren te praten en om de waarheid te onthullen.
In 1978 voerden we voor een televisieprogramma een experiment uit waarin naar voren werd gebracht dat vrouwen het vermogen bezaten de lichaamstaal van baby's te interpreteren. We plakten een selectie van tien seconden durende fragmenten van huilende baby's aan elkaar, vertoonden de film in een kraamkliniek en vroegen de moeders ernaar te kijken, terwijl het geluid uitstond. Op die manier ontvingen de moeders alleen visuele informatie.
De meeste moeders namen snel een reeks van emoties waar die varieerden van honger en pijn tot darmkrampen of vermoeidheid. Toen de vaders dezelfde test deden, was de mate van hun succes een regelrechte ramp: minder dan 10 procent van de vaders kon meer dan twee emoties ontdekken. En we vermoeden dat zelfs velen slechts gisten. Veel vaders kondigden enthousiast aan: 'De baby wil zijn moeder.' De meeste mannen bezaten weinig of geen vermogen om de verschillen in het babygehuil te decoderen. We testten ook de grootouders om te zien of leeftijd van invloed was op de uitkomst. De meeste grootmoeders scoorden een percentage van 50 tot 70, terwijl veel grootvaders niet eens hun eigen kleinkind konden herkennen!

Ons onderzoek naar identieke tweelingen onthulde dat de meeste grootvaders niet in staat waren de individuele tweeling te herkennen, terwijl de meeste vrouwelijke familieleden hier minder moeite mee hadden. Films over identieke tweelingen die anderen voor de gek houden voor liefde of geld zijn in werkelijkheid alleen van toepassing wanneer het een vrouwelijke tweeling betreft – mannen zijn makkelijker te misleiden. In een kamer met vijftig stellen heeft de gemiddelde vrouw minder dan tien minuten nodig om de relatie van elk stel in de kamer te analyseren. Wanneer een vrouw een kamer binnengaat, stellen haar superieure zintuiglijke vermogens haar in staat snel te beoordelen welke met elkaar overweg kunnen, wie ruzie heeft gehad, wie toenadering zoekt tot wie en waar de concurrerende of vriendschappelijke vrouwen zijn. Wanneer een man een kamer binnengaat, laten onze camera's een ander verhaal zien. Mannen kijken vorsend rond op zoek naar de uitgangen en toegangen – de historisch bepaalde hersenbouw van de man evalueert waar een mogelijke aanval vandaan kan komen en waar de mogelijke ontsnappingsroutes zijn. Vervolgens gaat hij op zoek naar bekende gezichten of mogelijke vijanden en doorzoekt hij vorsend de indeling van de kamer. Zijn logisch verstand registreert dingen die gemaakt of gerepareerd dienen te worden, zoals een gebroken ruit of een kapotte gloeilamp. De vrouwen hebben intussen alle gezichten in de kamer onderzocht en weten wat wat en wie wie is en hoe ze zich allemaal voelen.

Waarom mannen niet tegen vrouwen kunnen liegen

Ons onderzoek naar lichaamstaal onthult dat tijdens communicatie van dichtbij de non-verbale signalen zo'n 60 tot 80 procent van de invloed van de boodschap voor hun rekening nemen, terwijl dit voor stemgeluiden slechts 20 tot 30 procent bedraagt. De andere 7 tot 10 procent bestaat uit woorden. De superieure zintuiglijke uitrusting van de vrouw pikt deze informatie op en analyseert deze, waarbij het vermogen van haar hersenen snel van de ene hersenhelft naar de andere over te schakelen haar een expert maakt in het integreren en ontcijferen van verbale, visuele en andere signalen.

De vrouw – de wandelende leugendetector

Dit is de reden waarom de meeste mannen het moeilijk vinden recht in het gezicht van een vrouw te liegen. Maar het is, zoals de meeste vrouwen weten, betrekkelijk makkelijk recht in het gezicht van een man te liegen, aangezien hij niet over de benodigde gevoeligheid beschikt om een ongerijmdheid tussen haar verbale en non-verbale signalen te ontdekken. De meeste vrouwen kunnen altijd veilig een orgasme veinzen. De meeste mannen kunnen, als ze tegen een vrouw gaan liegen, dit veel beter doen via de telefoon, in een brief of in het donker, met een deken over hun hoofd.

We zijn een en al oor

In ons primatenverleden zagen onze oren eruit als die van een hond, kat of paard. De oren van een hond, die nu de vorm bezitten zoals onze menselijke oren er oorspronkelijk hebben uitgezien, zijn in staat ultrasone geluiden te horen die voor onze oren onhoorbaar zijn. Onderzoek toont aan dat de oren van een hond tot aan 50.000 trillingen per seconde waarnemen, en in sommige gevallen zelfs 100.000 trillingen per seconde. Een menselijke baby kan geluiden tot 30.000 trillingen per seconde waarnemen, maar dit loopt terug tot 20.000 trillingen per seconde aan het einde van de tienertijd en 12.000 rond de zestig jaar. Hifi-stereosystemen werken nu tot aan 25.000 trillingen per seconde, wat betekent dat een nieuwe stereo-installatie voor je grootouders zonde van het geld is; ze kunnen er toch niet veel van horen.

Oor van een hond

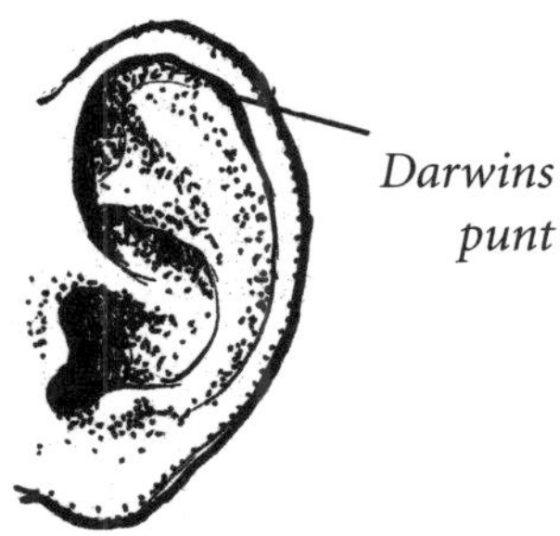

Oor van een mens

Er zijn overblijfselen van negen spieren in het menselijk oor en ongeveer 20 procent van de mensen kan nog altijd met gebruik van deze spieren met de oren 'wiebelen'. Het lijkt erop dat onze oren hun beweeglijkheid hebben verloren, omdat wij ons hoofd in de richting van het geluid keerden, en dat de randen van het oor zich hebben omgevouwen om luide vervorming van het geluid te dempen. Charles Darwin ontdekte het bobbeltje aan de binnenkant van de bovenste vouw van het menselijke oor dat het overblijfsel is van de oorspronkelijk punt van onze gepunte oren, en hij noemde dit 'Darwins punt'.

Ze hoort ook beter...

Vrouwen horen beter dan mannen en kunnen hoge geluiden uitstekend onderscheiden. De hersenen van de vrouw zijn dusdanig geprogrammeerd dat ze 's nachts een baby hoort huilen, terwijl een vader zich er totaal niet van bewust kan zijn en doorslaapt. Als er in de verte een katje miauwt, zal een vrouw dat horen. Een man echter zal haar met zijn superieure ruimtelijke inzicht en richtingsgevoel kunnen vertellen waar het katje zich bevindt.

Een vrouw wordt gek van een druppelende kraan, terwijl de man erdoorheen slaapt.

Meisjesbaby's kunnen, wanneer ze een week oud zijn, de stem van hun moeder of het gehuil van een andere baby onderscheiden van andere geluiden in dezelfde kamer. Jongensbaby's kunnen dat niet. De vrouwelijke hersenen bezitten het vermogen geluid te onderscheiden en te categoriseren en beslissingen te nemen ten aanzien van elk geluid. Dit verklaart het vermogen van een vrouw om naar iemand te luisteren tijdens een gesprek van aangezicht tot aangezicht, terwijl ze tegelijkertijd meeluistert met het gesprek van iemand anders. Het verklaart tevens waarom een man het moeilijk vindt een conversatie te volgen wanneer op de achtergrond de televisie aanstaat of het gekletter van de vaat te horen is. Als de telefoon gaat, zullen mannen vragen of anderen in de kamer willen stoppen met praten, of de muziek zachter kan worden gezet en de tv kan worden uitgeschakeld voordat hij hem opneemt. Een vrouw neemt gewoon de telefoon op.

Vrouwen lezen tussen de regels door

Vrouwen zijn uitermate gevoelig voor veranderingen in stemvolume en -hoogte. Dit stelt hen in staat emotionele veranderingen in kinderen en volwassenen te horen. Met als gevolg dat er op iedere

man die wijs kan houden acht vrouwen zijn die hiertoe in staat zijn. Dit vermogen verklaart grotendeels wat vrouwen vaak zeggen tegen mannen en jongens als ze ruzie hebben, namelijk: 'Sla niet zo'n toon tegen mij aan!' De meeste mannen hebben geen idee waar ze het over hebben.
Onderzoek onder baby's onthult dat meisjesbaby's bijna twee keer zoveel reageren op hard geluid dan jongens. Dit verklaart waarom meisjes makkelijker gekalmeerd en getroost worden door babypraat met een hoge stem dan jongens, en waarom moeders intuïtief voor meisjes wiegeliedjes zingen maar tegen jongens praten of met hen spelen. Het voordeel van het vrouwelijke gehoor draagt aanmerkelijk bij tot wat 'vrouwelijke intuïtie' wordt genoemd en is een van de redenen waarom vrouwen tussen de regels door kunnen lezen wat mensen zeggen.
Mannen moeten echter niet wanhopen. Ze kunnen uitstekend dierengeluiden herkennen en nabootsen, wat een zeer belangrijk voordeel was voor de jager van vroeger. Helaas is dit vandaag de dag niet meer van zoveel nut.

Mannen kunnen richting 'horen'

Vrouwen zijn beter in het differentiëren van geluid, maar mannen kunnen aanwijzen waar het geluid vandaan komt. In combinatie met het mannelijke vermogen tot het herkennen en nabootsen van dierengeluiden maakt deze vaardigheid hen tot zeer efficiënte jagers van een prooi. Hoe nu wordt geluid in de hersenen omgezet tot een kaart?
Professor Masakazu Konishi van het Technologisch Instituut in Californië ontdekte enkele antwoorden door middel van kerkuilen, vogels die beter dan de mens haarfijn de richting kunnen vaststellen van waaruit het geluid komt. Wanneer je een opgenomen geluid afspeelt, draaien ze hun kop in de richting van de bron. Konishi ontdekte een groep cellen in de gehoorstreek van hun hersenen die de exacte lokatie van een geluid in kaart brengen. Door luidsprekers hetzelfde geluid met een verschillende snelheid – ongeveer tweehonderd miljoenste van een seconde –

af te laten spelen bij elk oor van de uilen, konden de hersenen van de uilen een driedimensionale ruimtelijke kaart vormen van de lokatie van het geluid. De uilen keerden vervolgens hun koppen in de richting van het geluid, waardoor ze prooi konden lokaliseren of naderende vijanden konden ontwijken. Dit lijkt hetzelfde vermogen te zijn waarmee mannen geluid heel precies lokaliseren.

Waarom jongens niet luisteren

Jongens krijgen vaak op hun kop van hun leerkrachten en ouders omdat ze niet luisteren. Maar terwijl jongens opgroeien en vooral wanneer ze tegen de puberteit lopen, ondergaan hun gehoorkanalen groeispurts die een tijdelijke vorm van doofheid kunnen veroorzaken. Er is ontdekt dat vrouwelijke leerkrachten meisjes anders een standje geven dan jongens, en dat ze intuïtief het verschil in gehoor tussen mannen en vrouwen schijnen te begrijpen.
Als een meisje weigert oogcontact te houden terwijl een leerkracht haar een uitbrander geeft, zal een vrouwelijke leerkracht haar blijven berispen. Als een jongen oogcontact weigert, begrijpen veel vrouwelijke leerkrachten intuïtief dat hij haar waarschijnlijk niet kan horen of niet luistert, en zullen ze zeggen: 'Kijk me aan wanneer ik tegen je praat.' Helaas zijn jongens dusdanig uitgerust dat ze effectief kunnen zien in plaats van horen. Tel, voor een eenvoudige demonstratie hiervan, gewoon het aantal letters V in de volgende zin.

Voltooide archieven zijn het gevolg van jaren van wetenschappelijk onderzoek.

Jongen scoren beter dan meisjes wanneer het aankomt op het zien van de vijf letters V. Maar als de zin echter hardop wordt voorgelezen, horen meisjes het correcte aantal letters V beter dan jongens.

Mannen missen de details

Linda en Joost rijden na een feestje naar huis; hij rijdt, zij leest de kaart en ze hebben net ruzie gehad omdat zij hem vertelde dat hij linksaf moest gaan toen ze eigenlijk rechtsaf bedoelde. Er gingen negen minuten stilte voorbij en hij begon te vermoeden dat er iets aan de hand was. 'Liefje... is alles in orde?' vraagt Joost. 'Ja, het is allemaal prima in orde!' antwoordt Linda.

Haar nadruk op het woord 'prima' bevestigt dat eigenlijk níet alles in orde is. Hij denkt terug aan het feestje. 'Heb ik vanavond iets verkeerds gedaan?' vraagt Joost. 'Ik wil er niet over praten!' zegt zij bits. Dit betekent dat ze boos is en er wel over wil praten. Intussen kan hij absoluut niet begrijpen wat hij heeft gedaan dat ze zo van streek is. 'Vertel het me alsjeblieft. Wat heb ik gedaan?' smeekt hij. 'Ik weet niet wat ik heb gedaan!'

In de meeste van dit soort gesprekken spreekt de man de waarheid; hij begrijpt het probleem gewoonweg niet.

'Goed dan', zegt zij. 'Ik zal je vertellen wat het probleem is, al hou je je van de domme!'

Maar hij houdt zich niet van de domme. Hij kan oprecht geen greep krijgen op het probleem. Zij haalt diep adem.

'Die hoer hing de hele avond om je heen en maakte voortdurend avances, en je deed geen enkele moeite haar kwijt te raken; je moedigde haar zelfs aan!'

Nu is Joost met stomheid geslagen. Welke hoer? Welke avances? Hij had niets in de gaten. Zie je, terwijl de 'hoer' (dit is een vrouwelijke uitdrukking, mannen zouden zo'n vrouw beschrijven als 'sexy') met hem had staan praten, had hij niet opgemerkt dat ze haar heupen naar hem toe draaide, met haar voet in zijn richting wees, haar haar naar achteren wierp, over haar dijbeen streelde, haar oorlellen masseerde, hem langere blikken toewierp dan gebruikelijk, over de steel van haar wijnglas wreef en praatte als een schoolmeisje. Hij is een jager. Hij kan een zebra aan de horizon waarnemen en je vertellen met welke snelheid hij zich verplaatst.

Maar hij beschikt niet over het vermogen van de vrouw visuele, vocale en lichaamssignalen op te pikken die zeggen dat iemand op de versiertoer is. Iedere vrouw op het feestje zag wat de 'hoer' aan het doen was, zelfs zonder haar hoofd te bewegen. En een telepathische 'hoerwaarschuwing' werd uitgestuurd en ontvangen door alle andere vrouwen op het feestje. Aan de meeste mannen ging het volledig voorbij.

Mannen missen de details

Dus wanneer een man beweert dat hij de waarheid over beschuldigingen spreekt, is dat waarschijnlijk ook zo. De mannelijke hersenen zijn niet uitgerust voor het horen of zien van details.

De magie van de aanraking

Een aanraking kan veel betekenen. Op apen uitgevoerde tests hebben aangetoond dat bij jonge apen het ontbreken van aanraking depressie, ziekte en voortijdige dood tot gevolg kan hebben. Bij verwaarloosde kinderen zijn overeenkomstige gevolgen ontdekt.

In een indrukwekkend onderzoek van baby's van tien weken tot zes maanden oud kwam naar voren dat de kinderen van moeders wie was geleerd hun baby's te strelen opvallend minder verkouden of snotterig waren en minder overgaven en diarree hadden dan de baby's die niet door hun moeders werden gestreeld. Ander onderzoek bracht aan het licht dat vrouwen die neurotisch of gedeprimeerd waren veel sneller herstelden overeenkomstig het aantal keren dat ze werden geknuffeld en de duur van die knuffels. De antropoloog James Prescott, die baanbrekend werk verrichte met zijn onderzoek naar de opvoeding van kinderen en geweld, ontdekte dat in maatschappijen waarin kinderen zelden met genegenheid werden aangeraakt, het meeste geweld van volwassenen voorkomt. Kinderen die door liefdevolle verzorgers werden opgevoed, groeiden meestal op tot betere, gezondere en gelukkigere volwassenen. Mensen die zedendelicten pleegden en kinderen mishandelden, hadden vaak een verleden dat werd gekenmerkt door afwijzing, geweld en gebrek aan aanrakingen in de kindertijd, en ze hadden hun jeugd vaak doorgebracht in geïsoleerde instellingen. Veel niet-aanrakende culturen houden van katten en honden, omdat ze via het aaien en strelen van hun huisdieren de ervaring van aanraken opdoen. Van de therapie van huisdieren aaien is bewezen dat het een waardevolle manier is om mensen te helpen depressies en andere mentale problemen te overwinnen. Kijk maar eens naar hoeveel de Engelsen, een volk met een grote afkeer van aanrakingen, van hun huisdieren houden. Zoals Germaine Greer zei: 'Zelfs als hij in de metro wordt platgedrukt tegen zijn broer, zal de gemiddelde Engelsman zijn uiterste best doen om vol te houden dat hij alleen is.'

Vrouwen zijn aanrakingsgevoelig

De huid is het grootste orgaan van het lichaam en is ongeveer twee vierkante meter groot. Over het oppervlak bevinden zich onregelmatig verspreid 2.800.000 pijnreceptoren, 200.000 receptoren voor koude en 500.000 voor aanraking en druk. Meisjes zijn vanaf de geboorte opvallend gevoeliger voor aanraking, en de huid van de

volwassen vrouw is minstens tien keer zo gevoelig voor aanraking en druk als die van de man. In een gezaghebbende studie werd ontdekt dat de jongens die bij een test het meest gevoelig voor aanraking waren, nog minder voelden dan het minst gevoelige meisje. De vrouwelijke huid is dunner dan de mannelijke huid, bezit een extra vetlaag onder de huid voor meer warmte in de winter en voorziet in grotere weerstand dan die van mannen.
Oxytocine is het hormoon dat de drang tot aanraken en onze aanrakingsreceptoren stimuleert. Het is geen wonder dat vrouwen, met receptoren die tien keer gevoeliger zijn dan die van mannen, zoveel belang hechten aan het knuffelen van hun mannen, kinderen en vrienden. Ons onderzoek naar lichaamstaal toont aan dat westerse vrouwen tijdens een gesprek vier tot zes keer eerder een andere vrouw aanraken dan een man een andere man zal aanraken. Vrouwen gebruiken een grotere reeks van uitdrukkingen op het gebied van aanraken dan mannen en beschrijven een succesvol persoon als iemand die een 'magische aanraking' heeft en anderen als iemand die 'lichtgeraakt' is of een 'olifantshuid' heeft. Vrouwen houden ervan 'in contact' te blijven en houden niet van diegenen die hun 'de kriebels' geven. Ze hebben het over 'gevoelens', met iemand 'voeling hebben', 'lichtgeraakt' zijn en mensen ergeren door hen 'tegen de haren in te strijken'.

Een vrouw zal tijdens een gesprek vier tot zes keer eerder een andere vrouw aanraken dan een man een andere man zal aanraken.

Onderzoek onder psychiatrische patiënten toonde aan dat mannen wanneer ze onder druk staan, aanraking vermijden en zich in hun eigen wereld terugtrekken. In hetzelfde onderzoek daarentegen nam meer dan de helft van de vrouwen het initiatief tot toenadering tot mannen, niet voor seks, maar vanwege de intimiteit van de aanraking. Wanneer een vrouw emotioneel wordt afgesneden van of boos is op een man, zal ze naar alle waarschijnlijkheid reageren door te zeggen: 'Raak me niet aan!' – een uitspraak die voor mannen weinig betekenis heeft.

De les? Gebruik, om punten te winnen bij vrouwen, heel veel toepasselijke aanrakingen maar vermijd betasten. Als je geestelijk gezonde kinderen wilt grootbrengen, knuffel ze dan heel veel.

Waarom mannen zo'n olifantshuid hebben

Mannen hebben een dikkere huid dan vrouwen, en dat verklaart waarom vrouwen meer rimpels krijgen dan mannen. De huid op de rug van een man is vier keer dikker dan de huid van zijn buik, een erfenis van zijn verleden als viervoetig dier omdat hij hierdoor meer beschermd was tegen aanvallen vanachteren. De gevoeligheid van de huid van een jongen is grotendeels verloren gegaan tegen de tijd dat hij de puberteit bereikt en zijn lichaam zich voorbereidt op de ontberingen van de jacht. Mannen hadden een minder gevoelige huid nodig om door stekelige struiken te kunnen rennen en tegen dieren en vijanden te vechten zonder dat de pijn hen vertraagde. Wanneer een man is gericht op een lichamelijke taak of sportactiviteit, is hij zich soms niet eens bewust van een verwonding.

Een jongen raakt tijdens de puberteit de gevoeligheid van zijn huid niet echt kwijt. Deze verplaatst zich alleen naar één specifiek gedeelte van zijn lichaam.

Wanneer een man niet op een taak gericht is, ligt zijn pijngrens veel lager dan die van een vrouw. Wanneer een man kreunend zegt: 'Maak wat kippensoep/vers sinaasappelsap/een warme kruik voor me' of: 'Bel de dokter en controleer of mijn testament wel klopt!', houdt dit meestal in dat hij een lichte verkoudheid heeft. Mannen zijn ook minder gevoelig voor een vrouw die pijn lijdt of zich niet goed voelt. Als ze dubbel ligt van de pijn, meer dan veertig graden koorts heeft en ligt te rillen onder de dekens, zegt hij: 'Alles in orde, schat?', maar hij denkt: 'Als ik er geen aandacht aan besteed, wil ze misschien wel met me vrijen – ze ligt toch al in bed.'

Mannen zijn echter wel gevoelig wanneer ze naar een voetbalwedstrijd of een agressieve sport zitten te kijken. Als mannen naar een bokswedstrijd op de televisie zitten te kijken en een van de boksers wordt onder de gordel geraakt, zal een vrouw zeggen: 'Ooo... dat moet pijn doen', terwijl de mannen allemaal kreunen, dubbelklappen en de pijn feitelijk *voelen.*

De smaak voor het leven

De smaak- en reukzin van vrouwen is superieur aan die van mannen. We bezitten maximaal zo'n 10.000 smaakreceptoren waarmee we minimaal vier hoofdsmaken kunnen waarnemen: zoet en zout aan de punt van de tong, zuur aan de zijkanten en bitter aan de achterkant. Japanse onderzoekers testen op het moment op een vijfde smaak: de smaak van vet. Mannen scoren hoger bij het onderscheiden van zoute en zoete smaken, wat de reden is waarom ze bier drinken; en vrouwen zijn verre superieur in het onderscheiden van zoete en suikerige smaken, waardoor er veel meer vrouwelijke chocoladeverslaafden zijn dan mannelijke. Als nestverdediger en verzamelaar van fruit proefde de vrouw het voedsel om te controleren of het zoet en rijp genoeg was om aan haar kroost door te geven, en daarom was het een voordeel om een zeer verfijnd suikerproevend gehemelte te hebben. Dit verklaart waarom vrouwen van suikerig snoep houden en waarom de meeste vrouwen het voedsel proeven.

Er hangt iets in de lucht

De reukzin van een vrouw is niet alleen beter dan die van de gemiddelde man, hij is tijdens de menstruele cyclus zelfs gevoeliger rond de ovulatie. De vrouwelijke neus kan de feromonen en muskusachtige geuren waarnemen die samengaan met mannen, maar deze geuren kunnen niet bewust worden waargenomen. Haar hersenen kunnen de staat van het immuunsysteem van de man decoderen, en als dit sterker is dan haar eigen immuunsysteem of dit aanvult, kan ze de man beschrijven als aantrekkelijk of als iemand met een 'ongewoon magnetische' uitstraling. Als haar immuunsysteem sterker is dan het zijne, zal ze hem waarschijnlijk minder aantrekkelijk vinden.

Een sterk immuunsysteem kan een man 'onverklaarbaar onweerstaanbaar' maken.

Onderzoekers van de hersenen hebben ontdekt dat de hersenen van een vrouw deze verschillen in immuunsysteem binnen drie seconden na een ontmoeting kunnen analyseren. Aanvullende immuunsystemen geven een voordeel door aan de nakomelingen, omdat ze hierdoor meer kans hebben om te overleven. Eén gevolg van al dit onderzoek is het aantal oliën en drankjes dat er nu voor de man op de markt is. Ze bevatten zogenaamd het geheim van een onfeilbare feromoon-aantrekkingskracht en zouden een vrouw gek van verlangen maken.

De X-files

Door onze evolutionaire rollen zijn we uitgerust met de biologische vaardigheden en zintuigen die nodig zijn om te overleven. Wat vaak hekserij, bovennatuurlijke macht en de intuïtie van de vrouw wordt genoemd is sinds de jaren tachtig wetenschappelijk onderzocht en gemeten. De resultaten komen er grotendeels op neer dat de vrouw superieur is wat betreft alle zintuigen die te maken hebben met het waarnemingsvermogen. De meeste heksen waren vrouwen die ter dood werden gebracht door mannen die de biologische verschillen niet konden begrijpen. Vrouwen zijn gewoon beter in het oppikken van kleine nuances in lichaamstaal, stemsignalen, toonhoogte en andere zintuiglijke prikkels. De moderne vrouw wordt nog altijd geslachtofferd voor haar superieure vermogens en voelt zich vaak aangetrokken tot astrologen, paranormaal begaafden, lezers van de tarotkaarten, numerologen en anderen die een verklaring bieden voor de vrouwelijke intuïtie in ruil voor hun zuurverdiende geld. De zeer verfijnde sensoren van een vrouw dragen aanmerkelijk bij tot de vroegrijpheid van adolescente meisjes. Tegen de leeftijd van zeventien jaar kunnen de meeste meisjes functioneren als volwassenen, terwijl jongens elkaar nog altijd stompen geven in het zwembad en proberen winden in brand te steken.

Waarom mannen 'ongevoelig' worden genoemd

Het is niet zozeer dat vrouwen superzintuigen hebben, het is meer dat de zintuigen van mannen relatief gezien verdoofd zijn. De vrouw verwacht door haar vrouwenwereld van hoger waarnemingsvermogen dat een man niet alleen haar verbale en vocale signalen, maar ook haar lichaamstaal interpreteert, en dat hij vooruitloopt op haar behoeften, net zoals een andere vrouw dat zou doen. Om de evolutionaire redenen die we hierboven hebben genoemd is dit niet het geval. Een vrouw gaat er stilzwijgend van uit dat een man weet wat ze wil of nodig heeft, en wanneer hij haar signalen niet oppikt, beschuldigt ze hem ervan 'ongevoelig' te zijn en 'er geen snars van te begrijpen'. Mannen over de hele wereld jammeren: 'Moet ik dan gedachten kunnen lezen?' Onderzoek toont aan dat mannen slecht gedachten kunnen lezen. Maar het goede nieuws is dat de meeste erin getraind kunnen worden hun bewustzijn van non-verbale en vocale boodschappen te verbeteren.

Het volgende hoofdstuk bevat een unieke test die de seksuele oriëntatie van je hersenen laat zien, en daarmee aantoont waarom je bent zoals je bent.

Hoofdstuk 3

Het zit allemaal tussen de oren

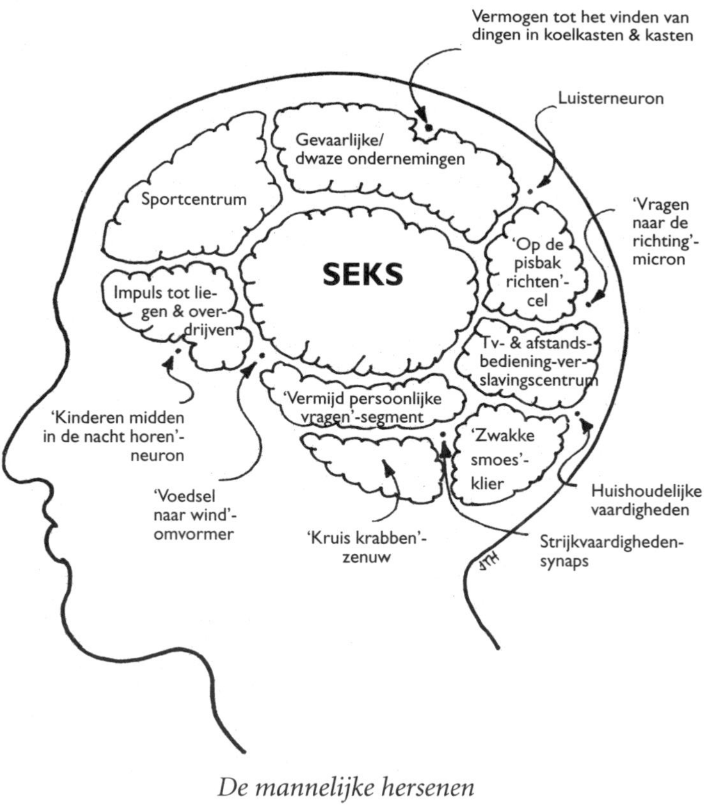

De mannelijke hersenen

Is dit werkelijkheid of fantasie?

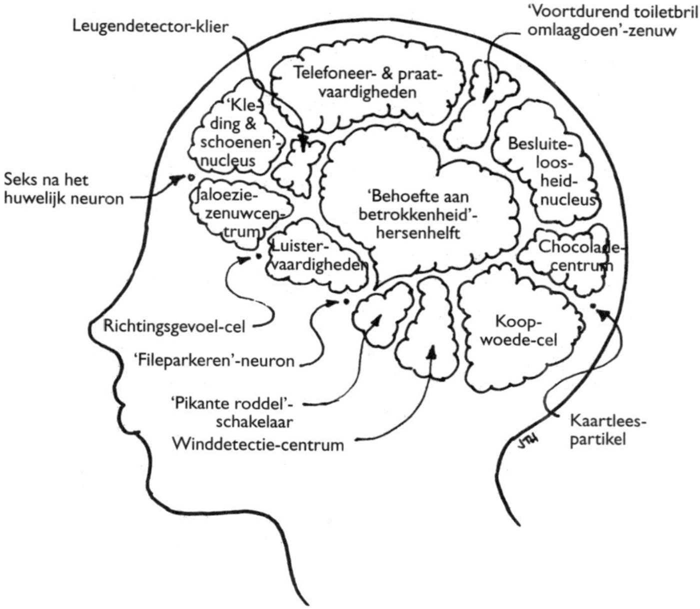

De vrouwelijke hersenen

Deze luchtige illustraties van de mannelijke en vrouwelijke hersenen zijn alleen maar grappig omdat ze zo'n groot element van waarheid in zich hebben. Maar hoeveel is er waar? Dat is meer dan je zou denken. In dit hoofdstuk zullen we de recente indrukwekkende onthullingen onderzoeken die voortkomen uit onderzoek van de hersenen zelf.
Je zult dit hoofdstuk echt verhelderend vinden. Aan het einde hebben we een eenvoudige, maar opmerkelijke test opgenomen om je te laten zien waarom je hersenen zich gedragen zoals ze zich gedragen.

Waarom wij slimmer zijn dan de rest

Kijk naar de volgende tekeningen en je zult twee opvallende verschillen zien tussen gorilla's, de Neanderthaler en wij moderne mensen. Ten eerste zijn onze hersenen meer dan drie keer zo groot als die van de gorilla en eenderde groter dan die van onze primitieve voorouder. Fossielen hebben aangetoond dat onze hersenen de afgelopen 50.000 jaar ongeveer dezelfde grootte hebben behouden en dat er weinig verandering in hersenfunctie heeft plaatsgevonden. Ten tweede bezitten wij een uitstekend voorhoofd, dat bij onze voorouders en primaatneven ontbrak. In het voorhoofd bevinden zich de linker- en rechtervoorhoofdskwabben die ons veel van onze unieke vermogens bieden, zoals denken, kaartlezen en de spraak. Dit maakt ons superieur aan alle andere dieren.

Gorilla *Neanderthaler* *De moderne mens*

De hersenen van mannen en vrouwen hebben zich zo ontwikkeld dat hun sterke punten, talenten en vermogens verschillen. Mannen hadden, omdat ze verantwoordelijk waren voor de jacht, gebieden in de hersenen nodig voor navigatie op de lange afstand om tactieken te kunnen ontwikkelen voor de organisatie van de aanval op de prooi, en om de vaardigheid tot het doden van de prooi te verfijnen. Het was niet nodig dat ze een goed gesprek konden voeren of dat ze gevoelig waren voor andermans emotionele behoeften, en daarom ontwikkelden zich bij hen geen sterke hersengebieden voor intermenselijke vaardigheden.
Vrouwen daarentegen hadden een talent nodig voor goede navigatie op korte afstand, een breder perifeer zicht om hun omgeving in de gaten te houden, het vermogen enkele activiteiten tegelijkertijd uit te voeren en effectieve communicatievaardigheden. Als gevolg van deze behoeften ontwikkelden de hersenen van mannen en vrouwen specifieke gebieden om elke vaardigheid aan te kunnen.
In hedendaagse termen was de vroegere maatschappij zeer seksistisch maar die kwestie zullen we later onder handen nemen.

Hoe onze hersenen territorium verdedigen

'Oude gewoonten slijten moeilijk' zeiden de mensen vroeger. 'Genetisch geheugen leeft en werkt', zeggen de wetenschappers. Genetisch geheugen maakt deel uit van ons instinctief gedrag. Je zou uiteraard kunnen verwachten dat tienduizenden jaren lang in een grot zitten en naar buiten kijken om de omgeving in de gaten te houden, het territorium te verdedigen en talloze overlevingsproblemen op te lossen, nogal een stempel op de mens heeft gedrukt. Kijk maar eens naar de mens in een restaurant. De meeste mannen zitten het liefst met hun rug naar de muur, met zicht op de ingang. Hierdoor voelen ze zich op hun gemak, veilig en alert. Niemand kan hen ongezien besluipen, al is vandaag de dag niets dodelijkers dan een uitzonderlijk forse rekening. Vrouwen daarentegen vinden het niet erg om met hun rug naar een open ruimte toe te zitten, tenzij ze alleen zijn met jonge kinderen; dan hebben ze de neiging naast de muur te gaan zitten.
Thuis handelen mannen ook instinctmatig door de kant van het bed te kiezen die het dichtst bij de deur is; dit is symbolisch voor het verdedigen van de grotingang. Als een stel een nieuw huis betrekt of in een hotel verblijft waar de deur zich aan de kant van de vrouw bevindt, kan het gebeuren dat de man zich rusteloos voelt en moeilijk kan slapen, zonder er ooit achter te komen waarom. Het probleem is vaak opgelost door van kant te wisselen, zodat híj weer het dichtst bij de deur slaapt.

Mannen maken grapjes over het feit dat ze tijdens de eerste huwelijksnacht het dichtst bij de deur slapen, zodat ze er snel vandoor kunnen. In werkelijkheid is dit puur een verdedigingsinstinct.

Wanneer een man niet thuis is, zal de vrouw meestal zijn beschermende rol overnemen en aan zijn kant van het bed gaan slapen. 's Nachts kan een vrouw direct uit een diepe slaap wakker worden door een hoog geluid, zoals het huilen van een baby. Mannen snurken, tot grote ergernis van vrouwen, gewoon door. Maar de hersenen van de man zijn erop gebouwd geluiden te horen in verband met beweging, en zelfs het geluid van een takje dat voor zijn raam breekt kan hem in een flits klaarwakker maken om in verdediging te komen tegen een onverwachte aanval. Op dat moment slaapt de vrouw door – behalve wanneer de man weg is en haar hersenen erop worden geprogrammeerd zijn rol over te nemen en elk geluid of beweging te horen die haar nest bedreigt.

Het brein achter succes

De Griekse filosoof Aristoteles geloofde dat het centrum voor gedachten zich in het hart bevond, terwijl de hersenen het lichaam hielpen afkoelen. Dit is de reden waarom het hart het onderwerp vormt van veel van onze emotionele uitingen. Het kan ons misschien nu belachelijk voorkomen, maar veel deskundigen waren het tot aan het einde van de negentiende eeuw met Aristoteles eens. Roger Sperry won in 1962 de Nobelprijs voor het feit dat hij de twee hersenhelften verantwoordelijk hield voor gescheiden intellectuele functies. Geavanceerde technologie stelt ons nu in staat te zien hoe de hersenen werken, maar ons echte begrip van de hersenfunctie is nog altijd zeer minimaal. We weten dat de rechterhersenhelft, de creatieve kant, de linkerkant van het lichaam beheerst, terwijl de linkerhersenhelft logica, rede, spraak en de rechterkant van het lichaam beheerst. De linkerhersenhelft bevat – vooral bij mannen – taal en vocabulaire, en in de rechterhersenhelft wordt visuele informatie opgeslagen en beheerst.
Linkshandigen neigen naar rechts, wat de creatieve kant van de hersenen is. Dit is de reden waarom er zo'n onevenredig aantal linkshandigen artistieke genieën is, inclusief Albert Einstein, Leonardo da Vinci, Picasso, Lewis Caroll, Greta Garbo, Robert de Niro en Paul McCartney. Er zijn meer linkshandige vrouwen dan mannen en 90 procent van alle mensen is rechtshandig.

Onderzoek toont aan dat vrouwen 3 procent hoger scoren in algemene intelligentie dan mannen.

Tot aan de jaren zestig kwam het grootste gedeelte van de verzamelde informatie over de menselijke hersenen van soldaten die op het slagveld de dood hadden gevonden – en er waren meer dan voldoende kandidaten om aan te werken. Het probleem was echter dat de meesten mannen waren en men stilzwijgend aannam dat de vrouwelijke hersenen op identieke wijze werkten.
Hedendaags onderzoek heeft onthuld dat de vrouwelijke hersenen aanmerkelijk anders werken dan die van de man. Hierin ligt de bron van de meeste problemen in de relaties tussen de geslachten. De vrouwelijke hersenen zijn iets kleiner dan de mannelijke, maar onderzoek laat zien dat dit niet van invloed is op de prestaties van de vrouwelijke hersenen. De Deense onderzoeker Berte Pakkenberg van de afdeling neurologie aan het gemeenteziekenhuis in Kopenhagen toonde in 1997 aan dat een man gemiddeld vier miljard hersencellen meer heeft dan een vrouw, maar dat een vrouw in algemene intelligentie ongeveer 3 procent hoger scoort dan een man.

Waar zit wat in de hersenen?

Hier volgt een algemene opvatting over welke kant van de hersenen welke functie beheerst.

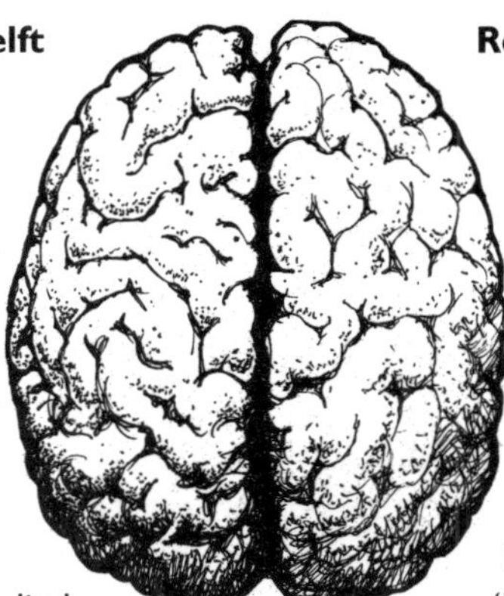

Linkerhersenhelft	**Rechterhersenhelft**
Rechterkant van het lichaam	Linkerkant van het lichaam
Wiskunde	Creativiteit
Spraak	Kunstbeoefening
Logica	Visualisatie
Feiten	Intuïtie
Deductie	Ideeën
Analyse	Verbeelding
Praktisch	Holistisch
Orde	Melodie van een lied
Woorden van een lied	'Het geheel' overzien
Lineair	Ruimtelijk
Ziet kleine details	Meer dingen tegelijk doen

Terwijl onderzoek en ons begrip van de menselijke hersenen met de dag indrukwekkend toenemen, variëren de interpretaties van de onderzoeksresultaten. Maar er zijn enkele gebieden waarover de wetenschappers en onderzoekers het eens zijn. Met behulp van MRI (*Magnetic Resonance Imaging* – beeldvorming door middel van magnetische resonantie), waarmee de elektrische activiteit in de hersenen wordt gemeten, is het nu mogelijk de precieze lokatie van veel specifieke hersenfuncties te bepalen en te meten. Met apparatuur voor het scannen van de hersenen kunnen we zien welk deel van de hersenen een bepaalde taak bestuurt. Wanneer een hersenscan een specifieke lokatie laat zien voor een vaardigheid of functie, betekent dit dat de persoon in kwestie over het algemeen goed is in het uitvoeren van die vaardigheid, die hij ervan geniet en zich aangetrokken voelt tot beroepen en activiteiten die hem in staat stellen dit gedeelte te gebruiken.
De meeste mannen hebben bijvoorbeeld een specifieke hersenlokatie voor het aanvoelen van richting, waardoor dit hun makkelijk afgaat. Ze genieten van het uitzetten van richtingen en zijn aangetrokken tot activiteiten en hobby's die hen in staat stellen hun navigatie- en oriëntatievermogens te gebruiken. Vrouwen bezitten specifieke gebieden voor spraak; daar zijn ze goed in, het gaat hun makkelijk af en ze worden aangetrokken tot activiteiten die hen in staat stellen deze kracht aan te wenden, zoals die van therapeute, consulente en leerkracht. Wanneer er geen duidelijke hersenlokatie voor een bepaalde vaardigheid is, betekent dit over het algemeen dat een persoon niet van nature goed is in, of niet bepaald geniet van taken die van deze vaardigheid gebruik maken.

Waar onderzoek naar de hersenen begon

De eerste wetenschappelijke verslagen van onderzoek naar verschillen tussen de geslachten werden in 1882 bijgehouden door Francis Gatton van het Museum van Londen. Hij ontdekte dat mannen gevoeliger waren voor 'heldere' geluiden – schril en hoog lawaai –, een sterkere greep hadden en minder gevoelig waren voor pijn dan vrouwen. Tegelijkertijd werd in een soortgelijk onderzoek in Amerika ontdekt dat mannen de voorkeur gaven aan rood en blauw, over een betere woordenschat beschikten en de voorkeur gaven aan het oplossen van technische problemen boven huishoudelijke. Vrouwen konden scherper horen, gebruikten meer woorden dan mannen en gaven de voorkeur aan het verrichten en oplossen van individuele taken en problemen.

Beginnend onderzoek naar de specifieke lokatie van hersenfuncties vond plaats bij patiënten met een hersenbeschadiging. Men ontdekte dat mannen bij wie de linkerhersenhelft was beschadigd grotendeels of volledig hun spraakvermogen en verbale vaardigheden kwijt waren, terwijl vrouwen met een soortgelijke beschadiging hun spraakvermogen niet in dezelfde mate verloren, hetgeen aangaf dat vrouwen beschikken over meer dan één spraakcentrum.

Mannen hadden drie tot vier keer zoveel kans hun spraakvermogen kwijt te raken of spraakstoornissen te krijgen dan vrouwen, en het was minder waarschijnlijk dat ze ooit deze vaardigheden zouden terugkrijgen. Als een man gewond raakt aan de linkerkant van het hoofd, loopt hij de kans stom te worden. Als een vrouw op dezelfde plaats gewond raakt, zal ze waarschijnlijk gewoon blijven praten.

Mannen met een hersenbeschadiging aan de rechterkant raakten grotendeels of volledig hun ruimtelijk inzicht kwijt – het vermogen in drie dimensies te denken en voorwerpen in hun gedachten te roteren, om ze zo vanuit verschillende hoeken te kunnen zien. Zo wordt bijvoorbeeld een bouwtekening van een huis door de vrouwelijke hersenen tweedimensionaal gezien, terwijl de mannelijke hersenen driedimensionaal kunnen zien. Met andere woorden, mannen kunnen diepte zien. De meeste mannen kunnen zien hoe een gebouw eruitziet nadat het gebouwd is. Vrouwen die op exact dezelfde plaats een hersenbeschadiging hadden, ondergingen weinig tot geen verandering in hun ruimtelijke inzicht.

Doreen Kimura, professor in de psychologie aan de Universiteit van Ontario, ontdekte dat bij mannen spraakstoornissen ontstaan wanneer alleen de linkerkant van de hersenen is beschadigd, maar dat die zich bij vrouwen alleen voordoen wanneer beide voorhoofdskwabben zijn beschadigd. Stotteren is een spraakstoornis die bijna alleen bij mannen voorkomt en er zijn drie tot vier keer zoveel jongens als meisjes die bijles in lezen krijgen. Eenvoudig gesteld beschikken mannen over beperkte vermogens wanneer het aankomt op spraak en conversatie. Dit zal de meeste vrouwen niet verbazen. Geschiedenisboeken geven duidelijk blijk van het feit dat het gebrek van de man aan spraak- en conversatievermogen vrouwen al duizenden jaren tot wanhoop drijft.

Analyse van de hersenen

Vanaf begin jaren negentig heeft de apparatuur voor het scannen van de hersenen zich dusdanig ontwikkeld dat het nu mogelijk is de hersenen 'live' op een televisiescherm te zien met behulp van de PET-scan (*Positron Emission Tomography* – positron emissie tomografie) en MRI (*Magnetic Resonance Imaging* – beeldvorming door middel van magnetische resonantie). Marcus Raichle van de faculteit geneeskunde aan de Universiteit van Washington heeft specifieke gebieden met een verhoogd metabolisme gemeten om nauwkeurig de gebieden vast te stellen die worden gebruikt voor specifieke vaardigheden. Deze worden hieronder weergegeven:

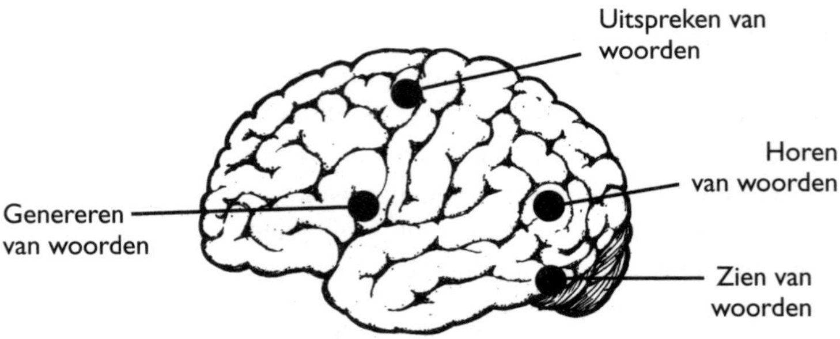

Specifieke gebieden in de hersenen door middel van MRI

Aan de Yale-universiteit werden in 1995 onder leiding van de artsen Bennett en Sally Shaywitz door een team wetenschappers tests uitgevoerd op mannen en vrouwen om te bepalen welk deel van de hersenen wordt gebruikt voor het rijmen van woorden. Met gebruik van MRI om de minimale veranderingen in bloeddoorstroming naar de verschillende hersenhelften waar te nemen, konden ze bevestigen dat mannen voornamelijk de linkerhersenhelft voor spraakvaardigheden gebruiken en vrouwen zowel de linker- als de rechterhersenhelft. Deze en talloze andere experimenten die in de jaren negentig werden uitgevoerd gaven duidelijk hetzelfde resultaat te zien: de hersenen van de man en die van de vrouw werken verschillend.

Vraag mannen en vrouwen of hun hersenen anders werken en mannen zullen zeggen dat ze denken van wel, dat ze er zelfs een keer iets over hebben gelezen op Internet... Vrouwen zullen zeggen: 'Natuurlijk. Volgende vraag?'

Onderzoek toont tevens aan dat de linkerhersenhelft zich bij meisjes sneller ontwikkelt dan bij jongens, hetgeen betekent dat zij sneller en beter zullen praten dan hun broers, eerder zullen lezen en sneller een buitenlandse taal zullen leren. Het verklaart eveneens waarom de agenda's van logopedisten vol jongensnamen staan.
Bij jongens ontwikkelt zich echter de rechterhersenhelft sneller dan bij meisjes, waardoor ze zich beter ontwikkelen qua ruimtelijk inzicht, logica en waarnemingsvermogen. Jongens munten uit in rekenen, bouwen, puzzels en het oplossen van problemen, en zijn deze vaardigheden eerder meester dan meisjes.
Het is wellicht in de mode te doen alsof de verschillen tussen de geslachten minimaal zijn of niet ter zake doen, maar de feiten ondersteunen dat idee eenvoudig niet. Helaas leven we nu in een sociale omgeving die erop staat dat we hetzelfde zijn; ondanks de stapel bewijzen die aantonen dat de aanleg van onze hersenen verschillend is en dat we ons hebben ontwikkeld met ingrijpend afwijkende ingebouwde vermogens en voorkeuren.

Waarom vrouwen beter geschakeld zijn

De linker- en rechterhersenhelft staan met elkaar in verbinding door een bundel zenuwvezels die het *Corpus Callosum* wordt ge-

noemd. Deze kabel laat de ene helft van de hersenen communiceren met de andere helft en staat de uitwisseling van informatie toe. Probeer je voor te stellen dat je twee computers op je schouders hebt die met elkaar in verbinding staan door middel van een interface-kabel. Die kabel is het Corpus Callosum.
De neuroloog Roger Gorski van de Universiteit van Californië in Los Angeles bevestigde dat de vrouwelijke hersenen een dikker Corpus Callosum hebben dan dat van een man, waarbij vrouwen tot 30 procent meer verbindingen hebben tussen de linker- en rechterhelft. Hij bewees tevens dat mannen en vrouwen verschillende gedeelten van hun hersenen gebruiken bij het verrichten van dezelfde taak. Deze bevindingen zijn sindsdien door andere wetenschappers overgenomen.

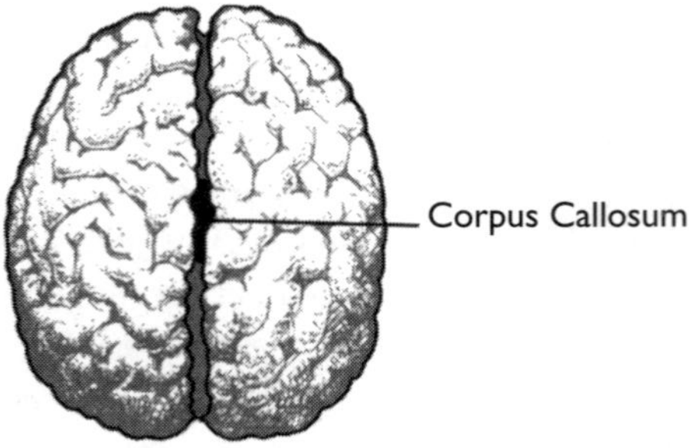

Het Corpus Callosum

Onderzoek onthult tevens dat het vrouwelijke hormoon oestrogeen zenuwcellen aanzet tot het laten groeien van meer verbindingen in de hersenen en tussen de twee hersenhelften. Studies tonen aan dat hoe meer verbindingen je hebt, hoe vloeiender je taalgebruik is. Het verklaart ook het vermogen van de vrouw niet met elkaar in verband staande activiteiten op één lijn te brengen en werpt veel licht op de vrouwelijke intuïtie. Zoals we hebben besproken, beschikt de vrouw over uitgebreidere zintuigen, en met die veelvoud van vezelverbindingen voor een snellere overdracht van informatie tussen de hersenhelften is het geen wonder dat een vrouw op intuïtief niveau veel snelle, precieze beoordelingen kan maken over mensen en situaties.

Waarom mannen maar 'een ding tegelijk!' kunnen

Al het beschikbare onderzoek is het erover eens: de hersenen van de man zijn gespecialiseerd. In vakjes verdeeld. De hersenen van de man zijn dusdanig gevormd dat ze zich op één specifieke taak tegelijkertijd kunnen concentreren, en de meeste mannen zullen je vertellen dat ze maar 'één ding tegelijk!' kunnen. Wanneer een man de auto stilzet om het stratenplan te bekijken, wat is dan het eerste wat hij met de radio doet? Juist, hij zet hem uit! De meeste vrouwen kunnen dit niet begrijpen. Een vrouw kan lezen terwijl ze luistert en praat; waarom hij dan niet? Waarom staat hij erop dat de televisie zachter wordt gezet wanneer de telefoon gaat? 'Waarom hoort hij niet wat ik net heb gezegd wanneer hij de krant zit te lezen of naar de televisie zit te kijken?' is een klacht die alle vrouwen in de hele wereld op een gegeven moment uiten. Het antwoord is dat de hersenen van een man zijn gebouwd op het verrichten van één ding tegelijk, omdat er minder verbindingsvezels zijn tussen de linker- en rechterhersenhelft en de hersenen van de man meer in vakjes zijn verdeeld. Maak een hersenscan van zijn hoofd terwijl hij zit te lezen en je zult ontdekken dat hij nagenoeg doof is.

De hersenen van de vrouw zijn gebouwd op het verrichten van meerdere taken tegelijk. Ze kan diverse niet met elkaar in verband staande dingen tegelijk doen en haar hersenen zijn altijd actief. Ze kan met iemand telefoneren en tegelijkertijd een nieuw recept uitproberen of televisie kijken. Of ze kan een auto besturen en ondertussen haar make-up verzorgen, naar de radio luisteren en via de handsfree telefoon praten. Maar als een man een recept klaarmaakt en je tegen hem praat, wordt hij waarschijnlijk boos omdat hij niet tegelijkertijd de geschreven aanwijzingen kan volgen en praten. Als een man zich scheert terwijl je tegen hem praat, zal hij zich snijden. De meeste vrouwen zijn er weleens door een man van beschuldigd dat hij een afslag op de snelweg heeft gemist omdat zij de hele tijd zat te kletsen. Eén vrouw vertelde ons dat als ze boos is op haar man, ze tegen hem praat terwijl hij een spijker staat in te slaan!
Omdat vrouwen beide kanten van hun hersenen gebruiken, vin-

den velen het moeilijk hun linkerhand te onderscheiden van hun rechterhand. Ongeveer 50 procent van de vrouwen kan niet onmiddellijk herkennen welke hand welke is zonder eerst naar een ring of sproet te kijken. Mannen daarentegen, die alleen met hun linker- of rechterhersenhelft werken, vinden het veel makkelijker links van rechts te onderscheiden. Als gevolg hiervan krijgen vrouwen in de hele wereld van hun mannen het verwijt te horen dat ze tegen hen zeggen dat ze rechtsaf moeten wanneer ze eigenlijk linksaf bedoelen.

Probeer de test met de tandenborstel

Probeer deze test: tanden poetsen. De meeste vrouwen kunnen al lopend en pratend over verschillende onderwerpen hun tanden poetsen. Ze kunnen de tandenborstel op en neer bewegen terwijl ze tegelijkertijd met de andere hand met een ronddraaiende beweging de tafel poetsen. De meeste mannen vinden dit moeilijk, zo niet onmogelijk. Wanneer mannen hun tanden poetsen, moeten ze zich door hun eensporige hersenen volledig op die ene taak richten. Ze gaan met de voeten ongeveer dertig centimeter uit elkaar voor de wastafel staan, houden hun lichaam over de wastafel gebogen en bewegen hun hoofd heen en weer tegen de borstel.

Waarom we zijn wie we zijn

In deze tijd waarin jongens en meisjes worden opgevoed alsof ze identiek zijn, probeert de wetenschap te bewijzen dat ze sterk verschillen in hun denken. De conclusie die neurologen en hersenonderzoekers overal in de wereld hebben getrokken, is dat we zijn wie we zijn vanwege onze hormonen.

Wij zijn wie we zijn vanwege onze hormonen. We zijn allemaal het resultaat van onze chemische huishouding.

Rond de eeuwwisseling dacht men dat we zijn geboren met een lege geest en dat onze ouders, leerkrachten en omgeving onze houdingen en keuzen dicteren. Nieuw onderzoek naar de hersenen en de ontwikkeling ervan onthult nu dat ons brein rond zes tot acht weken na de conceptie is gevormd als een computer. Ons fundamentele 'besturingssysteem' zit dan op zijn plaats en er zijn enkele 'programma's' geïnstalleerd, zodat we voorverpakt ter wereld komen, net als een computer waaraan een heel pakket van extra hardware en software kan worden toegevoegd.
De wetenschap laat ook zien dat het fundamentele besturingssysteem en de aanleg daarvan weinig ruimte tot verandering bieden. Onze omgeving en onze leerkrachten kunnen alleen gegevens toevoegen en combineerbare programma's laten draaien. En tot op heden zijn er nauwelijks bedieningshandleidingen beschikbaar geweest. Dit betekent dat wanneer we worden geboren, onze toekomstige keuzen en seksualiteit reeds zijn ingesteld. Natuur versus opvoeding? Het is een uitgemaakte zaak. De natuur had vanaf het begin een voorsprong. We weten nu dat opvoeding aangeleerd gedrag is waarbij adoptiefmoeders bewijzen dat ze net zo effectief kinderen kunnen opvoeden als biologische moeders.

De programmering van de foetus

We zijn bijna allemaal samengesteld uit 46 chromosomen, die lijken op genetische bouwblokken of een blauwdruk. Hiervan komen er 23 van de moeder en 23 van de vader. Als het 23e chromosoom van onze moeder een X-chromosoom is (het heeft de vorm van een X) en als het 23e chromosoom van onze vader ook een X-chromosoom is, is het resultaat hiervan een XX-baby, en dat is een meisje. Als het 23e chromosoom van de vader een Y-chromosoom is, krijgen we een XY-baby, en dat is een jongen. De basissjabloon voor het menselijk lichaam en hersenen is vrouwelijk – we beginnen allemaal als meisjes, – en dit is de reden waarom mannen vrouwelijke kenmerken hebben zoals tepels en borstklieren.

Zes tot acht weken na de conceptie is de foetus min of meer geslachtloos en bezit deze het potentieel tot de ontwikkeling van zowel mannelijke als vrouwelijke geslachtsdelen.
De Duitse wetenschapper Gunther Dorner, een vooraanstaand pionier in de sociale wetenschappen, was een van de eersten die de theorie naar voren bracht dat onze seksuele identiteit zes tot acht weken na de conceptie wordt gevormd. Zijn onderzoek toonde aan dat als de foetus genetisch een jongen (XY) is, hij speciale cellen ontwikkelt die grote hoeveelheden mannelijk hormoon, met name testosteron, door het lichaam stuurt om de teelballen te vormen en de hersenen te vormen voor mannelijke kenmerken en gedragingen, zoals zicht op lange afstand en het vermogen tot ruimtelijk inzicht voor werpen, jagen en najagen.

De wetenschap bewijst dat Eva er als eerste was!

Stel dat een mannelijk foetus (XY) minstens één eenheid mannelijk hormoon nodig heeft om de teelballen te vormen, en nog eens drie eenheden om de hersenen te vormen tot een mannelijk besturingssysteem, dan ontvangt het lichaam om redenen die we later zullen bespreken niet de vereiste dosis. Stel dat er vier eenheden voor nodig zijn en het ontvangt er maar drie. De eerste eenheid wordt gebruikt voor de vorming van de teelballen, maar de hersenen ontvangen nog maar twee extra eenheden, wat betekent dat ze voor tweederde mannelijk worden en voor eenderde vrouwelijk blijven. Het gevolg is dat er een jongensbaby wordt geboren die opgroeit tot een persoon met voornamelijk mannelijke hersenen, maar met een paar vrouwelijke gedachtenpatronen en vermogens. Als de mannelijke foetus twee eenheden mannelijk hormoon ontvangt, wordt er één gebruikt voor de vorming van de teelballen en krijgen de hersenen slechts één eenheid in plaats van de benodigde drie. Nu hebben we een baby wiens hersenen voornamelijk vrouwelijk van structuur en denken zijn, maar die in een genetisch mannelijk lichaam zit. Tegen de puberteit is deze jongen waarschijnlijk homoseksueel. We zullen in hoofdstuk 8 bespreken hoe dit gebeurt.
Wanneer de foetus een meisje (XX) is, is er weinig tot geen mannelijk hormoon aanwezig en kan het lichaam vrouwelijke ge-

slachtsdelen vormen en blijft de hersensjabloon vrouwelijk. De hersenen worden verder gevormd met vrouwelijke hormonen en ontwikkelen nestverdedigende eigenschappen, inclusief de centra voor het decoderen van verbale en non-verbale signalen. Wanneer de meisjesbaby wordt geboren, ziet ze er vrouwelijk uit, en haar gedrag zal vrouwelijk zijn als gevolg van haar vrouwelijk geschakelde hersenen. Maar af en toe ontvangt de vrouwelijke foetus, vaak per ongeluk, een grote dosis mannelijk hormoon, met als gevolg een meisjesbaby die wordt geboren met in meer of mindere mate mannelijke hersenen. Hoe dit gebeurt zullen we ook in hoofdstuk 8 bespreken.

Naar schatting bezit ongeveer 80 tot 85 procent van de mannen voornamelijk mangeschakelde hersenen, en ongeveer 15 tot 20 procent bezit hersenen die in meer of mindere mate vervrouwelijkt zijn. Velen van deze laatste groep worden homoseksueel.

15 tot 20 procent van de mannen bezit vervrouwelijkte hersenen. Ongeveer 10 procent van de vrouwen bezit vermannelijkte hersenen.

Elke verwijzing naar het vrouwelijk geslacht in dit boek verwijst naar ongeveer 90 procent van de meisjes en vrouwen, met andere woorden, de aanleg van hun hersenen voorziet in voornamelijk vrouwelijk gedrag. De aanleg van de hersenen van rond de 10 procent van de vrouwen voorziet in meer of mindere mate in enkele mannelijke vermogens, omdat ze zes tot acht weken na de conceptie een dosis mannelijk hormoon ontvingen.

Hier volgt een eenvoudige maar fascinerende test die je kan laten zien in welke mate je hersenen zijn geschakeld voor mannelijk of vrouwelijk denken. De vragen zijn verzameld uit veel toonaangevende studies naar de seksualiteit van de menselijke hersenen en het classificatiesysteem werd ontwikkeld door de Britse geneticus Anne Moir. Er zijn geen goed-of-fout vragen in deze test, maar hij biedt enkele interessante inzichten in de redenen waarom je de keuzen maakt die je maakt en denkt op de manier waarop je denkt. Aan het einde van de test kun je de score aflezen op de overzichtstabel op pagina 82. Kopieer de test en geef hem aan degene met wie je samenleeft en werkt, en het gevolg zal voor iedereen een openbaring zijn.

Test voor de oriëntatie van de hersenen

Deze test is ontworpen om de mannelijkheid of vrouwelijkheid van je hersenpatronen aan te geven. Er zijn geen goede of foute antwoorden; het resultaat is slechts een aanwijzing van de mogelijke hoeveelheid mannelijke hormonen die je hersenen rond zes tot acht weken na je conceptie wel of niet hebben ontvangen. Dit komt tot uiting in je voorkeuren van waarden, gedragingen, stijl, oriëntatie en keuzen.

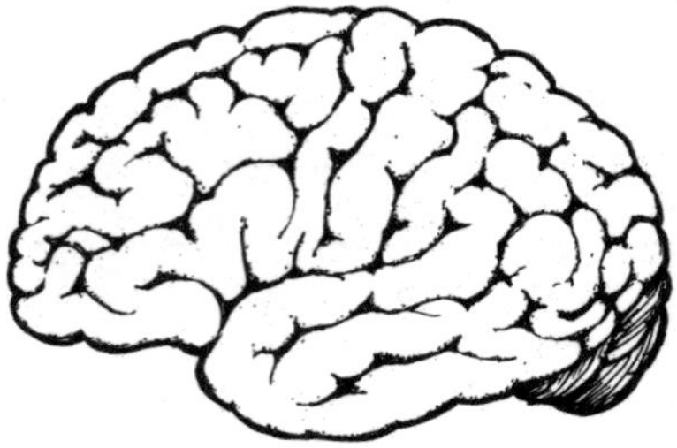

Omcirkel de verklaring die voor jou waarschijnlijk meestal waar is.

1. Wanneer er een kaart of stratenplan moet worden gelezen

a. vind je dit moeilijk en vraag je vaak om hulp.
b. keer je de kaart naar de richting die je op gaat.
c. heb je geen problemen met het lezen van de kaart of het stratenplan.

2. Je bent bezig een ingewikkelde maaltijd te bereiden met de radio aan en er belt een vriend(in).

a. Je laat de radio aanstaan en blijft doorkoken terwijl je aan de telefoon praat.
b. Je zet de radio uit, praat en blijft koken.
c. Je zegt dat je terug zult bellen zodra je klaar bent met koken.

3. Vrienden willen op bezoek komen en vragen naar de route naar je nieuwe huis.

a. Je tekent een kaart met duidelijke aanwijzingen en stuurt die naar hen toe, of je vraagt iemand anders om uit te leggen hoe ze er moeten komen.
b. Je vraagt welke herkenningspunten ze kennen en probeert vervolgens uit te leggen hoe ze er kunnen komen.
c. Je legt woordelijk uit hoe ze er moeten komen: 'Je volgt de A2 richting Utrecht, neemt de afslag Stadion, onder aan de afslag ga je linksaf en bij de eerste stoplichten rechts...'

4. Wanneer je een idee of gedachte uitlegt, ben je geneigd

a. een potlood, papier en lichamelijke gebaren te gebruiken.
b. het verbaal uit te leggen met gebruik van lichaamstaal en gebaren.
c. het verbaal uit te leggen in heldere en beknopte termen.

5. Wanneer je thuiskomt van een prachtige film, ga je het liefst

a. beelden van de film terughalen in je gedachten.
b. praten over de taferelen en wat er werd gezegd.
c. voornamelijk citeren wat er in de film werd gezegd.

6. In een bioscoop zit je het liefst

a. aan de rechterkant van de zaal.
b. overal, het maakt je niet uit.
c. aan de linkerkant van de zaal.

7. Een vriend heeft iets mechanisch dat niet werkt. Je zou het volgende doen:

a. meeleven en bespreken hoe de ander zich erover voelt.
b. iemand aanraden die betrouwbaar is en het kan repareren.
c. bedenken hoe het werkt en proberen het voor hem of haar te maken.

8. Je bent in een onbekende plaats en iemand vraagt je waar het noorden is. Je

a. bekent dat je het niet weet.

b. gist na enig nadenken waar het is.
c. wijst zonder enige problemen naar het noorden.

9. Je hebt een parkeerplaats gevonden die krap is en je moet achteruit inparkeren. Je zou
a. liever een andere parkeerplaats zoeken.
b. voorzichtig proberen achteruit in te parkeren.
c. zonder moeite achteruit inparkeren.

10. Je zit televisie te kijken als de telefoon gaat. Je zou het volgende doen:
a. de telefoon aannemen met de televisie aan.
b. de televisie zachter zetten en vervolgens de telefoon aannemen.
c. de televisie uitzetten, tegen anderen zeggen dat ze stil moeten zijn en vervolgens de telefoon aannemen.

11. Je hebt net een nieuw lied gehoord van je favoriete zanger.
a. Je zingt daarna zonder enige moeite een stukje van het lied.
b. Je zingt daarna een stukje van het lied als het een heel eenvoudig liedje is.
c. Je vindt het moeilijk je te herinneren hoe het lied klonk, maar je herinnert je enkele woorden.

12. Je voorspelt een uitkomst het best door middel van
a. je intuïtie.
b. een beslissing die is gemaakt op basis van zowel de beschikbare informatie als intuïtie.
c. feiten, statistieken en gegevens.

13. Je bent je sleutels kwijt. Zou je
a. iets anders gaan doen tot het je weer te binnen schiet waar ze liggen?
b. iets anders gaan doen maar blijven proberen je te herinneren waar je ze hebt neergelegd?
c. in gedachten nagaan wat je hebt gedaan, tot je je herinnert waar je ze hebt gelaten?

14. Je bevindt je in een hotelkamer en je hoort in de verte het geluid van een sirene. Je

a. kunt direct in de richting wijzen waar het geluid vandaan komt.
b. zou waarschijnlijk in de richting kunnen wijzen als je je concentreert.
c. zou absoluut niet kunnen bepalen waar het vandaan komt.

15. Je gaat naar een sociale bijeenkomst en wordt voorgesteld aan zeven of acht nieuwe mensen. De volgende dag

a. kun je je hun gezichten makkelijk voor de geest halen.
b. zou je je een paar gezichten kunnen herinneren.
c. zou je eerder hun namen herinneren.

16. Je wilt in je vakantie naar het platteland, maar je partner wil naar een badplaats. Om de ander ervan te overtuigen dat jouw idee beter is, doe je het volgende:

a. Je vertelt de ander hoe je je voelt: je houdt van het platteland en zowel kinderen als gezin hebben het altijd naar hun zin.
b. Je vertelt de ander dat als jullie nu naar het platteland gaan, je de volgende keer graag naar het strand wilt.
c. Je gebruikt feiten: het platteland is dichterbij, goedkoper en geschikt voor zowel sport als ontspanning.

17. Wanneer je de activiteiten van de dag plant, ga je gewoonlijk als volgt te werk:

a. Je maakt een lijst zodat je kunt zien wat er gedaan moet worden.
b. Je denkt aan de dingen die gedaan moeten worden.
c. Je stelt je in gedachten de mensen voor die je zult zien, de plaatsen waar je naartoe gaat en de dingen die je zult doen.

18. Een vriend(in) heeft een persoonlijk probleem en komt dit met jou bespreken. Jij

a. bent medelevend en begripvol.
b. zegt dat problemen nooit zo erg zijn als ze lijken en legt uit waarom.

c. biedt suggesties of rationeel advies aan over hoe het probleem opgelost kan worden.

19. Twee vrienden uit verschillende huwelijken hebben een geheime affaire. Hoe snel denk je dit in de gaten te hebben?

a. Je hebt het al heel snel door.
b. Je merkt het halverwege.
c. Je merkt het waarschijnlijk niet.

20. Waar gaat het leven om, zoals jij het ziet?

a. Vrienden hebben en in harmonie leven met degenen om je heen.
b. Vriendelijk zijn tegenover anderen, terwijl je je persoonlijke onafhankelijkheid handhaaft.
c. Waardevolle doelen bereiken, het respect van anderen winnen en prestige krijgen en vooruitgang boeken.

21. Als je de keuze zou krijgen, zou je het liefst werken

a. in een team waarin de mensen gelijkwaardig zijn.
b. rond anderen waarbij je je eigen ruimte behoudt.
c. voor jezelf.

22. De boeken die je het liefst leest zijn

a. romans en fictie.
b. tijdschriften en kranten.
c. non-fictie, autobiografieën.

23. Wanneer je gaat winkelen, heb je de neiging:

a. vaak impulsieve aankopen te doen, met name de aanbiedingen.
b. een vaag plan te hebben maar het te nemen zoals het komt.
c. de etiketten te lezen en prijzen te vergelijken.

24. Je gaat het liefst naar bed, wordt het liefst wakker en eet het liefst

a. wanneer je daar zin in hebt.
b. op basis van een schema, maar je bent flexibel.
c. elke dag ongeveer rond dezelfde tijd.

25. Je bent met een nieuwe baan begonnen en hebt veel nieuwe mensen ontmoet. Een van die mensen belt je thuis op. Je zou

a. het makkelijk vinden zijn of haar stem te herkennen.
b. de stem ongeveer halverwege het gesprek herkennen.
c. het moeilijk vinden de stem te herkennen.

26. Waar raak je het meest door van streek wanneer je onenigheid met mensen hebt?

a. Hun stilzwijgen of gebrek aan reactie.
b. Wanneer ze jouw gezichtspunt niet zien.
c. Hun indringende of uitdagende vragen en opmerkingen.

27. Wat vond je op school van toetsen over dictees en opstellen?

a. Je vond dat redelijk makkelijk.
b. Het ene ging je gewoonlijk goed af, maar het andere niet.
c. Je was in geen van beide goed.

28. Wanneer het aankomt op dansen of swingende aangelegenheden

a. kun je de muziek 'voelen' nadat je de passen hebt geleerd.
b. kun je sommige oefeningen of danspassen uitvoeren, maar heb je moeite met andere.
c. heb je problemen met de timing of het ritme.

29. Hoe goed ben je in het herkennen en nabootsen van dierengeluiden?

a. Niet zo goed.
b. Redelijk.
c. Heel goed.

30. Aan het einde van een lange dag, ga je het liefst

a. met vrienden of familie over je dag praten.
b. naar anderen luisteren die over hun dag praten.
c. een krant lezen, televisie kijken en niet praten.

Bepaal je score

Tel eerst de aantallen A, B en C en bereken de score volgens de onderstaande tabel.

Voor vrouwen	
Aantal A's x 15 punten	=
Aantal B's x 5 punten	=
Aantal C's x (-5) punten	=
Totaal aantal punten	= ______

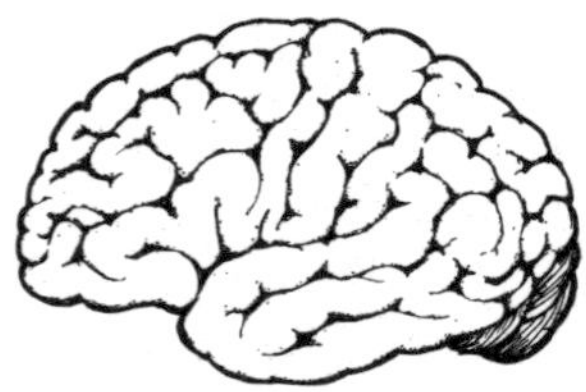

Voor mannen	
Aantal A's x 10 punten	=
Aantal B's x 5 punten	=
Aantal C's x (-5) punten	=
Totaal aantal punten	= ______

Geef jezelf voor alle vragen waarbij de antwoorden niet exact aansluiten bij jouw situatie of die je niet hebt beantwoord, vijf punten.

Test voor de oriëntatie van de hersenen

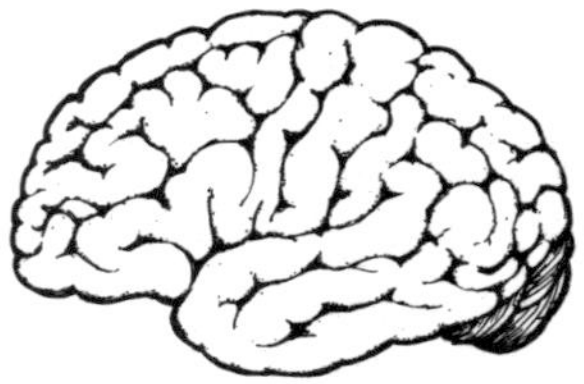

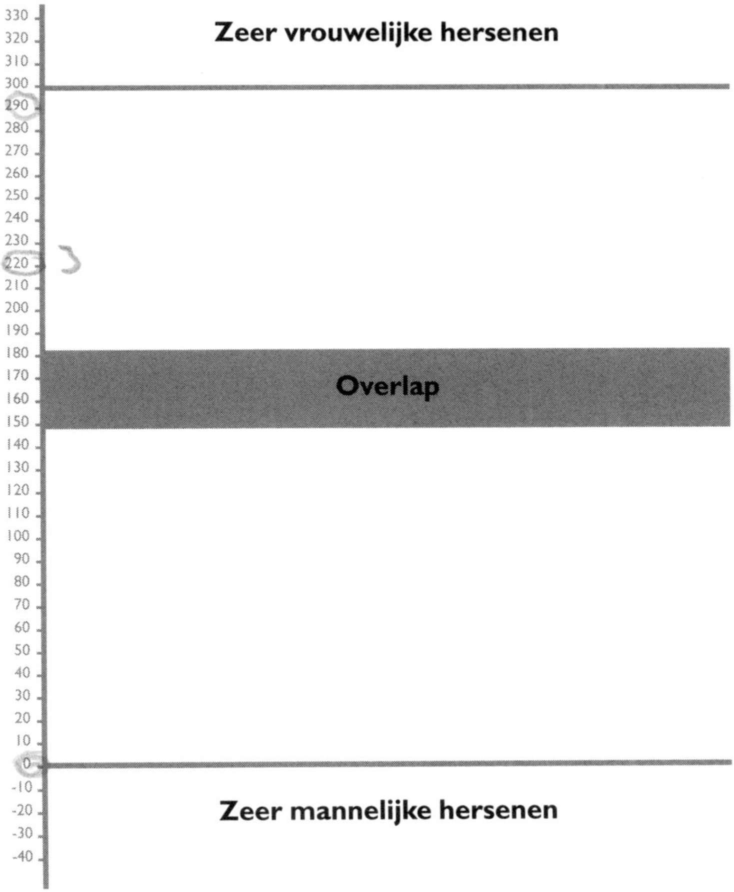

Analyse van de uitkomst

De meeste mannen behalen een score tussen 0 en 180 en de meeste vrouwen tussen 150 en 300. Hersenen die voor voornamelijk mannelijk denken zijn 'geschakeld' halen meestal een score van onder de 150. Hoe dichter ze bij de 0 zitten, hoe mannelijker ze zijn en hoe hoger het testosteronniveau waarschijnlijk is. Deze mensen vertonen sterke logische, analytische en verbale vaardigheden en hebben de neiging zeer gedisciplineerd en goed georganiseerd te zijn. Hoe dichter ze bij de 0 scoren, hoe beter ze zijn in het beramen van kosten en het plannen van uitkomsten voor statistische gegevens, waarbij ze nauwelijks door hun emoties worden beïnvloed. Scores in de lagere regionen zijn hoge mannelijke scores. Deze scores laten zien dat er grote hoeveelheden testosteron aanwezig waren in de beginfase van de ontwikkeling van de foetus. Hoe lager de score voor een vrouw, des te waarschijnlijker dat ze lesbische neigingen heeft.
Hersenen die voornamelijk zijn geschakeld voor vrouwelijk denken zullen hoger scoren dan 180. Hoe hoger het aantal punten, hoe vrouwelijker de hersenen zullen zijn en hoe waarschijnlijker dat de persoon in kwestie opvallend creatieve, artistieke en muzikale talenten vertoont. Deze mensen nemen beslissingen meer op grond van intuïtie en instinct en zijn goed in het herkennen van problemen, zonder dat ze daarbij veel gegevens nodig hebben. Ze zijn ook goed in het oplossen van problemen door middel van creativiteit en inzicht. Hoe verder de score voor een man boven de 180 ligt, hoe groter de kans dat hij homoseksueel zal zijn.
Mannen die een score onder de 0 halen en vrouwen die een score van boven de 300 halen, hebben hersenen die zo tegengesteld zijn geschakeld dat ze waarschijnlijk alleen gemeen hebben dat ze op dezelfde planeet leven!

De overlap

Scores tussen de 150 en 180 geven een overeenkomst weer in gedachten van beide geslachten, of ze staan met één voet zowel in het ene als in het andere seksuele kamp. Deze mensen laten geen voorkeur zien voor mannelijk of vrouwelijk denken en vertonen gewoonlijk een flexibiliteit in denken dat van groot nut kan zijn voor elke groep die een probleemoplossend proces doormaakt. Ze sluiten vaak vriendschappen met zowel mannen als vrouwen.

Een laatste woord...

Sinds het begin van de jaren tachtig gaat onze kennis van de hersenen onze stoutste verwachtingen te boven. De Amerikaanse president George Bush noemde de jaren negentig als het Decennium van het Brein en we gaan nu het Millennium van het Verstand binnen. In onze discussie over de hersenen en de verscheidene afdelingen ervan hebben we de neurowetenschap vereenvoudigd om te vermijden dat we te technisch zouden worden, maar we hebben de zaak ook niet te veel willen vereenvoudigen omdat de hersenen een webachtige structuur van neuronen zijn die bestaat uit een complexe verzameling hersencellen die de hersenregionen vormen.

Jij, de lezer, wilt geen neurowetenschapper worden; je wilt alleen een basaal begrip krijgen van de hersenfuncties en van sommige strategieën die aan de orde zijn wanneer je met het andere geslacht te maken hebt. Het is makkelijk nauwkeurig het gebied in de hersenen te bepalen dat bij mannen wordt gebruikt voor ruimtelijk inzicht en daarvoor hanteerbare strategieën uit te werken. Het is veel moeilijker greep te krijgen op de exacte werking van emotie in de hersenen, maar zelfs dan kunnen we nog altijd werkbare strategieën ontwikkelen om ermee om te gaan.

Hoofdstuk 4

Praten en luisteren

Wat vrouwen zeggen • Wat mannen horen

Loes en Johan maakten zich klaar om naar een feestje te gaan. Loes had een nieuwe jurk gekocht en wilde er heel graag goed uitzien. Ze hield twee paar schoenen omhoog, een blauw paar en een goudkleurig paar. Vervolgens stelde ze Johan de vraag waar alle mannen bang voor zijn: 'Schat, welk paar zal ik bij deze jurk dragen?'
Er liep een koude rilling over Johans rug. Hij wist dat hij in de problemen zat. 'Eh... hmm... welke jij het mooist vindt, schat,' stamelde hij.
'Toe nou, Johan', zei Loes ongeduldig, 'welke zijn mooier, de blauwe of de gouden?'
'Goud!' antwoordde hij zenuwachtig.
'Wat is er dan mis met de blauwe?' vroeg ze. 'Je hebt ze nooit mooi gevonden! Ik heb er een vermogen aan uitgegeven en je vindt ze vreselijk, of niet soms?'
Johans schouders zakten in elkaar. 'Als je mijn mening niet wilt horen, Loes, vraag er dan niet naar!' zei hij. Hij dacht dat hem werd gevraagd een probleem op te lossen, maar toen hij het had opgelost, was ze hem er niet dankbaar voor. Loes gebruikte echter een typisch vrouwelijke eigenschap: hardop praten. Ze had al besloten welk paar ze aan zou trekken en wilde daar geen andere mening over; ze wilde alleen de bevestiging dat ze er goed uitzag.
In dit hoofdstuk zullen we naar de problemen kijken die mannen en vrouwen met de onderlinge communicatie hebben en zullen we een paar nieuwe oplossingen aandragen.

De 'blauwe of goudkleurige schoenen' strategie

Als een vrouw 'blauw of goud?' vraagt bij het kiezen van schoenen, is het belangrijk dat een man geen antwoord geeft. In plaats daarvan zou hij moeten zeggen: 'Heb je zelf al een paar uitgezocht, schat?' De meeste vrouwen zijn van hun stuk gebracht door deze

benadering, omdat de meeste mannen die ze kennen onmiddellijk een voorkeur naar voren brengen.
'Nou ... ik dacht dat ik misschien de gouden schoenen kon dragen...' zal ze dan onzeker zeggen. In werkelijkheid had ze de gouden schoenen al gekozen.
'Waarom de gouden?' zal hij vragen.
'Omdat ik gouden sieraden draag en mijn jurk een goudkleurig patroon heeft', zal zij antwoorden.
Een vaardige man zou dan antwoorden: 'Wauw! Fantastische keuze! Je zult er oogverblindend uitzien! Dat heb je goed gedaan! Geweldig!'
En je kunt ervan op aan dat je een fantastische avond hebt.

Waarom mannen niet behoorlijk kunnen praten

We weten al duizenden jaren dat mannen geen geweldige gesprekken kunnen voeren, vooral wanneer ze worden vergeleken met vrouwen. Niet alleen beginnen meisjes eerder te praten dan jongens, maar een meisje van drie bezit een bijna twee keer zo grote woordenschat als een jongetje van drie, terwijl haar spraak bijna 100 procent begrijpelijker is. Spraakpathologen worden druk beziggehouden door ouders die allemaal met dezelfde klacht jonge jongens voor therapie brengen: 'Hij kan niet behoorlijk praten.' Als de jongen een ouder zusje heeft, is dit spraakverschil nog opvallender, vooral omdat oudere zusjes en moeders regelmatig voor hun zoons praten. Vraag een vijf jaar oud jongetje: 'Hoe gaat het me je?', en zijn moeder of zus antwoordt: 'Het gaat goed met hem, dank je.'

Moeders, dochters en oudere zusters praten vaak namens de mannen in hun familie.

Voor mannen is spraak geen specifieke vaardigheid van de hersenen. Het vermogen is alleen werkzaam in de linkerhersenhelft en bezit geen specifieke lokatie. Onderzoek bij mensen met een hersenbeschadiging aan de linkerhersenhelft laat zien dat de meeste spraakstoornissen bij mannen zich voordoen aan de linkerachterkant en bij vrouwen voornamelijk aan de linkervoorkant. MRI-scans laten zien dat als een man praat, zijn linkerhersenhelft actief op zoek gaat naar het spraakcentrum, maar dit niet kan vinden. Met als gevolg dat mannen niet zo goed in praten zijn.

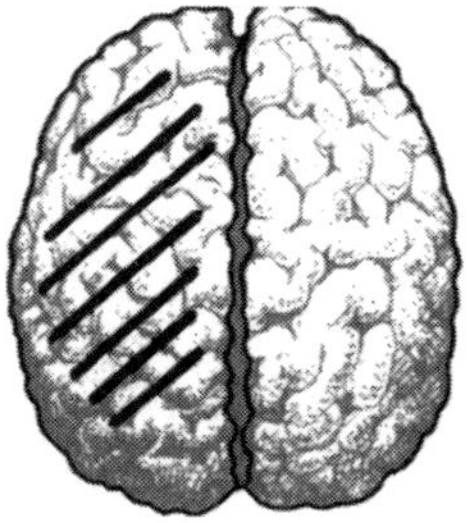

Lokatie van de spraakfunctie bij mannen

Jongens hebben de neiging om te mompelen en woorden slordiger uit te spreken dan meisjes. Ze gebruiken tijdens een gesprek vulwoorden als 'hmm', 'eh' en 'zoals' en laten eerder de '*n*' aan het eind van een woord weg – ze zeggen 'renne' en 'kome' – en gebruiken bij het spreken drie stembuigingen waar vrouwen er vijf gebruiken. Wanneer mannen samenkomen om op de televisie naar een voetbalwedstrijd te kijken, is dat ook precies wat ze doen; het enige gesprek dat zich wellicht voordoet is vaak: 'Geef de chips even door', en: 'Heb je nog een biertje voor me?' Wanneer een groep vrouwen bij elkaar komt om iets op de televisie te zien, is dit altijd een excuus om met elkaar te babbelen. Als gevolg hiervan hebben ze de neiging samen naar een soapaflevering te kijken waarin de personages en intriges bekend zijn, in plaats van een ingewikkeld geheimzinnig moorddrama.
De verschillende manieren waarop de geslachten zich uiten is misschien nergens zo duidelijk als in de sport. Kijk naar sport op de televisie en merk bijvoorbeeld op hoe vrouwelijke basketballspelers hun wedstrijd veel preciezer, bondiger en begrijpelijker kunnen beschrijven. Wanneer mannelijke spelers worden geïnterviewd, is het echter niet alleen moeilijk wijs te worden uit het weinige dat ze te

zeggen hebben, maar lijkt het wel alsof hun mond niet eens beweegt. Ook bij tieners is het verschil opmerkelijk. Toen we onze tienerdochter naar het feestje vroegen waar ze de avond daarvoor was geweest, gaf ze een helder verslag van alles wat er was gebeurd: wie wat tegen wie zei, wat iedereen daarvan vond, en wat ze droegen. Onze tienerzoon mompelde na dezelfde vraag: 'Eh... goed.'
Op Valentijnsdag zeggen bloemisten tegen mannen dat ze het 'met bloemen moeten zeggen' omdat ze weten dat een man het moeilijk vindt iets met woorden te zeggen. Het kopen van een kaart vormt nooit een probleem voor een man, maar als hij moet bedenken wat hij erop moet schrijven, krijgt hij het benauwd.

Mannen kiezen vaak een kaart met veel woorden. Op die manier blijft er minder ruimte over om op te schrijven.

Vergeet niet dat mannen zich hebben ontwikkeld als jagers, niet als communicators. De jacht werd uitgevoerd met een reeks nonverbale signalen en de jagers zaten vaak uren in stilzwijgen naar prooi uit te kijken. Ze praatten niet en gingen geen band aan. Wanneer moderne mannen samen gaan vissen, kunnen ze vaak uren naast elkaar zitten zonder iets te zeggen. Ze genieten enorm van elkaars gezelschap, maar voelen geen behoefte dit in woorden tot uiting te brengen. Maar als vrouwen tijd met elkaar zouden doorbrengen zonder iets te zeggen, zou dit een aanwijzing zijn voor een groot probleem. De enige keer dat mannen dichter bij elkaar komen is wanneer de afdeling communicatie in de strak in vakjes verdeelde hersenen van de man in de war wordt geschopt – door overvloedige hoeveelheden alcohol.

Jongens en hun scholing

Jongens doen het in het begin niet zo goed op school omdat hun verbale vermogens inferieur zijn aan die van meisjes. Als gevolg hiervan presteren ze slecht in talen en kunstnijverheid.

Mannen waren nooit gezellige praters

Ze voelen zich dom in het bijzijn van de meer spreekvaardige meisjes en worden onstuimig en verstorend. Het idee om een jongen een jaar later met school te laten beginnen, wanneer zijn taalontwikkeling gelijkstaat aan die van meisjes die een jaar jonger zijn, zou in dat opzicht zeer zinnig zijn. Jongens zouden zich een stuk beter voelen over zichzelf en veel minder worden beïnvloed door de welbespraaktheid van meisjes van dezelfde leeftijd.

Later raken de meisjes achter in natuurkunde en andere exacte vakken, waar het vermogen tot ruimtelijk inzicht van wezenlijk belang is. Maar terwijl de extra taallessen vol zitten met jongens wier bezorgde ouders hopen en bidden dat hun zoons uiteindelijk behoorlijk kunnen lezen, schrijven en spreken, worden dergelijke stappen niet ondernomen om het ruimtelijk inzicht van hun dochters bij te spijkeren. Ze veranderen eenvoudig van vakkenpakket.
Op enkele scholen in Engeland worden jongens en meisjes bij bepaalde vakken gescheiden, zoals bij Engels, wiskunde en natuurwetenschappen. De Shenfield High School in Essex bijvoorbeeld stelt elk geslacht in staat in een omgeving te leren waarin er geen wedijver van het andere geslacht bestaat. Tijdens de wiskundetoetsen worden meisjes vragen gesteld die in verband staan met een tuinindeling, terwijl de toetsen van de jongens zich afspelen in een gereedschapswinkel. Dit soort scheiding benut de natuurlijke voorkeuren van mannelijke en vrouwelijke hersenverbindingen, en de resultaten zijn indrukwekkend: de jongens halen vier keer zulke hoge cijfers in Engels dan het nationale gemiddelde, en de cijfers voor wiskunde en natuurwetenschappen zijn bij meisjes bijna twee keer zo hoog als op andere scholen.

Waarom vrouwen zo goed praten

Bij vrouwen is spraak een specifiek gebied, dat zich voornamelijk aan de voorkant van de linkerhersenhelft bevindt, met nog een kleiner, specifiek gebied in de rechterhersenhelft. Omdat spraak zich in beide hersenhelften bevindt, zijn vrouwen goede praters. Ze genieten van praten en doen het veel. Omdat er specifieke gebieden zijn die de spraak beheersen, staan de hersenen van de vrouw ter beschikking voor andere taken, waardoor ze in staat is veel verschillende dingen tegelijk te doen.
Recent onderzoek heeft aangetoond dat een baby zijn moeders stem leert herkennen terwijl hij nog in de baarmoeder zit, waarschijnlijk door de resonantie ervan in het lichaam van de moeder. Een vier dagen oude baby kan de spraakpatronen onderscheiden van de eigen taal en die van een buitenlandse taal. Wanneer ze vier

maanden oud zijn, kunnen baby's lipbewegingen herkennen die gepaard gaan met klinkers. Nog voor hun eerste verjaardag beginnen ze woorden in verband te brengen met betekenissen; tegen de tijd dat ze achttien maanden zijn, bezitten ze het begin van een woordenschat die op tweejarige leeftijd bij meisjes is toegenomen tot tweeduizend woorden. Dit is zowel intellectueel als lichamelijk een indrukwekkende prestatie, vergeleken met de leervermogens van een volwassene.

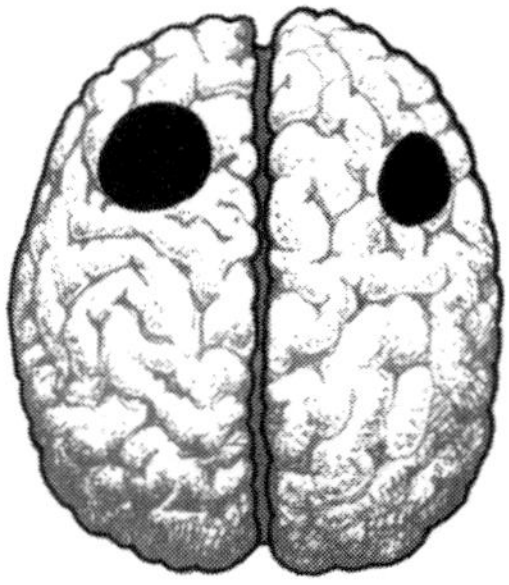

Lokatie van de spraakfunctie bij vrouwen

Omdat ze een specifiek gebied voor spraak in hun hersenen hebben, kunnen meisjes een buitenlandse taal sneller en makkelijker leren dan jongens, en dit verklaart tevens waarom meisjes beter zijn in grammatica, interpunctietekens en spelling. In de vijfentwintig jaar dat we seminars geven in het buitenland hebben we zelden een mannelijke tolk gekregen; ze zijn over het algemeen allemaal vrouwen.

Vak	*Aantal docenten*	*% Vrouwen*	*% Mannen*
Spaans	*2700*	*78*	*22*
Frans	*16.200*	*75*	*25*
Duits	*8100*	*75*	*25*
Toneelspelen	*8900*	*67*	*33*
Andere talen	*1300*	*70*	*30*

Vakken die verbaal vermogen eisen (Taaldocenten in Engeland in 1998)

Deze tabel laat zien dat vrouwen duidelijk sterker zijn in onderwerpen waarbij een sterk verbaal vermogen van de linkerhersenhelft vereist is. Het specifieke spraakcentrum van vrouwen maakt hen superieur in taalgebruik en verbale bedrevenheid.
Deze cijfers tonen aan dat zelfs op de meest politiek correcte gebieden – onderwijs en overheid – de oriëntatie van de vrouwelijke en mannelijke hersenen de vakkenkeuze van een leerkracht sterk beïnvloedt. Groeperingen die ijveren voor gelijke kansen hebben het gevoel dat ze goed werk verrichten omdat de helft van álle leerkrachten mannen zijn en de helft vrouwen, maar zoals je kunt zien overheersen vrouwen duidelijk de gebieden die met de spraak te maken hebben.
De linkerhersenhelft beheerst de fysieke functies van de rechterkant van het lichaam, wat de reden zou kunnen zijn waarom de meeste mensen met hun rechterhand schrijven. Dit zou ook verklaren waarom het handschrift van de meeste vrouwen veel duidelijker is dan dat van mannen: de specifieke taalcentra van de vrouw zijn berekend op een beter gebruik van taal, zowel in gesproken als in geschreven vorm.

Waarom vrouwen het nodig hebben te praten

De mannelijke hersenen zijn in hoge mate in vakjes verdeeld en bezitten het vermogen informatie te scheiden en op te slaan. Aan het einde van een dag vol problemen kunnen de hersenen van de man ze in een dossier opbergen. De vrouwelijke hersenen slaan informatie niet op een dergelijke wijze op; de problemen blijven maar in haar hoofd rondmalen.

Mannen kunnen hun problemen een volgorde toekennen en ze in de wacht zetten. Vrouwen malen.

De enige manier waarop een vrouw van de problemen in haar hoofd af komt is door erover te praten, zodat ze worden erkend. Daarom is het doel van een vrouw, wanneer ze aan het einde van de dag praat, om zich van haar problemen te ontdoen, niet om conclusies of oplossingen te vinden.

Het hormonale verband

De wetenschapper Elizabeth Hanson van de Universiteit van Ontario leidde een onderzoek naar prestaties bij vrouwen en het hormoon oestrogeen. Hanson ontdekte dat lage testosteronniveaus het vermogen tot ruimtelijk inzicht bij de vrouw onderdrukte, terwijl een hoog niveau van oestrogeen haar articulatie en fijne motoriek verrijkte. Dit verklaart waarom een vrouw zich tijdens de menstruele cyclus op dagen waarop ze een hoge oestrogeenspiegel heeft kalm kan gedragen en met een bijna volmaakte articulatie kan praten. Op dagen waarop ze een hoge testosteronspiegel heeft is haar spraak daarentegen grilliger, maar is haar vermogen tot ruimtelijk inzicht beter; ze is er misschien niet zo goed in een man met een goedgeplaatste kritische opmerking te vernederen, maar ze zou hem vanaf een afstand van twintig meter met een braadpan weten te raken.

Vrouwen zijn gek op praten

Wanneer vrouwen bij elkaar komen om naar een film op de televisie te kijken, praten ze meestal allemaal tegelijk over een veelheid aan onderwerpen, inclusief kinderen, mannen, carrières en wat er in hun leven gebeurt. Wanneer groepen mannen en vrouwen samen televisie kijken, zeggen de mannen meestal uiteindelijk dat de vrouwen moeten ophouden met kletsen. Mannen kunnen praten óf naar de beeldbuis kijken, maar niet allebei tegelijk, en ze begrijpen niet dat vrouwen dat wel kunnen. Trouwens, vrouwen beschouwen het bij elkaar komen vooral als iets leuks en als een gelegenheid om relaties te ontwikkelen, en willen niet alleen maar als een zwijgende kudde schapen naar een beeldbuis zitten te staren.
Tijdens de reclame vraagt een man vaak aan een vrouw de verhaallijn van de film uit te leggen en om hem te vertellen waar de

relatie tussen de personages toe leidt. In tegenstelling tot vrouwen zijn mannen niet in staat de subtiele lichaamstaalsignalen te onderkennen die onthullen welke emoties de personages hebben.

'... en toen vertelde Jasmijn aan Wilma wat Alex aan het doen was, maar zij wist dat Marie al op de hoogte was omdat Linda het had gehoord van Melissa en het aan Adam had verteld, en daarom dacht Sam...'

Aangezien vrouwen van oudsher hun dagen hebben doorgebracht met andere vrouwen en de kinderen in de groep, hebben ze het vermogen tot succesvolle communicatie ontwikkeld, om aldus de relaties te handhaven. Voor een vrouw blijft spraak een duidelijk doel dienen: relaties opbouwen en vriendschappen sluiten. Bij mannen heeft praten tot doel feiten over te brengen.
Mannen beschouwen de telefoon als een communicatiemiddel

om feiten en informatie aan andere mensen over te brengen, maar een vrouw ziet hem als een middel om een emotionele band op te bouwen. Een vrouw kan twee weken met haar vriendin met vakantie gaan en zodra ze terug is diezelfde vriendin opbellen om nog eens twee uur met haar aan de lijn te zitten. Er is geen overtuigend bewijs dat sociale conditionering – het feit dat de moeders meer tegen meisjes praten – de reden is waarom meisjes meer praten dan jongens. De psychiater Michael Lewis, auteur van *Social Behaviour and Language Acquisition* (Sociaal gedrag en taalverwerving), voerde experimenten uit waaruit naar voren kwam dat moeders vaker tegen meisjesbaby's praatten en meer naar hen keken dan bij jongensbaby's het geval was. Het is wetenschappelijk bewezen dat ouders reageren op de aanleg van de hersenen van hun kinderen. Aangezien de hersenen van meisjes beter toegerust zijn voor het uitzenden en ontvangen van spraak, praten we ook meer tegen hen. Met als gevolg dat moeders die proberen tegen hun zoons te praten, vaak teleurgesteld zijn omdat ze alleen maar kort gegrom als antwoord krijgen.

Mannen praten in zichzelf

Mannen hebben zich ontwikkeld tot strijders, beschermers en probleemoplossers. De aanleg van hun hersenen en sociale conditionering weerhouden hen ervan angst of onzekerheid te tonen. Dit is de reden waarom een man, wanneer hem wordt gevraagd een probleem op te lossen, vaak zal zeggen: 'Kun je het aan mij overlaten?', of: 'Ik zal erover nadenken.' En dat is precies wat hij doet: hij denkt er met een uitdrukkingsloos gezicht in zichzelf over na. Hij zal pas iets zeggen wanneer hij het antwoord heeft, of een levendige uitdrukking op zijn gezicht krijgen om aan te geven dat hij de oplossing kenbaar wil maken. Mannen praten voornamelijk in hun hoofd, omdat ze niet beschikken over het verbale vermogen van vrouwen om woorden te gebruiken voor communicatie naar buiten toe. Een hersenscan laat zien dat wanneer een man door het raam zit te staren, hij een gesprek met zichzelf voert – in zijn hoofd. Wanneer een vrouw een man dit ziet doen, neemt ze aan dat hij zich verveelt of zit te niksen, en probeert ze tegen hem te praten of hem iets te doen te geven. Een man wordt vaak boos wanneer zijn gedachten worden onderbroken. Zoals we weten kan hij maar één ding tegelijk.

De keerzijde van in zichzelf praten

Praten in zijn hoofd is geen probleem wanneer een man met andere mannen te maken heeft. Mannen kunnen langere perioden in een vergaderruimte bij elkaar zitten zonder veel te praten, en niemand voelt zich daar ongemakkelijk bij – het is net zoiets als vissen. Mannen genieten vaak van een 'drankje in stilte' na het werk, en dat is precies wat het is: stil. Als een man samen is met een vrouw of een groep vrouwen, zullen de vrouwen hem waarschijnlijk afstandelijk of chagrijnig vinden of gewoon denken dat hij niet mee wil doen. Als mannen beter met vrouwen willen omgaan, moeten ze meer praten.

Vrouwen denken hardop

'Mijn vrouw maakt me helemaal gek wanneer ze een probleem heeft of het erover heeft wat ze van plan is die dag te doen', zei een man op een van onze seminars. 'Ze praat hardop over keuzes, mogelijkheden, de mensen die erbij betrokken zijn, wat ze moet doen en waar ze naartoe gaat! Het leidt zo af. Ik kan me dan nergens op concentreren!'
De hersenen van een vrouw zijn voorgeprogrammeerd op het gebruik van taal als voornaamste uitdrukkingsvorm, en dit is een van haar krachten. Als een man een lijst van vijf of zes taken moet uitvoeren, zal hij zeggen: 'Ik heb een paar dingen te doen. Tot straks.' Een vrouw zal alle onderwerpen in willekeurige volgorde hardop onder woorden brengen, waarbij ze alle keuzes en mogelijkheden zal opsommen. Ze zal iets zeggen als: 'Laat me nadenken... Ik moet naar de stomerij en de auto wassen. Trouwens, Maarten belde en vroeg of je hem terug wilt bellen... Dan moet ik

dat pakje ophalen bij het postkantoor. Ik zou misschien ook...' En dit is een van de redenen waarom mannen vrouwen ervan beschuldigen dat ze te veel praten.

De keerzijde van hardop denken

Vrouwen beschouwen hardop denken als een teken van vriendelijkheid en delen, maar mannen zien dit anders. Op persoonlijk niveau denkt de man dat de vrouw hem opzadelt met een waslijst van problemen waarvan ze verwacht dat hij die oplost, dus wordt hij gespannen, raakt van streek of probeert haar te vertellen wat ze moet doen. Mannen beschouwen tijdens een zakelijke bijeenkomst een vrouw die hardop denkt als een warhoofd die ongedisciplineerd of onintelligent is. Om bij het zakendoen mannen te imponeren moet een vrouw haar gedachten voor zich houden en alleen over conclusies praten.
In een relatie is het nodig dat de partners hun verschillende manieren van verwerken van problemen bespreken. Het is nodig dat mannen begrijpen dat wanneer een vrouw praat, zij niet verwacht dat hij hierop reageert met het aandragen van oplossingen. Vrouwen moeten begrijpen dat wanneer een man niet praat, dit geen aanwijzing is om te denken dat er iets mis is.

Vrouwen praten, mannen vinden dat er aan hun hoofd wordt gezeurd

Het opbouwen van een relatie door middel van praten is een prioriteit in de hersenaanleg van vrouwen. Een vrouw kan per dag moeiteloos gemiddeld zes- tot achtduizend woorden gebruiken. Ze gebruikt nog een extra twee- tot drieduizend stemgeluiden, alsook acht- tot tienduizend gebaren, gezichtsuitdrukkingen, hoofdbewegingen of andere lichaamstaalsignalen. Hiermee krijgt ze een dagelijks gemiddelde van meer dan twintigduizend communicatie'woorden' om haar boodschap over te brengen. Dat verklaart waarom het Britse Genootschap van Geneeskunde kort geleden verslag deed van het feit dat vrouwen vier keer zoveel kans hebben op aandoeningen aan de kaken.

'Een keer sprak ik zes maanden niet tegen mijn vrouw', zei de komediant. 'Ik wilde haar niet in de rede vallen.'

Vergelijk het dagelijkse 'geklets' van een vrouw eens met dat van een man. Hij uit slechts twee- tot vierduizend woorden en duizend tot tweeduizend stemgeluiden en gebruikt niet meer dan twee-tot drieduizend lichaamstaalsignalen. Zijn dagelijkse gemiddelde komt op ongeveer zevenduizend communicatie'woorden' – eenderde van wat een vrouw produceert.
Dit verschil in spraak wordt duidelijk aan het einde van de dag, wanneer een man en een vrouw samen aan de eettafel zitten. Hij heeft zijn zevenduizend 'woorden' volgemaakt en heeft niet langer behoefte aan communicatie. Hij is er volkomen tevreden mee in het vuur te gaan zitten staren. Haar toestand is afhankelijk van wat ze die dag heeft gedaan. Als ze die dag met mensen heeft gepraat, kan het zijn dat ze haar twintigduizend 'woorden' heeft opgemaakt en ook weinig behoefte heeft om nog veel meer te zeggen. Als ze thuis heeft gezeten met jonge kinderen, heeft ze geluk wanneer ze twee- tot drieduizend 'woorden' heeft gebruikt. Ze heeft er dan nog vijftienduizend te gaan! We kennen de wrijving aan tafel allemaal wel.

Fiona: 'Hallo schat... fijn je weer thuis te zien. Hoe was je dag?'
Jan: 'Goed.'
Fiona: 'Bob vertelde me dat je vandaag die grote overeenkomst met Peter de Groene zou afronden. Hoe is het gegaan?'
Jan: 'Goed.'
Fiona: 'Dat is fijn. Hij kan echt moeilijk zijn. Denk je dat hij naar jouw raad zal luisteren?'
Jan: 'Ja.'
... enzovoort.

Jan heeft het gevoel dat hij wordt ondervraagd en raakt geërgerd. Hij wil gewoon 'rust'. In een poging ruzie te vermijden over waarom hij niet wil praten, vraagt hij: 'Hoe was jouw dag?'
En dus vertelt ze hem dat. En vertelt hem dat. Elk detail van wat er die dag is gebeurd.
'Nou... ik heb een dag gehad! Ik had besloten niet met de bus de stad in te gaan, omdat de beste vriend van mijn nichtje bij het openbaar vervoer werkt en had gezegd dat er vandaag gestaakt zou worden, en daarom had ik besloten te gaan lopen. Op het weerbericht hadden ze gezegd dat het vandaag zonnig zou zijn en daarom had ik mijn blauwe jurk aangedaan – je weet wel welke, die ik in Amerika heb gekocht –, maar goed... terwijl ik op weg was kwam ik Suzanne tegen en...'
Ze begint het tegoed uit te spreken wat ze aan onuitgesproken woorden heeft. Hij vraagt zich af waarom ze haar mond niet houdt en hem niet met rust laat. Hij heeft het gevoel dat er aan zijn hoofd wordt gezeurd. 'Ik wil alleen maar een beetje rust en stilte!' is de uitroep van mannen overal ter wereld. De man is een jager. Hij is de hele dag op jacht geweest. Hij wil alleen in het vuur staren. Het wordt echter een probleem wanneer zij het gevoel begint te krijgen dat ze genegeerd wordt en boos wordt.

Wanneer een man in het vuur zit te staren, kan een vrouw makkelijk het gevoel krijgen dat er niet van haar wordt gehouden.

Bij vrouwen gaat het bij praten om het praten. Maar de man ziet haar voortdurende gepraat over problemen als een smeekbede om oplossingen. Met zijn analytische hersenen onderbreekt hij haar voortdurend:

Fiona:	'... en ik gleed uit op de stoep, waardoor de hak van mijn nieuwe schoen afbrak en toen...'
Jan (onderbrekend):	'Wacht even, Fiona... je moet ook geen hoge hakken dragen wanneer je gaat winkelen! Ik heb er een onderzoek over gelezen. Het is

	gevaarlijk. Draag platte schoenen, dat is veiliger!'
Hij denkt:	probleem opgelost!
Zij denkt:	waarom houdt hij zijn mond niet en luistert hij niet alleen maar?
Ze gaat door:	'... en toen ik weer bij de auto kwam, had ik een lekke band en dus...'
Jan (onderbrekend):	'Hoor eens even, je moet ook elke keer dat je gaat tanken de druk in de banden controleren. Op die manier kan dat je niet meer overkomen!'
Hij denkt:	weer een probleem voor haar opgelost.
Zij denkt:	waarom houdt hij zijn mond niet en luistert hij niet?
Hij denkt:	waarom houdt ze nu haar mond niet en laat ze me niet met rust? Moet ik dan ál haar problemen voor haar oplossen? Waarom doet ze het niet meteen goed?

Zij negeert zijn onderbrekingen en blijft doorpraten.

We hebben onderzoek gedaan onder duizenden vrouwen over de hele wereld en ze maakten allemaal één ding zeer duidelijk:

> *Wanneer een vrouw haar niet-opgebruikte woorden aan het einde van de dag uitspreekt, wil ze geen onderbrekingen met oplossingen voor haar problemen.*

Dit is goed nieuws voor mannen: er wordt niet verwacht dat je reageert, alleen dat je luistert. Wanneer een vrouw klaar is met praten, voelt ze zich opgelucht en gelukkig. Bovendien zal ze je een geweldige man vinden omdat je hebt geluisterd, en heb je waarschijnlijk een goede nacht voor de boeg.
Het praten over dagelijkse problemen is de manier waarop de moderne vrouw met stress omgaat. Ze beschouwt het als het opbouwen van een emotionele band en ondersteuning. Dit is de reden

waarom de meeste mensen die een therapeut opzoeken vrouwen zijn en waarom de meeste therapeuten vrouwen zijn die erin getraind zijn te luisteren.

'Ik hoop dat ik niet te veel heb zitten kletsen!'

Waar het bij stellen aan mankeert

Vierenzeventig procent van de werkende vrouwen en 98 procent van de niet-werkende vrouwen noemt als de grootste tekortkoming van hun echtgenoot of vriend hun weerzin om te praten, met name aan het einde van de dag. Vroegere generaties vrouwen voelden dit nooit als een probleem, omdat ze altijd veel kinderen hadden, en andere vrouwen om mee te praten en ondersteuning van te krijgen. Nu hebben vrouwen die thuisblijven de neiging zich geïsoleerd en eenzaam te voelen omdat hun buurvrouwen vaak op hun werk zitten. Werkende vrouwen hebben minder moeilijkheden met niet-pratende echtgenoten, omdat ze in de loop van de dag met anderen hebben gesproken. Niemand heeft hier schuld aan; wij zijn de eerste generatie die niet over passende rolmodellen beschikt voor een succesvolle relatie. Onze ouders hadden deze problemen nooit. Maar het goede nieuws is: we kunnen ons de nieuwe vaardigheden om te overleven wél eigen maken.

Hoe mannen praten

De zinnen van een man zijn korter en meer gestructureerd dan die van een vrouw. Ze bestaan meestal uit een eenvoudige opening, een middengedeelte en een conclusie. Het is makkelijk te volgen wat hij bedoelt of wil. Als je met een man over meerdere dingen tegelijk praat, raakt hij het spoor bijster. Het is belangrijk dat een vrouw begrijpt dat als ze overtuigend of overredend op een man wil overkomen, ze maar één heldere gedachte of één helder idee per keer naar voren moet brengen.

De eerste regel voor het praten tegen een man is: houd het eenvoudig! Geef hem maar één ding tegelijk om over na te denken.

Als je een idee naar voren brengt aan een gemengde groep van mannen en vrouwen, is het veiliger een mannelijke praatstructuur te gebruiken om je standpunt duidelijk te maken. Het taalgebruik van mannen kan door beide geslachten worden gevolgd, maar mannen hebben moeite met het volgen van de meersporige conversaties van vrouwen en verliezen al snel hun belangstelling.

Vrouwen volgen meerdere sporen tegelijk

Vrouwen kunnen, met een grotere stroom van informatie tussen de linker- en rechterhersenhelft en een specifieke hersenlokatie voor spraak, over verschillende onderwerpen tegelijk praten, soms in één enkele zin. Het is als jongleren met drie of vier ballen tegelijk; de meeste vrouwen schijnen dit moeiteloos te kunnen. Vrouwen kunnen ook met verschillende onderwerpen jongleren met andere vrouwen die allemaal hetzelfde doen – en het lijkt alsof niemand ooit een bal laat vallen.

Aan het einde van het gesprek weet iedere vrouw iets over de verschillende besproken onderwerpen, de gebeurtenissen die plaatsvonden en de betekenis van elk van deze gebeurtenissen. Dit 'meersporenvermogen' is frustrerend voor een man, aangezien de mannelijke hersenen enkelsporig zijn en maar één onderwerp per keer aankunnen. Wanneer een groep vrouwen het over meerdere onderwerpen tegelijk heeft, begint het mannen te duizelen en raken ze volledig in de war.

Een vrouw kan over één onderwerp beginnen, halverwege de zin overschakelen naar een ander onderwerp en vervolgens zonder enige voorafgaande waarschuwing terugkeren naar het eerste onderwerp waarbij ze er voor de goede orde nog iets heel anders aan toevoegt. Mannen raken verward en verbluft. Neem bijvoorbeeld dit gesprek in het huishouden van de familie Pease:

Allan:	'Wacht eens even – wie zei wat tegen wie op kantoor?'
Barbara:	'Ik had het niet over het kantoor, ik had het over mijn zwager.'
Allan:	'Je zwager? Je hebt me niet verteld dat je van onderwerp was veranderd!'
Barbara:	'Nou, dan moet je beter opletten. De anderen begrijpen het wel.'
Fiona (zuster):	'Ja, ík wist wél wat ze bedoelde. Het is me volkomen duidelijk.'
Jasmine (dochter):	'Mij ook. Pap, wat ben je toch dom! Je begrijpt nooit iets!'
Allan:	'O, ik geef het op bij jullie vrouwen!'
Cameron (zoon)	'Ja, ik ook – en ik ben nog maar een kind!'

Mannen kunnen misschien in staat zijn via een doolhof van steegjes hun weg van A naar B te vinden, maar zet ze temidden van een groep vrouwen die het over een aantal onderwerpen tegelijk hebben en ze raken het spoor volledig bijster.

De vaardigheid tot het volgen van meerdere sporen tegelijk komt bij alle vrouwen voor. Neem bijvoorbeeld secretaresses.

Voor hen is het tegelijk uitvoeren van verschillende taken een absolute noodzaak. Het is dan ook nauwelijks verbazingwekkend dat van de 716.148 secretaresses in Engeland in 1998, 99,1 procent vrouw was – er waren slechts 5913 mannen. Sommige groeperingen schrijven dit toe aan het feit dat meisjes al op school voor dit soort werk worden gevormd. Daarbij wordt echter geen rekening gehouden met de betere score van vrouwen als het gaat om verbale, organisatorische en meersporenvermogens. Zelfs binnen gebieden waarin wat betreft hiërarchie een sterke verplichting bestaat ten aanzien van gelijke kansen, zoals gemeenschapswerk, hulpverlening en welzijnswerk, waren van de 144.266 mensen die in 1998 in Engeland in deze banen werkzaam waren 43.816 man en 100.450 vrouw. Daar waar communicatievaardigheden en verbale kundigheid vereist zijn, zwaaien de vrouwen de scepter.

Wat hersenscans laten zien

Hersenscans laten zien dat wanneer een vrouw praat, haar voorste linker- en rechterhersencentra die zeggenschap hebben over de spraak, beide werkzaam zijn. Terzelfder tijd werken haar gehoorfuncties. Dit machtige vermogen tot het volgen van meerdere sporen tegelijk stelt de vrouw in staat gelijktijdig te praten en te luisteren, en dit allebei wat betreft enkele niet met elkaar in verband staande onderwerpen. Mannen weten niet hoe ze het hebben wanneer ze voor het eerst horen dat vrouwen over dit vermogen beschikken; ze dachten dat vrouwen gewoon een lawaaierig groepje vormden.

Vrouwen kunnen gelijktijdig praten en luisteren, terwijl ze tegelijkertijd mannen ervan beschuldigen dat ze geen van tweeën kunnen.

Vrouwen zijn voor mannen al duizenden jaren het mikpunt geweest van grapjes over hun praatgraagheid. Op conferenties in alle landen horen we mannen dezelfde dingen zeggen. 'Luister nou eens naar dat geklets van die vrouwen: bla, bla, bla – niemand luistert!' Chinese, Duitse en Noorse mannen zeggen dit net zo vaak als Afrikaanse en eskimomannen. Maar het verschil is dat mannen dit om beurten zeggen. Want, zoals we nu wel weten: mannen kunnen spreken of luisteren – niét alle twee tegelijk.

Strategieën voor praten met mannen

Mannen onderbreken elkaar alleen als ze concurrerend of agressief zijn. Als je met een man wilt communiceren, is er een eenvoudig te volgen strategie: onderbreek een man niet wanneer hij praat. Dit is moeilijk voor een vrouw, omdat voor haar gelijktijdig praten er een teken van is dat ze aan de relatie bouwt en deelname toont. Ze heeft een drang het gesprek op meer sporen te brengen om indruk op de man te maken of hem het gevoel te geven dat hij belangrijk is. Wanneer ze dit echter doet, wordt hij in feite doof. Hij zal ook boos worden over wat hij als een grove onderbreking beschouwt.

Mannen praten om beurten, dus wanneer een man aan de beurt is, laat hem dan zijn gang gaan.

'Onderbreek me nou niet!' roepen overal en in alle talen mannen tegen vrouwen. De zinnen van een man zijn gericht op oplossingen en hij moet het einde van zijn zin halen, want anders lijkt de conversatie zinloos. Hij kan niet verschillende punten op verschillende tijdstippen in het gesprek laten sporen, en hij beschouwt iemand die dit wel doet als onbeleefd of een warhoofd. Dit is een onbekende gedachte voor een vrouw – zíj gebruikt meerdere sporen om contact te krijgen en hem het gevoel te geven dat hij belangrijk is. Om de zaak nog erger te maken, zijn in een typisch man-vrouwgesprek in 76 procent van de gevallen de onderbrekingen afkomstig van mannen!

Waarom mannen zo graag grootspraak gebruiken

Omdat de jager geen specifieke hersenlokatie voor spraak had, moest hij het grootste gedeelte van de informatie met zo min mogelijk woorden kunnen overbrengen, dus ontwikkelden zijn hersenen specifieke gebieden voor de woordenschat, die zich aan de voor- en achterkant van zijn linkerhersenhelft bevinden. Bij vrouwen bevindt de woordenschat zich aan de voor- en achterkant van beide hersenhelften en het gebruik hiervan is geen krachtig ontwikkeld vermogen. Dit heeft tot gevolg dat de definitie en de betekenis van woorden voor een vrouw niet belangrijk zijn omdat ze voor de betekenis vertrouwt op stembuiging en voor de emotionele inhoud op lichaamstaal.

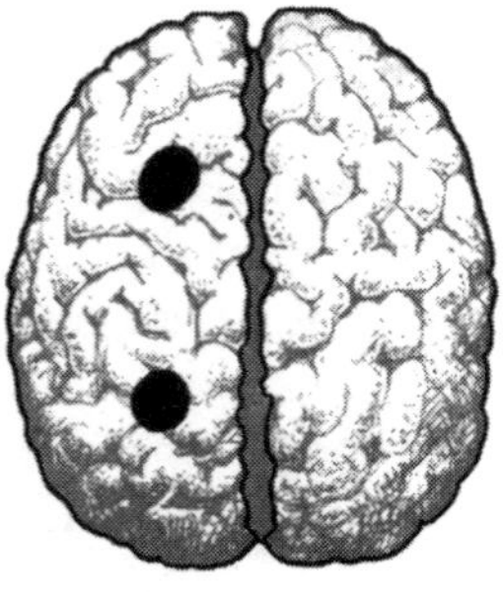

Lokatie voor het gebruik van de woordenschat in de mannelijke hersenen.

Dit is de reden waarom de betekenis van woorden zo belangrijk is voor mannen en waarom ze zullen preciseren om overwicht te krijgen op een andere man of een vrouw. Mannen gebruiken taal om met elkaar te wedijveren, en precisering wordt een belangrijke tactiek bij het spel. Als de ene man een overtuigend of krachtig standpunt duidelijk wil maken en bijvoorbeeld zegt: '... hij bracht zijn mening niet helder naar voren en kwam niet tot wat het voornaamste was, zodat iedereen kon begrijpen wat hij bedoelde', kan een andere man hem onderbreken met: 'Hij sprak zich niet duidelijk uit?', om de strekking nader te preciseren en 'hoger te scoren' dan de eerste man. Of de concurrerende man kan de woorden 'zich niet duidelijk uitspreken' gebruiken om de hele zin van de ander samen te vatten.

Vrouwen gebruiken woorden als beloning

Een vrouw gebruikt woorden om te laten zien dat ze deelneemt en om relaties op te bouwen, en dus vormen woorden voor haar een vorm van beloning. Als ze je mag, aanneemt wat je zegt of je vriendin wil zijn, zal ze heel veel tegen je praten. Het omgekeerde is ook waar: als ze je wil straffen of je wil laten weten dat ze niet je vriendin is, zal ze niet tegen je praten. Mannen noemen dit vaak de 'stiltebehandeling'. De dreiging van een vrouw van 'Ik praat nooit meer tegen je!' is er een die serieus moet worden genomen.

Als een vrouw veel tegen je praat, mag ze je. Praat ze niet tegen je, dan heb je een probleem.

Een gemiddelde man heeft ongeveer negen minuten stilte nodig om zich te realiseren dat hij wordt gestraft. Tot het moment waarop deze negen minuten om zijn, beschouwt hij haar stilzwijgen als een soort bonus: hij krijgt zijn 'rust en stilte'. Mannen in de hele wereld klagen dat vrouwen te veel praten. In vergelijking met mannen praten ze inderdaad heel veel.

Vrouwen zijn indirect

Het begon als een prettig, ontspannend autoritje door een prachtige vallei op een paar uur van huis. Terwijl de weg rond de berghelling kronkelde, zette Peter de radio uit om zich beter op de weg te kunnen concentreren. Hij kon niet op de bochten letten en tegelijkertijd naar de radio luisteren.
'Peter', zei zijn vriendin Ellen, 'wil je misschien een kop koffie?'

Peter glimlachte. 'Nee, dank je, ik hoef niets', antwoordde hij terwijl hij bij zichzelf bedacht hoe aardig het van haar was om dit te vragen. Peter merkte even later dat Ellen was gestopt met praten en vermoedde dat hij iets verkeerds had gedaan. 'Alles in orde, schat?' vroeg hij.
'Kan niet beter!' snauwde ze.
Verward vroeg hij: 'Wat is er aan de hand?'
Ze snoof minachtend. 'Je wou niet stoppen!' zei ze.
De analytische geest van Peter probeerde zich te herinneren wanneer zij het woord 'stoppen' had gebruikt. Hij wist zeker dat ze het niet had gebruikt en zei dit ook tegen haar. Zij vertelde hem dat hij gevoeliger moest zijn; toen ze hem vroeg of hij koffie wilde, had ze eigenlijk bedoeld dat zíj een kop koffie wilde.
'En moet ik dan je gedachten kunnen lezen?' vroeg hij sarcastisch.
'Zeg waar het op staat, alsjeblieft!' is nog een bevel dat mannen tegen vrouwen blaffen. Wanneer een vrouw praat, gebruikt ze *indirecte taal*, wat inhoudt dat ze aanwijzingen geeft over wat ze wil of eromheen draait. Indirect taalgebruik is een vrouwelijke specialiteit en dient een specifiek doel: het bouwt relaties en een verstandhouding op met anderen door agressie, confrontatie of onenigheid te vermijden. Het past perfect bij de algehele benadering van de nestverdediger wat betreft het behoud van harmonie.

Indirect taalgebruik bouwt de verstandhouding tussen vrouwen op, maar werkt vaak niet bij mannen, omdat ze de regels niet begrijpen.

De hersenen van de vrouw zijn gericht op *verwerking* en ze geniet van het communicatieproces. Mannen vinden dit gebrek aan structuur en doelstelling zeer verontrustend en beschuldigen vrouwen ervan dat ze niet weten waar ze het over hebben. In de zakenwereld kan indirect taalgebruik rampzalig zijn voor vrouwen, aangezien mannen hun meersporige indirecte conversatie niet kunnen volgen en uiteindelijk hun voorstellen, verzoeken of pogingen tot verbeteringen afwijzen. Indirect taalgebruik is misschien uitstekend voor het opbouwen van relaties maar

kan nadelig zijn als auto's verongelukken en vliegtuigen neerstorten omdat de bestuurder of piloot niet duidelijk was wat er gezegd werd.
Indirect taalgebruik omvat gewoonlijk veel onbepaalde woorden zoals: 'een soort van' of: 'zoiets als' en: 'een beetje'. Stel dat de Britse eerste minister tijdens de Tweede Wereldoorlog indirect taalgebruik had aangewend om de geallieerden te motiveren tegen de dreiging van Hitler; dat zou niet helemaal hetzelfde hebben geklonken! 'We zullen op de stranden – een beetje – tegen hen vechten, we zullen hen zo'n beetje bevechten in de velden, we zullen ons nooit, zoiets als, overgeven.' Ze hadden zelfs uiteindelijk de oorlog hebben kunnen verliezen!
Wanneer een vrouw indirecte taal gebruikt tegenover een andere vrouw, vormt dat nooit een probleem; vrouwen zijn gevoelig voor het oppikken van de echte betekenis. Het kan bij mannen echter rampzalige gevolgen hebben. Mannen gebruiken directe spraak en nemen woorden letterlijk. Maar mannen en vrouwen kunnen met geduld en oefening leren elkaar te begrijpen.

Mannen zijn direct

De zinnen van mannen zijn kort, direct, oplossingsgeoriënteerd en ter zake, waarbij ze uit een bredere woordenschat putten en deze doorspekken met feiten. Ze gebruiken bepalende woorden als 'geen', 'nooit' en 'absoluut'. Dit soort taalgebruik ondersteunt het snel en efficiënt afsluiten van zakelijke overeenkomsten en is een middel om gezag over anderen te laten gelden. Wanneer mannen een dergelijk direct taalgebruik in hun sociale relaties gebruiken, komen ze vaak abrupt en grof over.

Neem deze opmerkingen in overweging:

1. Maak een omelet voor het ontbijt!
2. Wil je voor het ontbijt een omelet voor me maken?
3. Zou je alsjeblieft voor het ontbijt een omelet voor me willen maken?
4. Denk je dat we een omelet voor het ontbijt moeten eten?

5. Zou het niet geweldig zijn als we voor het ontbijt een omelet namen?
6. Heb jij zin in een omelet voor het ontbijt?

Deze verzoeken om een omelet gaan van volledig direct tot volledig indirect. De eerste drie opmerkingen worden naar alle waarschijnlijkheid het meest door mannen gebruikt en de laatste drie door vrouwen. Ze houden allemaal hetzelfde verzoek in, maar worden op een andere manier geuit. Soms is het makkelijk te zien hoe de trek in een omelet kan uitlopen in een tranendal, waarbij zij zegt: 'Onnozel varken! Maak zelf je omelet maar!' en hij zegt: 'Jij kunt ook geen enkele beslissing nemen. Ik ga naar McDonald's!'

Wat je eraan kunt doen

Mannen moeten begrijpen dat indirect taalgebruik deel uitmaakt van de hersenaanleg van een vrouw en dat ze er niet door van streek moeten raken. Om een persoonlijke relatie met een vrouw op te bouwen moet een man effectief luisteren, waarbij hij gebruikt maakt van 'luistergeluiden' en lichaamstaal – daar komen we straks op terug. Hij hoeft niet vrijwillig met oplossingen te komen aandragen of vraagtekens te zetten bij haar motieven. Als een vrouw klinkt alsof ze een probleem heeft, zou een uitstekende techniek van de man kunnen bestaan uit de vraag: 'Wil je dat ik als man of als vrouw naar je luister?' Als ze wil dat hij vrouwelijk is, hoeft hij alleen te luisteren en haar aan te moedigen. Als ze zegt dat ze wil dat hij mannelijk is, kan hij haar oplossingen aanbieden.

Om een man aan het luisteren te krijgen moet je dat van tevoren aankondigen en in zijn agenda zetten.

Om een man te krijgen waar je hem hebben wilt, moet je tegen hem zeggen waarover en wanneer je met hem wilt praten. Bijvoorbeeld: 'Ik zou met je willen praten over hoe ik moet omgaan met een probleem dat ik met mijn baas op het werk heb. Zou vanavond na het eten zo rond een uur of zeven een goede tijd zijn?' Dit spreekt de logische structuur van de mannenhersenen aan, geeft hun een gevoel van waardering, en het probleem wordt doorgegeven!

Een indirecte benadering zou zijn: 'Niemand waardeert me', hetgeen problemen veroorzaakt, omdat een man de neiging heeft te denken dat hij de schuld krijgt en onmiddellijk in de verdediging gaat.

Direct taalgebruik is de manier waarop in het westen mannen zaken doen met andere mannen, maar dit is niet het geval in het oosten. In Japan bijvoorbeeld wordt wijd en zijd indirect taalgebruik toegepast als een zakelijke taal, en mensen die direct taalgebruik toepassen worden beschouwd als kinderlijk en naïef. Buitenlanders die dit ook doen worden beschouwd als onvolwassen.

Hoe een man tot actie te bewegen is

Omdat een vrouw is afgestudeerd in indirect taalgebruik, stelt zij 'kan' en 'zou kunnen'-vragen: 'Kun jij de vuilnisbak buiten zetten?', 'Kun je me vanavond bellen?', 'Kun jij de kinderen ophalen?' Een man interpreteert haar woorden letterlijk, dus als zij vraagt: 'Kun je de gloeilamp vervangen?', hoort hij: 'Bezit jij de deskundigheid om een gloeilamp te vervangen?' Een man interpreteert vragen die met 'kan' of 'zou kunnen' beginnen als een controle van zijn deskundigheid en daarom is zijn logische reactie: ja – hij *kan* de vuilnisbak buiten zetten of hij *zou* de gloeilamp *kunnen* vervangen, maar deze woorden dragen geen verplichting tot handelen in zich. Bovendien voelen mannen zich gemanipuleerd en gedwongen om met 'ja' te reageren.

Om een man te motiveren moet je 'wil'- of 'zou willen'-vragen stellen om hem in zijn gevoel van verplichting aan te spreken. 'Wil je me vanavond bellen?' vraagt naar een verplichting voor die avond, en een man moet dan antwoorden met 'ja' of 'nee'. Het is beter een 'nee'-antwoord te krijgen op een 'wil je'- of 'zou je willen'-vraag en te weten waar je staat dan een 'ja' te krijgen op elke 'kun je'- of 'zou je kunnen'-vraag die je stelt. Een man die een vrouw ten huwelijk vraagt zegt: 'Wil je met me trouwen?' Hij zegt nooit: '*Zou* je met me *kunnen* trouwen?'

Vrouwen praten met gevoel, mannen zijn letterlijk

Omdat de woordenschat niet het sterkste punt in de hersenen van een vrouw is, kan ze het gevoel hebben dat de precieze betekenis van woorden niet ter zake doet. Ze vindt haar toevlucht dan in dichterlijke vrijheid of gaat eenvoudig overdrijving niet uit de weg om effect te sorteren. Mannen daarentegen interpreteren elk woord zoals hun vrouw zegt alsof het waar is en reageren dienovereenkomstig.

In een ruzie preciseert een man de woorden van een vrouw in een poging te winnen. Ga maar eens na of je deze uitwisseling herkent:

Roos: 'Je bent het *nóóit* eens met wat ik zeg.'
Walter: 'Wat bedoel je met *nóóit?* Ik was het met je laatste twee beweringen eens, of niet soms?'
Roos: 'Jij bent het *altíjd* oneens met mij en je wilt *altíjd* gelijk hebben!'
Walter: 'Dat is niet waar! Ik ben het niet *altíjd* met je oneens! Ik was het vanmorgen nog met je eens, ik was het gisteravond nog met je eens en ik was het zaterdag nog met je eens, dus je kunt niet zeggen dat ik het *altíjd* met je oneens ben!'
Roos: 'Dit zeg je *élke* keer wanneer ik erover begin!'
Walter: 'Dat is gelogen! Ik zeg het niet *élke* keer!'
Roos: 'En je raakte me *alléén* aan wanneer je seks wilt!'
Walter: 'Overdrijf niet zo! Ik raak je niet *alléén* aan ...'

Zij blijft argumenteren en gebruikt emoties om hem te bevechten; hij blijft haar woorden preciseren. De ruzie escaleert tot het punt waarop ze weigert te praten of hij uit zichzelf stampvoetend wegloopt. Maar om met succes te redetwisten moet een man begrijpen dat een vrouw woorden zal gebruiken die ze niet echt meent, dus hij zou ze niet letterlijk moeten opvatten of preciseren. Wanneer een vrouw bijvoorbeeld zegt: 'Ik zou doodgaan als ik naast een vrouw zat die dezelfde jurk aanhad als ik! Iets ergers bestaat niet!', bedoelt ze niet echt dat er *niets erger* is of dat ze echt verwacht dood te gaan, maar de letterlijke geest van de man zou hierop kunnen reageren met: 'Nee, je gaat niet dood. En er zijn dingen die wel degelijk erger zijn dan dat!', hetgeen bij een vrouw sarcastisch overkomt. De vrouw moet echter evenzeer leren dat ze, als ze wil winnen, met een man op een logische wijze moet redetwisten en hem maar één gedachte per keer moet laten verwerken. En vrouwen zouden bij een ruzie nooit meer dan één spoor moeten gebruiken; hun hatelijkheden hebben anders geen enkele kans doel te treffen.

Hoe vrouwen luisteren

Het is kenmerkend voor een vrouw dat ze gemiddeld zes 'luisteruitdrukkingen' binnen een periode van tien seconden kan gebruiken als reactie op de emoties van de spreker en om die vervolgens feedback te geven. Haar gezicht zal de emoties die worden uitgedrukt weerspiegelen. Voor iemand die toekijkt, kan het er bijna uitzien alsof de gebeurtenissen die worden besproken beide vrouwen overkomen.

Hieronder zie je een kenmerkende serie uitdrukkingen op het gezicht van een vrouw terwijl ze luistert. Tijd: tien seconden:

Verdriet Verbazing Boosheid Blijdschap Angst Verlangen

Een vrouw interpreteert de betekenis van wat wordt gezegd aan de hand van intonatie en de lichaamstaal van de spreker. Dit is precies wat een man moet doen om de aandacht van een vrouw te trekken – en om haar aan het luisteren te houden. De meeste mannen worden afgeschrikt door het vooruitzicht gezichtsuitdrukkingen als feedback te gebruiken terwijl ze luisteren, maar het levert veel op voor de man die die kunst meester is.

Mannen luisteren als een standbeeld

Het biologische doel van onze mannelijk strijder tijdens het luisteren was onbewogen blijven, zodat hij zijn emoties niet verried.

Hieronder zie je dezelfde reeks gezichtsuitdrukkingen die door een man worden gebruikt tijdens een luisterperiode van tien seconden:

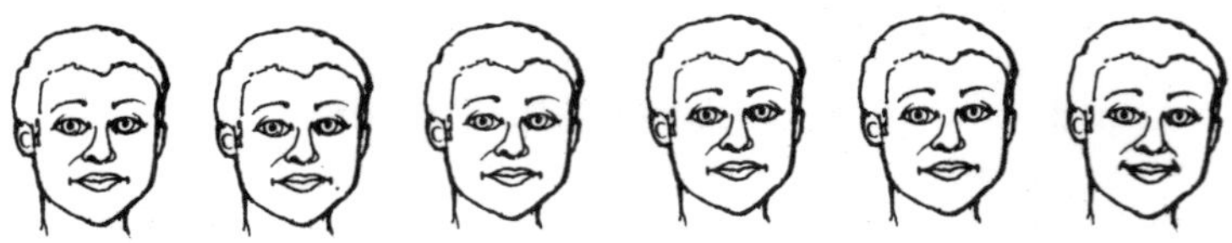

Verdriet Verbazing Boosheid Blijdschap Angst Verlangen

Dit is een luchtige kijk op de luistertechniek van een man, maar het onderkennen van de waarheid door middel van humor is effectief. Het emotieloze masker dat mannen tijdens het luisteren op hebben, geeft hun het gevoel dat ze de situatie in de hand hebben, maar betekent niet dat een man geen emoties ervaart. Hersenscans onthullen dat mannen net zulke sterke emoties voelen als vrouwen, maar dat ze het alleen vermijden die te tonen.

Hoe je 'de grom' gebruikt

Vrouwen gebruiken een reeks hoge en lage luistergeluiden (vijf tonen) inclusief 'o' en 'ah', herhalen de woorden van de spreker of de context die deze aangeeft, en brengen het gesprek op meerdere sporen. Mannen hebben een meer beperkt hoogtebereik (drie tonen) en vinden het moeilijk de betekenissen achter de veranderingen in toonhoogte te decoderen; ze spreken dus met een meer monotoon stemgeluid.

Om aan te geven dat hij luistert, gebruikt de man dat wat 'de grom' wordt genoemd: een korte reeks 'hmm's', die af en toe gepaard gaan met een korte knik. Vrouwen bekritiseren mannen vanwege deze vorm van luisteren, wat gedeeltelijk verklaart waarom vrouwen mannen ervan beschuldigen dat ze níet luisteren. Vaak luistert de man wél, het ziet er alleen niet zo uit.
Voor zakenvrouwen ligt er geld in de grom. Als je een vrouw bent die een idee uitlegt aan een man of mannen of hem/hun een voorstel doet, is het van wezenlijk belang dat wanneer een man spreekt, op zijn beurt, je niet zijn emoties terugkoppelt zoals je bij een vrouw zou doen. Zit er daarentegen met een uitdrukkingsloos gezicht bij, knik, grom en onderbreek niet. We hebben ontdekt dat vrouwen die deze techniek gebruiken, hoog scoren op de schaal van geloofwaardigheid bij mannen. Vrouwen die de emoties van mannen (of wat ze denken dat de emoties van de man zouden kunnen zijn) terugkoppelen, worden zeer ver naar beneden geschoven op de meetlat van geloofwaardigheid en autoriteit en worden soms door mannen beschreven als 'dwazen' of 'warhoofden'!

Hoe je een man aan het luisteren krijgt

Maak tijd, geef hem een tijdstip, kondig een tijdslimiet aan en vertel hem dat je niet uit bent op oplossingen of actieplannen. Zeg: 'Ik zou graag met je over mijn dag willen praten, Marco. Is na het eten goed? Ik heb geen oplossingen voor problemen nodig, ik zou alleen graag willen dat je luistert.' De meeste mannen gaan in op een dergelijk verzoek omdat het een tijd, plaats en doel heeft – alle dingen die de mannelijke hersenen aanspreken. En er wordt niet van hen verwacht dat ze werkzaamheden uitvoeren.

Het meisjesstemmetje

De meeste vrouwen hebben geen graad in de evolutionaire biologie nodig om te weten wat ze kunnen bereiken als ze praten op hoge toon, met een bijna zingende stem. Hoge stemmen worden in verband gebracht met hoge oestrogeenspiegels, en het kinderlijke ervan doet een beroep op de ingebouwde drang tot beschermen die de meeste mannen hebben. Vrouwen geven bij een man de voorkeur aan een diepere basstem, aangezien dit een krachtige aanwijzing is van hoge testosteronspiegels, en dat betekent grotere vruchtbaarheid. Deze val naar het basniveau doet zich bij jongens voor wanneer ze in de puberteit komen; dan stroomt testosteron door hun lichamen en 'breekt' hun stem. Wanneer een vrouw haar toonhoogte verhoogt en de man de zijne verlaagt, is dit een krachtig signaal dat ze een spel voor elkaar spelen. Wij suggereren op geen enkele wijze dat dit de manier is waarop mannen en vrouwen in elkaars aanwezigheid *zouden moeten* handelen, maar leggen slechts uit wat er feitelijk gebeurt.

Denk je dat iemand erop uit is je te versieren?
Luister dan naar de hoogte van zijn of haar stem.

Het is belangrijk te weten dat onderzoek voortdurend aantoont dat in de zakenwereld een vrouw met een lagere stem wordt beschouwd als intelligent, autoritair en geloofwaardig. Het is mogelijk een zwaarder stemgeluid te oefenen door de kin naar beneden te brengen en op een langzamere, meer monotone manier te praten. In de poging aan autoriteit te winnen begaan vrouwen de vergissing hun stemgeluid te verhogen, wat de indruk wekt dat ze agressief zijn. Twee interessante waarnemingen zijn dat sommige te dikke vrouwen het 'meisjesstemmetje' gebruiken om de indrukwekkendheid van hun lichaam af te zwakken, en dat andere vrouwen het kinderstemmetje gebruiken om beschermingsgedrag aan te moedigen bij mannen die ze mogen.

Hoofdstuk 5

Ruimtelijk inzicht: kaarten, doelen & fileparkeren

'O nee! Dit kan ik niet geloven, meisjes... Kijk eens naar deze kaart! Ik geloof dat we bij die grote groene berg rechtsaf hadden gemoeten...'

Hoe een kaart bijna tot een echtscheiding leidde

Bob en Liesbeth waren op weg naar een voorstelling in de stad. Bob zat achter het stuur. Liesbeth zat op de passagiersstoel. Bob reed altijd – ze bespraken nooit waaróm hij altijd reed, zo was het nu eenmaal. En net als de meeste mannen werd hij knap lastig als hij achter het stuur zat.

Bob vroeg Liesbeth de straat op te zoeken in het stratenboek. Ze sloeg het boek op de bladzijde in kwestie open en keerde de kaart vervolgens ondersteboven. Ze draaide hem weer terug, en toen weer ondersteboven. Toen bleef ze er zwijgend naar zitten staren. Ze begreep waar een kaart toe diende, maar als ze hem moest gebruiken om op te zoeken waar ze naartoe moesten leek hij op een vreemde manier een onding. Het was net als met aardrijkskunde op school: al die roze en groene vlekken leken maar bar weinig op de echte wereld waarin ze leefde. Soms kon ze met de kaart overweg als ze naar het noorden reden, maar in zuidelijke richting was het een regelrechte ramp – en ze réden in zuidelijke richting. Ze draaide de kaart nog een keer recht.

Na enkele seconden stilte zei Bob: 'Hou ermee op die kaart ondersteboven te draaien!'

'Maar ik moet hem in de richting hebben waarin we gaan...' legde Liesbeth deemoedig uit.

'Ja, maar je kunt een kaart niet ondersteboven lezen!' blafte Bob.

'Hoor eens even, Bob, het is logisch om de kaart in de richting te houden waarin we gaan. Op die manier stemmen de straataanduidingen overeen met de kaart!' zei ze, terwijl haar stem van verontwaardiging hoger werd.

'Ja, maar als het de bedoeling was de kaart ondersteboven te lezen, zouden ze de straatnamen wel ondersteboven afdrukken, of niet soms? Hou op met die onzin en vertel me waar ik heen moet!'

'Ik zal je heus wel vertellen waar je heen moet!' antwoordde Lies-

beth woedend. Ze smeet het stratenboek in zijn richting en schreeuwde: 'Lees hem zelf maar!'
Klinkt deze ruzie je bekend in de oren? Dit is een van de meest voorkomende ruzies tussen mannen en vrouwen van alle rassen. Om te begrijpen hoe dit in elkaar zit, moeten we duizenden jaren terug. In de elfde eeuw reed Lady Godiva eerst naakt op haar paard de verkeerde Coventry-straat af, Juliet raakte verdwaald toen ze na haar romantische afspraakje met Romeo probeerde thuis te komen en Cleopatra dreigde Marcus Antonius te laten castreren omdat hij probeerde haar te dwingen de strijdkaarten te begrijpen.

Seksistisch denken

Om de kaart te kunnen lezen en te begrijpen waar je bent, moet je ruimtelijk inzicht hebben. Hersenscans laten zien dat dit vermogen zich bij mannen en jongens in de voorste rechterhersenhelft bevindt en een van de krachtigste vermogens van een man is. Het ontwikkelde zich in vroeger tijden om mannen – de jagers – in staat te stellen de snelheid, beweging en afstand tot hun prooi te berekenen en te bepalen hoe snel ze moesten rennen om die prooi te vangen en te weten hoeveel kracht ze nodig hadden om hun maaltijd met een steen of speer te doden. Het vermogen tot ruimtelijk inzicht bevindt zich bij vrouwen in beide hersenhelften, maar heeft geen specifiek meetbare lokatie zoals bij mannen. Maar ongeveer 10 procent van de vrouwen bezit een goed of uitstekend ruimtelijk inzicht.

Ongeveer 90 procent van de vrouwen bezit een beperkt ruimtelijk inzicht.

Voor sommige mensen kan dit onderzoek seksistisch overkomen omdat we zullen bespreken waarin mannen uitblinken en de activiteiten en beroepen noemen waarin de biologie hen heeft bevoordeeld. Maar later zullen we naar de gebieden kijken waarin vrouwen de overhand hebben.

De jager in actie

Ruimtelijk inzicht betekent: in staat zijn in je geest een beeld te vormen van de vorm, afmetingen, coördinaten, verhoudingen, bewegingen en geografie van dingen. Het heeft ook te maken met het vermogen een voorwerp voor te stellen dat in de ruimte ronddraait terwijl het zich door een woud van obstakels heen laveert, en op het zien van dingen vanuit een driedimensionaal perspectief. Het doel hiervan is de bewegingen van een doelwit te berekenen en te weten hoe je het moet raken.
Camilla Benbow, professor in de psychologie aan de Iowa State University analyseerde de hersenen van een miljoen jongens en meisjes om hun ruimtelijk inzicht te bestuderen en rapporteerde dat de verschillen tussen de geslachten al op de leeftijd van vier jaar opvallend waren. Ze ontdekte dat, hoewel meisjes uitmuntten in het tweedimensionaal zien, jongens het vermogen bezaten een derde dimensie te zien die diepte geeft. Bij driedimensionale videotests overtroffen de jongens de meisjes in ruimtelijk inzicht met een verhouding van 4:1; en de beste meisjes werden vaak overtroffen door de laagst scorende jongens. Bij mannen is ruimtelijk inzicht een specifieke hersenfunctie die zich op minstens vier plaatsen in de voorste rechterhersenhelft bevindt.

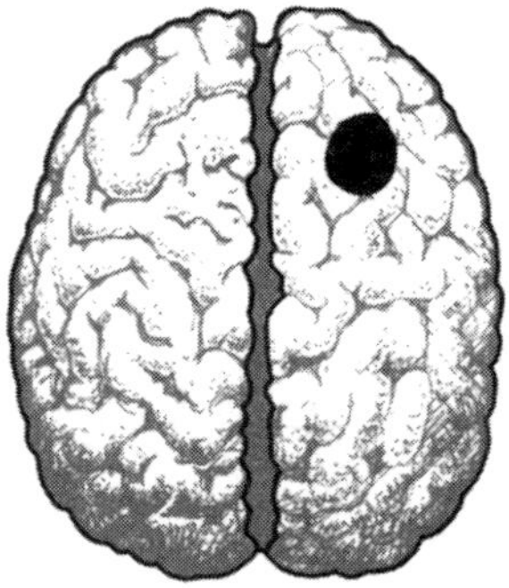

Lokatie van het gebied voor visueel ruimtelijk inzicht bij mannen

Omdat ze geen specifieke lokatie hebben voor het vermogen tot ruimtelijk inzicht, scoren de meeste vrouwen meestal aan de lage

kant bij taken die om ruimtelijk inzicht vragen. De meeste vrouwen houden niet van activiteiten die om ruimtelijk inzicht vragen en jagen geen carrières of activiteiten na die dit vereisen.
Omdat ze een specifiek gebied voor het vermogen tot ruimtelijk inzicht bezitten, zijn de meeste mannen en jongens goed in alle activiteiten waar deze vaardigheid voor nodig is en houden ze zich vaak bezig met carrières en sporten die daarmee in verband staan. Bij mannen is dit ook het gebied van de hersenen waarmee ze in staat zijn problemen op te lossen. Ruimtelijk inzicht is niet zo sterk ontwikkeld bij vrouwen en meisjes, omdat het kunnen jagen op dieren en de weg terug vinden nooit deel hebben uitgemaakt van de taakomschrijving van de vrouw. Dit is de reden waarom veel vrouwen problemen hebben met het lezen van een kaart of stratenboek.

Vrouwen beschikken niet over een goed ruimtelijk inzicht, omdat ze zich alleen hebben ontwikkeld voor de jacht op mannen.

Duizenden wetenschappelijke onderzoeken bevestigen dat de man superieur is wat betreft ruimtelijk inzicht. Dit is niet verbazingwekkend als je bedenkt dat de man zich heeft ontwikkeld tot jager. Maar de moderne man hoeft zijn lunch niet langer te vangen. Vandaag de dag gebruikt hij zijn ruimtelijk inzicht op andere terreinen, zoals golf, computerspelletjes, voetbal, darts of een andere sport of activiteit die te maken heeft met het jagen op iets of het mikken op een doel. De meeste vrouwen vinden darts een saai spel – maar als zij een specifiek gebied in de rechterhersenhelft hadden gehad, zouden ze ervan genieten, en winnen.
Mannen zijn zo geobsedeerd door een andere man die een bal in een doel kan schieten dat sommige van de best betaalde mensen in de wereld golfers, voetballers, basketbalspelers en tennissers zijn. Je hoeft niet langer een universitaire graad te hebben om te worden gerespecteerd; je hoeft alleen maar goed te zijn in het inschatten van snelheid, afstand, hoek en richting.

Waarom mannen weten waar ze heen moeten

Ruimtelijk inzicht stelt een man in staat een kaart in zijn gedachten om te draaien en te weten welke richting hij op moet. Als hij later naar dezelfde plek terug moet, heeft hij de kaart niet nodig aangezien de informatie is opgeslagen in het deel van zijn hersenen dat met ruimtelijk inzicht te maken heeft. De meeste mannen kunnen een kaart lezen terwijl ze met het gezicht naar het noorden staan en naar het zuiden moeten. Zo ook kunnen de meeste mannen een kaart lezen en vervolgens op geheugenkracht met succes de weg terugvinden. Onderzoek toont aan dat de hersenen van een man snelheid en afstand meten om te weten wanneer hij van richting moet veranderen. De meeste mannen kunnen, wanneer ze in een onbekende kamer zonder ramen worden neergezet, naar het noorden wijzen. Als jager moest de man zijn weg terug weten te vinden, of anders zou er weinig kans zijn dat hij zou overleven.

De meeste mannen kunnen naar het noorden wijzen, zelfs als ze geen idee hebben van waar ze zijn.

Ga in een sporthal zitten en je zult zien dat mannen hun plaats verlaten om iets te drinken te gaan halen en even later met succes de weg naar hun plaats terug weten te vinden. Ga naar een willekeurige stad in de wereld en zie hoe vrouwelijke toeristen bij kruisingen wanhopig de stadsplattegrond ronddraaien en verwezen om zich heen kijken. Bezoek een parkeergarage met meerdere verdiepingen bij een willekeurig winkelcentrum, en zie hoe winkelende vrouwen mistroostig ronddwalen in een poging hun auto terug te vinden.

Waarom jongens rondhangen in een speelhal

Bezoek een willekeurige speelhal met videospelletjes en flipperkasten, en je zult zien dat die vol zitten met tienerjongens die hun vermogen tot ruimtelijk inzicht gebruiken. Laten we eens een paar wetenschappelijke studies bekijken die op ruimtelijk inzicht betrekking hebben. De meeste hebben te maken met de montage van een driedimensionaal mechanisch apparaat.

In een onderzoek aan de Universiteit van Yale kwam naar voren dat slechts 22 procent van de vrouwen de taak net zo goed kon uitvoeren als mannen. Ook werd ontdekt dat, terwijl 68 procent van de mannen een videorecorder of soortgelijke apparatuur al bij de eerste poging aan de hand van geschreven instructies kon programmeren, slechts 16 procent van de vrouwen daarin slaagde. Jongens muntten uit wanneer hun rechteroog werd afgedekt, zodat alleen hun linkeroog informatie kon ontvangen die werd doorgegeven aan de rechterhersenhelft waar zich het vermogen tot ruimtelijk inzicht bevindt. Bij meisjes maakte het niet uit of het ene of het andere oog werd afgedekt, omdat hun hersenen het probleem in beide hersenhelften probeerden op te lossen. Dit is de reden waarom vrouwen er zelden voor kiezen monteur, ingenieur of piloot te worden.

Camilla Benbow en haar collega Julian Stanley testten een groep begaafde kinderen en ontdekten dat jongens die goed waren in wiskunde de meisjes in aantal overtroffen in een verhouding van 13:1. Jongens kunnen makkelijker en sneller aan de hand van een tweedimensionale tekening een gebouw van blokken bouwen dan meisjes; ze kunnen de hoeken preciezer inschatten en kunnen zien of een vlak oppervlak effen is. Deze aloude jachtvaardigheden vormen de reden waarom mannen uitblinken op terreinen als architectuur, chemie, bouwkunde en statistiek. Jongens komen er bij een test voor de hand-oogcoördinatie beter van af, waardoor ze bekwamer zijn in balsporten. Dit verklaart de obsessie van de man voor voetbal, basketbal, cricket en elk ander spel dat te maken heeft met het inschatten van coördinaten en gooien, jagen of het schieten op een doel. Dit verklaart tevens waarom het in de speelhallen en op de skateboardbanen in de hele wereld wemelt van de jongens, terwijl er maar weinig meisjes zijn. De meeste meisjes zijn daar om indruk te maken op de jongens, maar de meeste tienermeisjes krijgen al snel door dat de jongens meer geobsedeerd zijn door de spelletjes dan door hen!

De hersenen van jongens ontwikkelen zich anders

Ouders die zowel zoons als dochters hebben, komen er al snel achter dat jongens sterk verschillen van meisjes wat betreft hun snelheid van ontwikkeling. De rechterhersenhelft groeit en ontwikkelt zich bij jongens sneller dan de linkerhersenhelft. De rechterhersenhelft ontwikkelt intern meer verbindingen en heeft tevens minder verbindingen met de linkerhersenhelft. Bij meisjes groeien beide zijden meer gelijk op, waardoor meisjes een betere reeks vermogens krijgen. Aangezien ze via een dikker Corpus Callosum ook meer verbindingen hebben tussen de rechter- en de linkerhersenhelft, zijn meisjes meestal handiger dan jongens en zijn er veel vrouwen die moeite hebben met het onderscheid tussen hun linker- en hun rechterhand.
Het hormoon testosteron belemmert bij jongens de groei van de linkerhersenhelft in ruil voor een vollediger ontwikkeling van de rechterhersenhelft, waardoor ze een beter ruimtelijk inzicht voor het jagen krijgen. Onderzoek onder kinderen tussen de vijf en achttien jaar laat zien dat jongens meisjes overtreffen wat betreft hun vermogen met een lichtstraal een doel te raken, lopend over de vloer een patroon na te maken, een reeks driedimensionale voorwerpen te monteren, en problemen op te lossen die vragen om wiskundige beredeneringen. Al deze vaardigheden bevinden zich bij minstens 80 procent van de mannen en jongens in de rechterhersenhelft.

Diana en haar meubels

Toen de verhuizers de meubels het nieuwe huis van Diana begonnen binnen te dragen, was ze druk bezig elk meubelstuk op te meten om te zien of het op een bepaalde plaats paste. Terwijl ze het dressoir voor de eetkamer stond op te meten, zei haar veertienjarige zoon Cliff: 'Vergeet het maar mam; die past niet waar je hem wilt hebben. Hij is te groot.' Diana mat toen de ruimte op en Cliff had gelijk. Ze kon niet begrijpen dat hij naar een meubelstuk kon kijken en dan zomaar wist of het op die plaats in het huis zou passen of niet. Hoe deed hij dat? Hij gebruikte zijn vermogen tot ruimtelijk inzicht.

Test je ruimtelijk inzicht

De Amerikaanse wetenschapper D. Wechsler ontwierp een serie IQ-tests die het seksuele vooroordeel ten aanzien van mannen of vrouwen ophief bij tests voor ruimtelijk inzicht. Door over de hele wereld leden van primitieve culturen tot en met ontwikkelde stadsbewoners te testen kwam hij, net als andere onderzoekers elders, tot de conclusie dat vrouwen superieur waren aan mannen wat betreft algemene intelligentie; ze zijn ongeveer 3 procent intelligenter dan mannen, ondanks het feit dat ze iets kleinere hersenen hebben. Toen het echter aankwam op het oplossen van labyrintpuzzels, waren de mannen veruit superieur aan vrouwen; 92 procent haalde een topscore tegen 8 procent bij de vrouwen, ongeacht de cultuur. Critici zeggen wellicht dat dit bewijst dat vrouwen te intelligent zijn om dwaze labyrintpuzzels te maken, maar het toont het mannelijk vermogen tot ruimtelijk inzicht aan.
De volgende test voor ruimtelijk inzicht werd ontwikkeld aan de Universiteit van Plymouth en is het soort test dat wordt gebruikt bij de selectie van piloten, stuurlui en luchtverkeersleiders. De test meet je vermogen om tweedimensionale informatie op te nemen en daarmee in je hoofd een driedimensionaal voorwerp te construeren.
Stel dat de puzzel in test 1 van karton was gemaakt. Als je de vlakken langs de lijnen zou omvouwen, zou het een kubus worden met tekentjes aan de buitenkant. Stel dat het vlak met het kruis erop zich rechts bevindt en de cirkel links, welke kubus is dan juist: A, B, C of D? Doe nu de test.

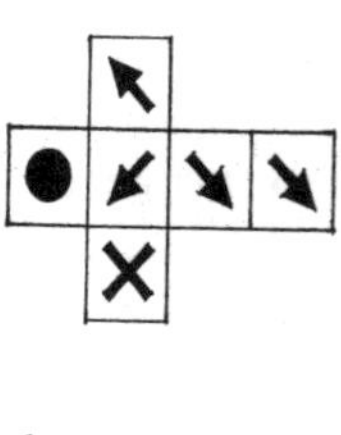

Test 1

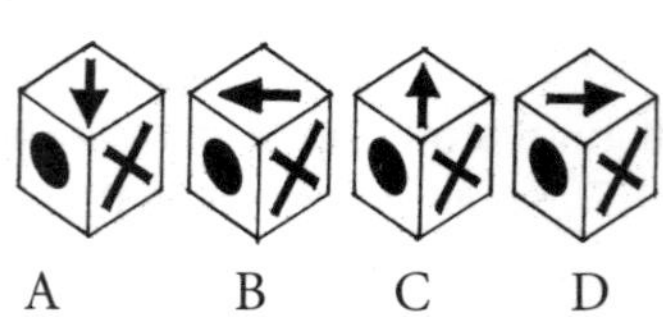

A B C D

Mogelijke antwoorden op test 1

Bij deze test moeten je hersenen een beeld in drie dimensies vormen en dit vervolgens roteren om de correcte hoek te verkrijgen. Dezelfde vaardigheden zijn vereist als je een kaart of stratenboek leest, een vliegtuig aan de grond zet of op een bizon jaagt.
Het correcte antwoord is A. Nu volgt een ingewikkelder versie van de test die vereist dat je in je hoofd meer ruimtelijke rotaties moet maken.

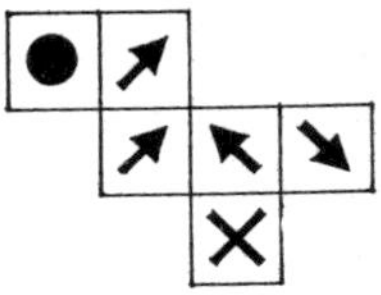

Test 2

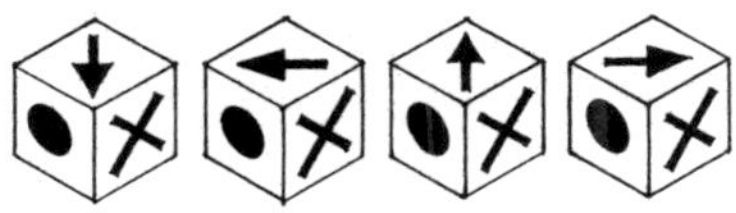

A B C D

Mogelijke antwoorden op test 2

Tests door zoölogen hebben aangetoond dat mannelijke zoogdieren superieur zijn aan vrouwelijke zoogdieren wat betreft ruimtelijk inzicht: mannetjesratten zijn veel beter in het vinden van hun weg uit een doolhof dan vrouwtjesratten, en mannetjesolifanten zijn veel beter in het terugvinden van een waterpoel dan vrouwtjesolifanten. (Trouwens, het correcte antwoord op test 2 is C.)

Hoe vrouwen de weg kunnen vinden

'Als mannen de kaarten niet zo hadden ontworpen, hoefden wij ze niet ondersteboven te houden', is de klacht van veel vrouwen. Het Britse Genootschap voor Cartografie meldt dat 50 procent van zijn leden vrouw is en 50 procent van degenen die de kaarten tekenen en bijwerken ook uit vrouwen bestaat. 'Het tekenen van kaarten is een tweedimensionale taak, en daarin zijn vrouwen net zo goed als mannen', zei de vooraanstaande Britse cartograaf Alan Collinson. 'Het probleem dat de meeste vrouwen hebben met het lezen van en de weg vinden op een kaart ontstaat doordat ze een driedimensionaal perspectief nodig hebben om een route te vinden. Ik maak toeristenkaarten met een driedimensionaal perspectief – er staan bomen, bergen en andere kenmerken op. Vrouwen kunnen met zo'n soort kaart veel beter uit de voeten. Onze tests tonen aan dat mannen het vermogen bezitten een tweedimensionale kaart in hun hoofd om te zetten in een driedimensionaal beeld, maar de meeste vrouwen schijnen dat niet te kunnen.'

De navigatievaardigheden van vrouwen worden opvallend beter wanneer ze kaarten met perspectief gebruiken.

Nog een interessante ontdekking is geweest dat mannen hoog scoren wanneer ze navigeren met een groepsleider die hun op elk punt op een gegeven route verbaal nieuwe richtingen aangeeft. Vrouwen daarentegen presteren hopeloos wanneer ze verbale aanwijzingen krijgen. Dit toont aan dat mannen geluidssignalen in hun hoofd kunnen omzetten in een driedimensionale kaart om de correcte richting en route te visualiseren, terwijl vrouwen beter presteren met een driedimensionale kaart in perspectief.

En als je het noorden niet kunt vinden?

De Australische zeilster Kay Cottee was de eerste vrouw die alleen de wereld rond zeilde. Wat je noemt een vrouw die wist waar ze heen ging, of niet soms?

Tijdens een gesprek dat we hadden vertelde ze ons dat ze het moeilijk vond stratenboeken te lezen. Stomverbaasd vroegen we haar: 'Hoe ben je dan de wereld rond gezeild?'

'Dat is navigeren', antwoordde Kay. 'Je programmeert de computer en hij geeft de juiste richting aan. Ik ga de zee niet op met het idee van: goh, ik geloof dat ik hier linksaf moet... Een stratenboek is iets intuïtiefs; je moet kunnen "voelen" welke kant je op wilt. Wanneer ik een vreemde stad in ga, neem ik altijd een taxi om ergens te komen. Ik heb het geprobeerd met huurauto's, maar ik ging altijd de verkeerde kant op.'

Mensen vinden het moeilijk te geloven dat Kay Cottee verdwaald kan raken terwijl ze op zoek is naar haar boot om de wereld mee rond te zeilen, maar ze heeft wel duidelijk aangetoond dat je met vastberadenheid, planning en moed rond de wereld kunt navigeren – zelfs als je geen stratenboek kunt lezen – door de juiste mensen en de juiste apparatuur te organiseren die daarvoor nodig zijn.

De vliegende kaart

Wij (de auteurs) reizen negen maanden per jaar de wereld rond om seminars te geven en brengen en groot deel van onze tijd door in huurauto's. Over het algemeen rijdt Allan, aangezien zijn ruimtelijk inzicht beter is dan dat van Barbara. Dus zij wijst de weg. Barbara beschikt over nagenoeg geen ruimtelijk inzicht en daarom hebben zij en Allan al jarenlang hun weg rond de wereld betwist en bevochten – van stad naar stad, van land naar land. Allan heeft door Barbara in bijna alle talen stratenboeken en kaarten naar zijn hoofd geslingerd gekregen en een paar keer is ze hem en zijn kaarten ontvlucht door de bus of trein te nemen, nadat ze had uitgeroepen: 'Lees hem zelf maar!'

Barbara Pease heeft geen richtingsgevoel maar Allan Pease kan nooit sokken in zijn la vinden.

Gelukkig heeft hun onderzoek naar ruimtelijk inzicht hen attent gemaakt op de problemen die de kop opsteken wanneer een van de partners een beperkt ruimtelijk inzicht heeft en de ander dit niet begrijpt. Allan leest nu de kaarten voordat hij begint te rijden, en Barbara praat en wijst op interessante landschappen die Allan normaal gesproken mist. Ze zijn nog altijd gelukkig getrouwd en rondvliegende kaarten vormen niet langer een gevaar voor passerende automobilisten.

De omgekeerde kaart

John en Ashley Sims ontwierpen in 1998 in Engeland een kaart met twee richtingen die een standaardkaartoverzicht biedt wanneer je naar het noorden reist en een tweede overzicht, ondersteboven gekeerd, voor wanneer je naar het zuiden reist. Ze boden in een weekendbijlage van een Britse landelijke krant een gratis kaart aan aan de eerste honderd mensen die zich inschreven. Ze ontvingen verzoeken van meer dan vijftienduizend vrouwen en slechts een handjevol mannen. Ze vertelden ons dat mannen niets zagen in een Onderstebovenkaart of dachten dat het een grap was. Maar vrouwen zijn onder de indruk, omdat zo'n kaart ruimtelijk inzicht vervangt.

De autofabrikant BMW was de eerste die zijn auto's voorzag van een uitvoering van het navigatie-instrument GPS (Global Positioning System – Wereld Positie Systeem), dat het beeld ook ondersteboven kan keren, zodat het overeenkomt met de richting waarin de auto rijdt. Zoals te voorspellen was, was dit een grote hit bij de vrouwen.

Een laatste test

Probeer de volgende test die is ontwikkeld door het onderzoeksbedrijf Saville and Holdsworth (UK) Ltd en die wordt afgenomen bij kandidaten om hun ruimtelijk beredeneringsvermogen te testen voor banen zoals luchtverkeersleider. Als je hem niet binnen drie minuten afhebt, lig je eruit. Deze test is nog moeilijker dan de eerste twee en zal, als je een man bent, de temperatuur van je voorste rechterhersenhelft doen stijgen.

Bij deze test krijg je een patroon te zien dat, als het uitgeknipt zou zijn, kan worden omgevouwen tot een driedimensionale doos. Je moet beslissen welke doos er – als er een is – door middel van het omvouwen van het patroon in elke reeks van vier gemaakt kan worden. Omcirkel het juiste antwoord. Als je denkt dat geen van de dozen uit het patroon gemaakt kan worden, omcirkel je geen doos.

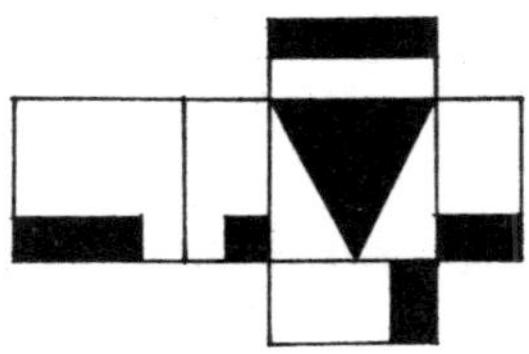

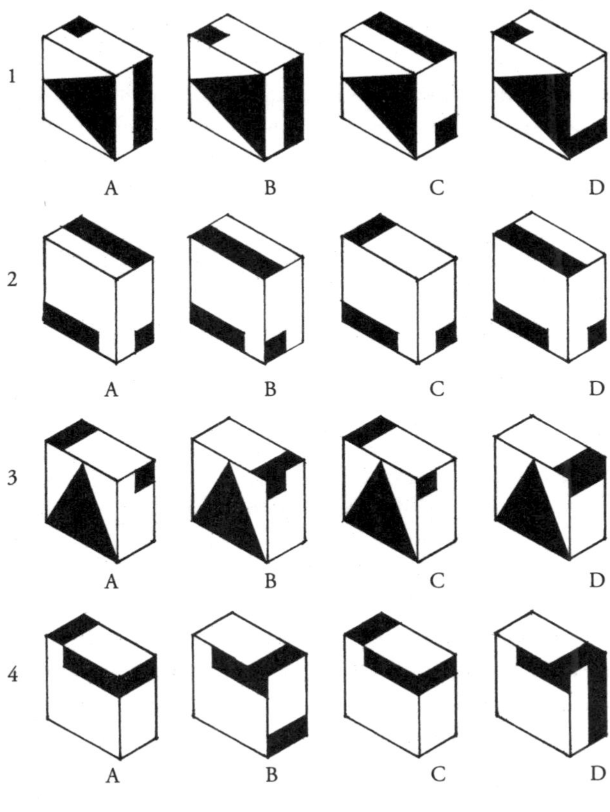

De meeste mensen die de test met succes binnen de drie minuten afleggen zijn mannen, vooral diegenen met driedimensionale beroepen zoals architecten en wiskundigen. Nu weet je waarom 94 procent van de luchtverkeersleiders uit mannen bestaat. De meeste vrouwen vinden dit soort tests tijdverspilling, hoewel we één vrouw hebben gevonden die de test met succes binnen negen seconden aflegde. Haar beroep: actuaris. (De antwoorden zijn 1b, 2d, 3c, geen.)

Hoe je een ruzie vermijdt

Mannen rijden graag snel over bochtige wegen, omdat dan hun ruimtelijk inzicht in het spel komt: versnellingen, koppeling- en remcombinaties, relatieve snelheid in bochten, hoeken en afstanden.
De moderne mannelijke autorijder zit achter het stuur, overhandigt zijn vrouw de kaart en vraagt haar de weg te wijzen. Met haar beperkte ruimtelijk inzicht vervalt ze in stilzwijgen, begint de kaart rond te draaien en voelt zich er niet toe in staat. De meeste mannen begrijpen niet dat als je geen specifiek gebied voor ruimtelijk inzicht in je hersenen hebt waarmee je de kaart in je hoofd omdraait, je de kaart dan in je handen ronddraait. Voor een vrouw is het volkomen logisch de kaart in de richting te leggen waarin ze reist. Als een man een ruzie wil vermijden, moet hij een vrouw niet vragen of ze de kaart wil lezen.

Voor als je een gelukkig leven wilt leiden: dring er nooit op aan dat een vrouw een kaart of stratenboek leest.

Omdat bij een vrouw het vermogen tot ruimtelijk inzicht zich in beide hersenhelften bevindt, onderbreekt dit haar spraakfunctie en daarom zal ze, wanneer je haar een stratenboek geeft, ophouden met praten voordat ze de kaart verdraait. Geef de kaart aan een man en hij blijft praten, maar hij zal wel de radio uitzetten, omdat zijn gehoor niet gelijktijdig met zijn kaartleesvaardigheden operationeel kan zijn. Dat is de reden waarom hij, wanneer in huis de telefoon gaat, vraagt of iedereen stil wil zijn als hij hem opneemt. Vrouwen berekenen wiskundige problemen voornamelijk in de linkerhersenhelft waardoor ze niet alleen langzamer zijn met rekenen, maar ook vaak wiskundige functies hardop uitspreken. Mannen over de hele wereld roepen terwijl ze proberen de krant te lezen: 'Wil je alsjeblieft in stilte rekenen! Ik kan me niet concentreren!'

Hoe je ruzie maakt onder het autorijden

Een man die probeert zijn vrouw te leren autorijden, stevent rechtstreeks op een scheiding af. Mannen over de hele wereld geven dezelfde aanwijzingen aan vrouwen: 'Linksaf, langzamer! Andere versnelling! Kijk uit voor die voetgangers! Concentreer je. Hou op met huilen!' Voor een man is autorijden een test voor zijn ruimtelijk inzicht in relatie tot zijn omgeving. Voor een vrouw bestaat het doel van autorijden uit het veilig bereiken van punt B vanaf punt A. De beste strategie van een man als passagier is zijn ogen dichtdoen, de radio harder zetten en ophouden met commentaar geven, want vrouwen zijn over het geheel genomen veiliger autorijders dan mannen. Zij zorgt ervoor dat hij er komt; het kan alleen iets langer duren, dat is alles. Maar hij moet zich wel ontspannen, want hij komt heus wel levend aan.
Een vrouw zal het rijgedrag van een man bekritiseren omdat zijn vermogen tot ruimtelijk inzicht hem beslissingen laat nemen en inschattingen laat maken die haar gevaarlijk lijken. Op voorwaarde dat hij geen slechte reputatie heeft qua autorijden doet ze er goed aan zich te ontspannen, geen kritiek te uiten en hem gewoon te laten rijden. Wanneer de eerste druppel regen de voorruit raakt, zet een vrouw direct de ruitenwissers aan, iets wat mannen nooit kunnen begrijpen. De hersenen van een man wachten tot er precies de juiste hoeveelheid regendruppels op de ruit zit die overeenkomt met de snelheid van de wissers en zet de wissers aan wanneer exact de juiste tijd voorbij is gegaan. Met andere woorden, hij gebruikt ruimtelijk inzicht.

Hoe je iets aan een vrouw moet verkopen

Geef een vrouw nooit aanwijzingen als: 'Ga richting het noorden', of: 'Rijd vijf kilometer in westelijke richting', aangezien dit kompasvaardigheden vereist. Geef in plaats daarvan aanwijzingen die betrekking hebben op kenmerken in het landschap zoals: 'Rijd langs McDonald's en rijd vervolgens in de richting van het gebouw waar Nationale Bank op staat.' Hierdoor kan een vrouw deze kenmerken oppikken met haar perifere zicht. Bouwondernemingen en architecten overal ter wereld verliezen miljoenen in zakenovereenkomsten door vrouwelijke besluitvormers tweedimensionale tekeningen en blauwdrukken te presenteren. De hersenen van een man kunnen de tekening omzetten in drie dimensies zodat hij weet hoe het gebouw eruit zal zien wanneer het klaar is, maar voor een vrouw is het alleen maar een vel papier met niet ter zake doende lijnen. Je verkoopt huizen aan vrouwen door middel van een driedimensionaal model of een computeranimatie. Met deze informatie hoeft een vrouw zich nooit meer een nul te voelen wanneer ze naar een kaart kijkt. Geef de kaart aan de man, dat is zíjn taak.
Het is voor een man veel ontspannender om zowel te navigeren als te rijden, terwijl een vrouw praat over interessante kenmerken en uitzichten langs de weg. Zoals je weet, beschikt een man over inferieure verbale vaardigheden in vergelijking tot de vrouw, dus dat hij beter kan navigeren lijkt een eerlijke ruil. Dit betekent dat hij zijn weg weet te vinden naar het adres van een nieuwe vriendin, zelfs al zou hij niet weten wat hij moet zeggen wanneer hij er is.

De ergernis van het fileparkeren

Als je zou worden gevraagd naar auto's te kijken die in de straat file-geparkeerd staan, zou je dan kunnen zeggen welke auto's door mannen en welke door vrouwen zijn geparkeerd? Onderzoek in opdracht van een Engelse rijschool toonde aan dat mannen in Engeland een accuratesse van gemiddeld 82 procent ha-

len bij het fileparkeren van een auto vlak langs de stoeprand, waarbij 71 procent dit met succes deed bij de eerste poging. Vrouwen scoorden een accuratesse van slechts 22 procent, terwijl slechts 23 procent de auto bij de eerste poging met succes inparkeerde. Een soortgelijk onderzoek in Singapore gaf een accuratesse van 66 procent bij mannen, waarbij het 68 procent in één keer lukte. Voor vrouwen was het resultaat op accuratesse 19 procent en kon slechts 12 procent dit al bij de eerste poging. De moraal van dit verhaal: als de bestuurder een vrouw uit Singapore is, maak dan dat je wegkomt! De beste parkeerders zijn Duitse mannen, met een accuratessescore van 88 procent bij de eerste poging. Parkeerproeven bij rijscholen laten zien dat vrouwen tijdens de lessen beter zijn in achteruit inparkeren dan mannen, maar de statistieken laten zien dat vrouwen in de echte situatie slechter presteren. Dit komt doordat vrouwen beter zijn in het taken leren en deze met succes herhalen dan mannen, op voorwaarde dat de omgeving en omstandigheden waaronder ze dit doen niet veranderen. Maar in het verkeer biedt elke situatie een nieuwe reeks gegevens die moeten worden ingeschat, en het mannelijke vermogen tot ruimtelijk inzicht is nu eenmaal beter geschikt voor deze taak.
De meeste vrouwen parkeren hun auto liever op een ruimere plaats die een eindje verder ligt, en lopen dan vervolgens naar hun bestemming. Alles beter dan dat ze de auto achteruit op een nauw plekje parkeren!

Als vrouwen het in de plaatselijke gemeenten voor het zeggen hadden, zouden achteruit inparkeren en fileparkeren niet langer worden toegestaan!

In sommige landen heeft men kortgeleden in veel kleine en grote steden schuine parkeerplaatsen met een stoeprand aangebracht waarin achteruit moet worden ingeparkeerd, omdat is gebleken dat het voor de bestuurder veiliger is vooruit weg te rijden. Helaas heeft dit niet geholpen bij de ongerustheid van vrouwen over het achteruit inparkeren omdat dit nog altijd ruimtelijk inzicht vereist voor het inschatten van hoeken en afstanden. We hebben twintig streekgemeenten bestudeerd waar dit soort parkeerplaatsen waren aangebracht en ontdekten dat er bij de besluitvorming praktisch geen vrouwen betrokken waren geweest. Het waren bijna altijd mannen. Als een gemeente uit alleen vrouwen zou bestaan, zouden achteruit inparkeren en fileparkeren niet langer zijn toegestaan! Ze zouden zorgen voor parkeerplaatsen zonder stoepranden waar je vooruit inparkeert en waaruit je vooruit weer wegrijdt, waardoor het niet meer nodig is achteruit in te parkeren of hoeken en afstanden te meten. Dit zou veel ruimte kosten, maar er zouden zich minder ongelukken voordoen.

Hoe vrouwen zijn misleid

En waar staan de vrouwen nu met al dit bewijs van ruimtelijk inzicht? Veel goedbedoelende groeperingen waren ervan overtuigd dat wanneer ze eenmaal waren bevrijd van de veronderstelde ketenen van mannelijke onderdrukking en vooroordelen, ze snel zouden opklimmen tot het topniveau van door mannen gedomineerde beroepen en vrijetijdsbestedingen. Maar zoals je zult zien, blijven mannen nagenoeg een monopolie bezitten in die beroepen en activiteiten die ruimtelijk inzicht vereisen. Miljoenen vrouwen hebben hun natuurlijke neigingen genegeerd om carrières te maken en activiteiten te doen waarin ze op natuurlijke wijze konden uitblinken met hun specifieke vaardigheden waarop hun hersenen zijn georiënteerd.

Ruimtelijk inzicht in het onderwijs

Zoals we hebben gezien, zijn we door onze biologie gericht op beroepen en vrijetijdsbestedingen die overeenkomen met de verbindingen in onze hersenen. Laten we eens een gebied analyseren waar gelijke kansen een hoge prioriteit hebben: het onderwijs. We hebben onderwijsfunctionarissen geïnterviewd in Australië, Nieuw-Zeeland en Engeland, die allemaal benadrukten dat ze proberen de verhouding mannelijke en vrouwelijke leerkrachten op 50/50 te houden om de geslachten gelijke kansen te bieden. In Engeland bestond in 1998 48 procent van de leerkrachten uit mannen en 52 procent uit vrouwen. De vrouwelijke hersenen zijn beter geschikt voor lesgeven dan de mannelijke hersenen, omdat bij de vrouw de vermogens tot communicatie en menselijke interactie hoger ontwikkeld zijn. Laten we eens kijken naar de vakken waar de leerkrachten van elk geslacht de voorkeur aan geven.

Vak	*Aantal leerkrachten*	*% mannen*	*% vrouwen*
Biologie	*5100*	*49*	*51*
Bedrijfskunde	*6400*	*50*	*50*
Geschiedenis	*13800*	*54*	*46*
Aardrijkskunde	*14200*	*56*	*44*
Sociale studies	*11000*	*52*	*48*
Muziek	*5600*	*51*	*49*
Carrière-opleidingen	*1900*	*47*	*53*
Persoonlijk & sociaal onderwijs	*74200*	*47*	*53*
Algemene studies	*7900*	*53*	*47*
Klassieke studies	*510*	*47*	*53*
Lichamelijk onderwijs	*20100*	*58*	*42*
Religieus onderwijs	*13400*	*56*	*44*
Kunst	*9400*	*44*	*56*

Mannelijke en vrouwelijke leerkrachten in Engeland in 1998

Uit deze tabel kunnen we twee lessen leren. Ten eerste vragen de vakken die worden onderwezen niet om een dominantie van de linker- of rechterhersenhelft om iemand in staat te stellen er les in te geven. Veel ruimtelijk inzicht is geen vereiste, en ook geen groot verbaal vermogen van de linkerhersenhelft. Je kunt zien dat de percentages redelijk gelijk verdeeld zijn tussen mannelijke en vrouwelijke leerkrachten.

Vak	*Aantal leerkrachten*	*% mannen*	*% vrouwen*
Natuurwetenschap	*4400*	*82*	*18*
Informatie-technologie	*10700*	*69*	*31*
Bèta-vakken	*28900*	*65*	*35*
Scheikunde	*4600*	*62*	*38*

Vakken die vragen om ruimtelijk inzicht

De tabel hierboven laat duidelijk zien dat in de vakken waarbij ruimtelijk denken noodzakelijk is, de mannen domineren.

Beroepen die ruimtelijk inzicht vereisen

Hieronder volgt een lijst van beroepen waarbij een groot vermogen tot ruimtelijk inzicht een kritieke maatstaf is voor de uitvoering van het beroep, en waarbij een leven verloren kan gaan wanneer dit ontbreekt. Je hoeft geen raketbouwer te zijn om het belang van dit overzicht en het verband hiervan met de jachtvaardigheden van de mannelijke rechterhersenhelft te begrijpen.

Diegenen die vastbesloten zijn zich te blijven vastklampen aan de overtuiging dat natuurlijke vermogens niets voorstellen beweren nog altijd dat mannelijke onderdrukking, de 'wij jongens onder elkaar'-houding van mannen en de traditioneel op mannen afgestemde verenigingen, vrouwen ervan hebben weerhouden gelijkheid binnen deze beroepen te bereiken. Het Britse Koninklijk Instituut voor Architecten meldt echter dat 50 procent van de studenten die zich inschrijven voor architectuur uit vrouwen bestaat, maar dat ze slechts 9 procent van alle praktiserende architecten uitmaken. Het mag duidelijk zijn dat sommige vrouwen die geen architect zijn geworden voor het ouderschap hebben gekozen, maar wat gebeurde er met de rest? In de accountantswereld is 17 procent van de Britse accountants vrouw, terwijl toch 38 procent van diegenen die met de opleiding begonnen vrouw was.

'Waarom zijn er niet meer vrouwelijke luchtvaartpiloten?' vroegen we aan de luchtvaartmaatschappijen.

'Ze geven zich niet op voor de opleiding', was het antwoord. 'Vrouwen hebben geen belangstelling voor vliegen.'

Beroep	***Aantal***	***M.***	***Vr.***	***% M.***	***Bron***
Boordwerktuigkundige	*51*	*51*	*Geen*	*100*	*Ansett Airlines*
Technicus	*1608*	*1608*	*Geen*	*100*	*Ver. v. Ingenieurs*
Autocoureur	*2822*	*2818*	*4*	*99,8*	*Auto Racing Club*
Atoom desk.	*1185*	*1167*	*18*	*98,3*	*Atoominstituut*
Piloot	*2338*	*2329*	*9*	*99,6*	*Qantas*
	808	*807*	*1*	*9 9,9*	*Ansett*
	3519	*3452*	*67*	*98*	*British Airways*
Luchtverkeersleider	*1360*	*1274*	*86*	*94*	*Dept. Burger Luchtvaart*
Dragcar/Motorfietscoureur	*250*	*234*	*16*	*93,6*	*Drag-Racers Associatie*
Architect	*30529*	*27781*	*2748*	*91*	*Ver. v. Architecten*
Officier vliegdekschip	*19244*	*17415*	*1829*	*90,5*	*Overheidsstatistieken*
Actuaris	*5081*	*4578*	*503*	*90*	*Ver. v. Actuarissen*
Biljart	*750*	*655*	*95*	*87*	*Biljart Vereniging*
Accountant	*113221*	*93997*	*19224*	*83*	*Ver. van Accountants*

Schema op p. 143: Percentage mannen en vrouwen die in beroepen werken die ruimtelijk inzicht vereisen. (De cijfers zijn in 1998 opgetekend in Australië, Nieuw-Zeeland en Engeland.)

De meeste luchtvaartfunctionarissen waren vaag over – of zich niet bewust van – het belang van ruimtelijk inzicht bij het vliegen en velen waren bang om een opmerking te maken over het verschil in geslacht, ondanks het opvallend duidelijke feit dat 98 procent van alle cockpitbemanningen uit mannen bestaat. Eén ding is hier duidelijk: vrouwen zijn niet te vinden in de meeste van deze beroepen omdat ze zich niet voor de opleiding inschrijven. De bouw van hun hersenen is niet geschikt voor deze gebieden, en daarom hebben ze geen belangstelling voor het beroep.

Biljart en atoomwetenschappen

In de loop van ons onderzoek spraken we met een aantal professionele biljarters. 'De vrouwen die professioneel biljarten, denken en handelen als mannen', zei een vroeger wereldkampioen. 'Ze praten zoals wij en kleden zich ook zoals wij: in een pak en met een strikje.'

De vrouwelijke spelers geloofden echter dat ze, als ze net zoveel zouden oefenen als mannen, net zo bedreven zouden zijn. Velen hadden het gevoel dat de houding van de mannen ten opzichte van hen een belangrijke factor was die hen daarvan weerhield. 'Maar hoe zit het met het ruimtelijk inzicht?' vroegen wij. 'Het meten van de relatieve snelheid en hoeken van de bal, de afstand tot de zak en de plaatsing van de witte bal?'

'Nooit van gehoord', was het antwoord. Opnieuw werd de houding van de mannen verantwoordelijk gesteld voor het algehele gebrek aan vrouwelijke kampioenen en deelnemers.

'We bieden gelijke kansen voor beide geslachten', kregen we te horen van het Instituut voor Atoomwetenschappers, 'maar we nemen mensen aan op kwaliteit, niet op gelijkheid.' En 98,3 procent van de atoomwetenschappers is man. Het is een interessant feit dat onderzoek van het Instituut uitwees dat vrouwelijke wetenschappers vaardiger zijn met letters van het alfabet dan mannen en dat mannen beter zijn met cijfers. Dit is logisch: letters zijn gekoppeld aan mensen, relaties en verbale vermogens, maar cijfers staan in verband met de ruimtelijke relatie tussen dingen.

Kijk naar de geschiedenis, en je zult zien dat bijna geen enkele vrouw uitblonk in gebieden waar ruimtelijk inzicht en wiskundige beredenering worden vereist, zoals schaken, componeren en raketbouw. Sommigen beweren misschien dat seksistische mannelijke tirannie de vrouwen van deze activiteiten heeft weerhouden, maar kijk om je heen en je zult zien dat in deze wereld van gelijke kansen vrouwen die mannen overschaduwen in activiteiten die verband houden met ruimtelijk inzicht, zelden voorkomen. De voornaamste reden is dat hun hersenen hun vertellen dat ze meer geïnteresseerd zijn in het verdedigen van hun nest dan in het aanvallen van een ander nest.

Vrouwen blinken uit op creatief vlak, zoals in uitvoerende kunsten, onderwijs, personeelsmanagement en literatuur – allemaal terreinen waarop abstracte redeneringen niet overheerst. Terwijl de mannen schaken, dansen en decoreren de vrouwen.

De computerindustrie

De computerwetenschap is voornamelijk opgebouwd op basis van wiskunde. Wiskunde is gestoeld op ruimtelijk inzicht en is als gevolg hiervan een mannelijk domein. Maar sommige gebieden binnen de computerwetenschap, zoals het programmeren of ontwerpen van computers, vragen meer om begrip van de menselijke psychologie dan om wiskunde en dat zijn de gebieden waarop zich het grootste aantal vrouwen bevindt.

Resultaten van een onderzoek in het Amerikaanse tijdschrift *Business Women in Computing* laten zien dat tussen 1993 en 1998 het aantal vrouwen dat de informatietechnologie in ging licht is afgenomen. Als reden hiervoor geeft men aan dat vrouwen te weinig belangstelling voor de opleiding hebben gehad. Het onderzoek ontdekte tevens dat het twee keer zo waarschijnlijk is dat vrouwen op de werkvloer computers gebruiken dan dat mannen dat doen. Terwijl 84 procent van de vrouwen de computer beschouwde als een eenvoudig middel om een doel te bereiken of als een werktuig om te voorzien in creatieve vrijheid, deelde slechts 33 procent van de mannen dit inzicht. Het onderzoek toonde aan dat 67 procent van de mannen de technologie of het spelen met de programma's en accessoires belangrijker vond. Van de vrouwen dacht 16 procent daar ook zo over.

Wiskunde en accountants

Beroepen die in verband staan met ruimtelijk inzicht blijven over het algemeen gedomineerd door mannen. De meeste wiskundeleraren zijn nog altijd man, ook al wordt de kloof tussen de geslachten op dit gebied kleiner. In 1998 was 56 procent van de wiskundeleraren in Engeland man, tegen 44 procent vrouwen.
Dus hoe verklaren we het stijgende percentage leraressen in dit vak? De waarschijnlijke verklaring is dat vrouwen meer geschikt zijn voor lesgeven, interactie en het organiseren van groepen en dat ze meer toegewijd zijn aan het leren van de basiskennis dan mannen. Omdat ze hetzelfde materiaal steeds opnieuw doceren kunnen ze uitstekend lesgeven in de meeste vakken, inclusief wiskunde. Dit zou ook verklaren waarom er een algemene toename is in het aantal vrouwelijke accountants. In dit beroep moet je klantvriendelijke verkoper kunnen zijn en daarvoor zijn de hersenen van de vrouw beter geschikt dan die van de man; de boekhoudkundige functie komt op de tweede plaats. Bij grote accountantskantoren over de hele wereld zie je steeds meer vrouwelijke accountants die de klanten aansporen en voor zich winnen, en het wiskundige boekhoudkundige werk delegeren naar de mannelijke junior-accountants in de achterkamer. Maar wanneer de eisen die aan de baan worden gesteld puur zouden bestaan uit ruimtelijk en wiskundig inzicht, domineren de mannen echter nog altijd. Dit is de reden waarom 91 procent van de actuarissen en 99 procent van alle ingenieurs man is.

Gelijke kansen?

In Australië is slechts 5 procent van de technische beroepsbevolking vrouw en toch verdienen deze vrouwen gemiddeld 14 procent meer dan hun mannelijke tegenpolen. Dit wijst erop dat daar waar een gelijk vermogen tot ruimtelijk inzicht bestaat vrouwen beter en op een hoger niveau presteren dan mannen. In het professionele motorracen is er bijna geen vrouwelijke kampioen geweest sinds de uitvinding van de auto, maar in het dragracen is rond de tien procent van de deelnemers en winnaars vrouwen. Waarom? Drag-racen vereist géén ruimtelijk inzicht tot het inschatten van snelheden, hoeken, bochten, inhalen en gecompliceerde versnellingsverhoudingen. Drag-racers rijden in een rechte lijn en de winnaar is degene die het snelst reageert op het groene licht, een voordeel dat vrouwen bezitten boven mannen.

Daar waar een gelijk vermogen tot ruimtelijk inzicht bestaat kunnen vrouwen op een hoger niveau presteren dan mannen.

Hoewel de meeste vrouwelijke drag-racers die werden getest met de oriëntatietest voor de hersenen over het geheel genomen meer mannelijk georiënteerde hersenen bezaten dan niet-racende vrouwen, hadden ze het nog altijd over het feit dat drag-racen relatiegeoriënteerd was. 'De kerels zijn geweldig om mee samen te werken', zeiden ze. 'Iedereen helpt iedereen.' En: 'We zijn allemaal goede vrienden van elkaar.' De mannelijke racers zagen de voordelen eerder in het trofeeën winnen, het bezit van een technisch fantastische auto en opscheppen over de ongelukken die ze hadden overleefd.

Jongens en hun speeltjes

Jongens zijn gek op hun speeltjes; dat is de reden waarom 99 procent van alle patenten op naam van mannen staat. Meisjes spelen ook graag met speelgoed maar raken meestal rond de twaalf jaar, terwijl ze uitgroeien tot jonge vrouwen, hun belangstelling hiervoor kwijt. Mannen verliezen nooit hun obsessie met onpraktisch, met ruimtelijk inzicht verband houdend speelgoed, ze geven er alleen meer geld aan uit. Ze zijn gek op zaktelevisies, mobiele telefoons in de vorm van een auto, computer en videospelletjes, digitale camera's, ingewikkelde apparaatjes, lampjes die bij stemgeluid aan- en uitgaan en alles wat maar een motor heeft. Als het piept, knippert en minstens zes batterijen bevat, willen de meeste mannen dat.

Hoe vrouwen voelen

Elke discussie over geslachtsverschillen, zoals in dit boek, brengt honende protesten teweeg bij bijvoorbeeld feministen en politiek correcte activisten, die denken dat daardoor veel van hun argumenten voor eerlijke kansen in het leven worden ondermijnd. Maar hoewel de vooroordelen van de maatschappij stereotiep gedrag van vrouwen en mannen wellicht versterkt en verergert, zijn de stereotypen niet de oorzaak van het gedrag. Onze fundamentele biologie en de manier waarop onze hersenen zijn georganiseerd zijn hier debet aan. Veel vrouwen hebben het gevoel dat ze mislukkelingen zijn of dat vrouwen in het algemeen hebben gefaald doordat ze de door mannen gedomineerde gebieden niet hebben veroverd. Dat is gewoon niet waar. Vrouwen hébben niet gefaald; ze zijn gewoon niet goed uitgerust voor het betreden van gebieden die geschikter zijn voor de mannelijke hersenen.

Vrouwen hebben niet gefaald; ze zijn er alleen niet in geslaagd net zoals mannen te zijn.

Het idee dat vrouwen niet in de maatschappij zijn geslaagd, gaat alleen op wanneer dit is gebaseerd op de veronderstelling dat succes naar mannelijke maatstaven de maatstaf is of zou moeten zijn van ieders succes. Maar wie zegt dat het de ultieme maatstaf van vervulling is om leidinggevende van een bedrijf te zijn, te vliegen in een jumbojet of een computer van een ruimtecapsule te programmeren?
Mannen zeggen dat. Het is hún maatstaf van uitnemendheid, niet die van iedereen.

Kun je je vermogen tot ruimtelijk inzicht verbeteren?

Met één woord: ja. Er zijn enkele alternatieven. Je kunt wachten tot het natuurlijke evolutieproces plaatsvindt en je activiteiten in ruimtelijk inzicht oefenen tot je hersenen voldoende verbindingen ontwikkelen. Wees er echter op voorbereid dat dit een poosje kan duren. Biologen schatten dat het enige duizenden jaren in beslag zou kunnen nemen. Wanneer je als vrouw herhaaldelijk het hormoon testosteron toegediend zou krijgen, zou dat eveneens je vermogen tot ruimtelijk inzicht verbeteren. Maar dit is geen bevredigende keuze, want de keerzijde hiervan is een toegenomen agressiviteit, kaalheid en een baard. Die dingen komen de meeste vrouwen niet gelegen!
Het moge inmiddels duidelijk zijn dat oefening en herhaling helpen om in de hersenen permanente verbindingen te creëren voor een bepaalde taak. Het hersenvolume van ratten die in kooien vol speelgoed zijn opgegroeid is groter dan dat van ratten zonder speelgoed. Het hersenvolume van mensen die ophouden dingen te doen neemt af, terwijl bij diegenen die mentaal actief blijven het volume blijft, of zelfs toeneemt. Leren hoe landkaarten in elkaar zitten en ermee oefenen kunnen ervoor zorgen dat je ze makkelijker gaat gebruiken zoals je van piano-oefeningen doen beter gaat spelen. Behalve wanneer de speler het soort hersenaanleg heeft dat intuïtief spel vergemakkelijkt, is er veel regelmatige oefening nodig om een redelijk niveau te handhaven. Als de pianospe-

ler of kaartlezer dit niet bijhoudt, neemt zijn vaardigheid sneller af en duurt het langer dit te herstellen dan bij iemand wiens hersenen op die taak zijn berekend.

Een kaal hoofd en een baard zouden voor vrouwen een te hoge prijs zijn voor het verbeteren van hun vermogen tot ruimtelijk inzicht.

Een paar nuttige strategieën

Als je een vrouw bent die een zoon grootbrengt of mannen om zich heen heeft, moet je begrijpen dat, hoewel mannen beschikken over een uitstekend ruimtelijk inzicht, ze nog altijd maar één ding tegelijk kunnen. De meesten hebben hulp nodig bij het organiseren van hun huiswerk, agenda en dagelijks leven. Organisatorische vaardigheden gaan meisjes en vrouwen van nature makkelijk af. Albert Einstein was een genie op het gebied van ruimtelijk inzicht, maar begon pas op zijn vijfde te praten en bezat nagenoeg geen organisatorische of intermenselijke vaardigheden, zoals zijn haardracht aantoonde.

Als je een man bent met een baan die in verband staat met ruimtelijk inzicht zoals bouwkunde of architectuur, moet je begrijpen dat de meeste vrouwen een driedimensionaal perspectief nodig hebben als je hen wilt overtuigen.

Wil je een vrouw overhalen mee te gaan in een bepaald plan? Laat haar dan een driedimensionale versie zien.

Als je vrouwen werft voor een baan die vraagt om ruimtelijk inzicht, zoals ingenieur of actuaris, ligt het percentage gegadigden op dit gebied op slechts ongeveer 10 procent van alle vrouwen; richt je dus alleen op die vrouwen. Een poging een marktstrategie toe te passen die, gebaseerd op het feit dat vrouwen 50 procent van de bevolking uitmaken, alle vrouwen beslaat, is een vruchteloze onderneming.

Samenvatting

Bob en Liesbeth kunnen nu goed met elkaar overweg wanneer ze samen reizen. Hij beslist welke route ze zullen volgen en hij navigeert. Zij praat en wijst naar het landschap en hij luistert zonder haar te onderbreken. Zij levert geen kritiek meer op zijn rijstijl omdat ze weet dat zijn ruimtelijk inzicht hem ertoe brengt dingen te doen die naar wat zij beschouwt risicovol zijn, maar voor hem volkomen veilig.
Bob kocht een camera van drieduizend dollar met allerlei snufjes die verband hielden met ruimtelijk inzicht, en Liesbeth begrijpt nu waarom hij er zo dol op is. Wanneer zij aan de beurt is om een foto te nemen, stelt hij alles voor haar in en laat haar zien hoe ze een goede opname kan maken. Hij gaat niet meer staan lachen wanneer ze er maar niet achter kan komen hoe ze de camera aan de praat moet krijgen.

Bob en Liesbeth – een modern liefdesverhaal

Wanneer mannen ophouden vrouwen te vragen om de weg te wijzen, zal iedereen een gelukkiger leven leiden. Wanneer vrouwen ophouden kritiek te leveren op de rijstijl van mannen, zullen er veel minder ruzies zijn. Wij zijn allemaal goed in verschillende dingen, dus als je ergens niet bepaald sterk in bent, maak je dan geen zorgen. Je kunt je vermogens met oefening verbeteren, maar laat het je leven niet stukmaken. Of dat van je partner.

Hoofdstuk 6

Gedachten, houdingen, emoties & andere rampgebieden

Bas en Ans reden naar een feestje in een onbekende omgeving. Volgens de aanwijzingen zou het niet meer dan twintig minuten rijden zijn. Ze waren nu al vijftig minuten onderweg en hun bestemming kwam nog altijd niet in zicht. Bas werd chagrijnig en Ans begon vertwijfeld te raken toen ze voor de derde keer langs dezelfde garage reden.

Ans: 'Schat, ik geloof dat je bij die garage rechtsaf had moeten gaan. Laten we stoppen en de weg vragen.'
Bas: 'Er is niets aan de hand. Ik weet dat het hier ergens in de buurt moet zijn ...'
Ans: 'Maar we zijn al een halfuur te laat en het feestje is al begonnen. Laten we stoppen en het aan iemand vragen!'
Bas: 'Luister, ik weet heus wel wat ik doe! Wil jij rijden of laat je mij rijden?'
Ans: 'Nee. Ik wil niet rijden. Maar ik heb er ook geen zin in de hele avond rondjes te rijden!'
Bas: 'Goed dan. Zal ik dan maar omkeren en weer naar huis rijden?'

De meeste mannen en vrouwen zullen dit gesprek wel herkennen. Een vrouw kan niet begrijpen waarom deze geweldige man van wie ze houdt plotseling verandert in een soort dolle dwaas die wordt aangedreven door steroïden, alleen maar omdat hij de weg kwijt is. Als zij de weg kwijt was geweest, zou ze er iemand naar vragen, dus wat is nou eigenlijk het probleem? Waarom kan hij niet gewoon toegeven dat hij ernaast zit?
Vrouwen vinden het niet erg toe te geven dat ze zich hebben vergist, omdat dit in hun wereld een vorm van verbondenheid en het opbouwen van vertrouwen is.

Waarom bracht Mozes veertig jaar dwalend door de woestijn door? Hij weigerde de weg te vragen.

Onze verschillen in waarneming

Mannen en vrouwen nemen dezelfde wereld waar met verschillende ogen. Een man ziet dingen en voorwerpen en hun onderlinge verhoudingen op een ruimtelijke manier, alsof hij de stukjes van een puzzel in elkaar zet. Vrouwen nemen letterlijk een groter, breder beeld waar en zien de details, maar de individuele stukjes van de puzzel en het onderlinge verband doen voor hen meer ter zake dan de ruimtelijke plaatsing.
Het mannelijke bewustzijn houdt zich bezig met het verkrijgen van resultaten, het bereiken van doelen, status en macht, het verslaan van de concurrentie en het op efficiënte wijze bereiken van de eindstreep. Het vrouwelijke bewustzijn is gericht op communicatie, samenwerking, harmonie, liefde, delen en onderlinge relaties. Dit contrast is zo groot dat het verbazingwekkend is dat mannen en vrouwen in eerste instantie ook maar overwegen om samen door het leven te gaan.

Jongens houden van dingen, meisjes houden van mensen

De hersenen van meisjes zijn dusdanig geschakeld dat ze reageren op mensen en gezichten, maar de hersenen van jongens reageren op voorwerpen en hun vormen. Onderzoeken onder baby's van een paar uur tot een paar maanden oud tonen allemaal aan: jongens houden van dingen, meisjes houden van mensen. Wetenschappelijk meetbare verschillen tussen de geslachten laten zien dat elk dezelfde wereld waarneemt naar de aanleg van de eigen hersenen, die anders geschakeld zijn. Meisjesbaby's voelen zich aangetrokken tot gezichten en houden twee tot drie keer langer oogcontact dan jongens, en jongensbaby's zijn meer geïnteresseerd in kijken naar de bewegingen van een mobile met onregelmatige vormen en patronen.

Meisjes willen relaties en samenwerking, jongens willen macht en status.

Meisjes kunnen wanneer ze twaalf weken oud zijn afbeeldingen van familieleden onderscheiden van die van vreemden, terwijl jongens dit niet kunnen. Maar jongens zijn weer beter in het terugvinden van zoekgeraakt speelgoed. Deze verschillen zijn al duidelijk lang voordat sociale conditionering een kans van slagen heeft. Kinderen op de kleuterschool werden getest met een verrekijker waarop voor het ene oog voorwerpen zichtbaar waren en voor het andere oog de gezichten van mensen. Toen de herinneringen van de kinderen werden getest, bleek dat de meisjes zich de mensen en hun emoties herinnerden en dat de jongens zich meer dingen en vormen herinnerden. Op school zitten de meisjes in een kring te praten, waarbij je geen leider kunt aanwijzen.

'Ja Isabel, ik weet wel dat hij een gestoorde, sadistische moordenaar is, maar hij zou een gestoorde, sadistische bijlmoordenaar kunnen zijn die hulp nodig heeft!'

Als een meisje iets bouwt, is het meestal een lang, laag gebouw met de nadruk op de denkbeeldige mensen in het gebouw, terwijl jongens met elkaar wedijveren en de ene jongen een groter en hoger bouwwerk wil bouwen dan de andere. Jongens rennen, springen, stoeien en doen alsof ze vliegtuigen of tanks zijn, terwijl meisjes het erover hebben welke jongen ze leuk vinden en hoe stom sommige jongens eruitzien. Op de kleuterschool wordt een nieuw meisje door de andere meisjes verwelkomd en ze weten allemaal elkaars namen. Een nieuwe jongen wordt door de andere jongens meestal met onverschilligheid behandeld en wordt alleen in de groep opgenomen als de pikorde vindt dat hij van nut is. Aan het einde van de dag weten de meeste jongens niet hoe de nieuwe jongen heet, of andere details, maar ze weten wel hoe goed of slecht hij speelt. Meisjes verwelkomen en accepteren elkaar en staan zelfs meelevender tegenover iemand die een handicap heeft of invalide is. Maar jongens zijn eerder geneigd de persoon die in het nadeel is uit te stoten of te slachtofferen.

Ondanks de beste bedoelingen van ouders om jongens en meisjes op dezelfde manier op te voeden, beslissen uiteindelijk de verschillen in hersenbouw de voorkeuren en gedragingen van hun kinderen. Geef een meisje van vier een knuffelbeer of speelgoed en ze maakt deze/dit tot haar beste maatje; geef een jongen een stuk speelgoed, en hij zal het ontleden om te zien hoe het werkt; hij zal het in stukken achterlaten en het volgende ter hand nemen. Jongens zijn geïnteresseerd in dingen en de manier waarop ze werken, meisjes zijn geïnteresseerd in mensen en relaties. Wanneer volwassenen terugdenken aan hun huwelijksdag, praten vrouwen over de plechtigheid en de mensen die aanwezig waren. Mannen praten over hun vrijgezellenavond.

Jongens concurreren, meisjes werken samen

Meisjesgroepen werken samen en je kunt zo op het oog geen leider aanwijzen. Meisjes gebruiken woorden om uitdrukking te geven aan hun onderlinge verbondenheid en ieder meisje heeft over het algemeen een beste vriendin met wie ze haar geheimen deelt. Meisjes zullen een ander meisje verstoten dat haar gezag laat gelden door te zeggen: 'Ze denkt dat ze iemand is', of ze noemen haar 'bazig'. Jongensgroepen hebben een hiërarchie met leiders die je kunt herkennen aan hun superieure of assertieve taalgebruik en lichaamstaal, en iedere jongen vecht voor status in de groep. Macht en status zijn de enige belangrijke factoren binnen een jongensgroep. Deze worden meestal bereikt door middel van de vaardigheden of kennis van de jongen, of door zijn vermogen stoere taal te gebruiken tegen anderen, of uitdagers van zich af te slaan. Meisjes bouwen graag relaties op met leerkrachten en vriendinnen, terwijl jongens leerkrachten in twijfel trekken en liever de ruimtelijke verbanden van de wereld onderzoeken, het liefst alleen.

Waar praten we over?

Luister naar een willekeurige groep mannen, vrouwen, jongens of meisjes in een willekeurig land, en je hoort hoe de hersenbouw van elk geslacht er de oorzaak van is dat ze verschillend over dezelfde dingen praten. Meisjes praten over wie wie aardig vindt of wie boos is op wie, spelen in kleine groepen en delen 'geheimen' over anderen als een vorm van hechting. Tienermeisjes praten over jongens, lichaamsgewicht, kleren en hun vriendinnen. Volwassen vrouwen praten over diëten, persoonlijke relaties, huwelijk, kinderen, minnaars, mensen, kleren, het gedrag van anderen, werkverhoudingen en alles wat te maken heeft met mensen en menselijke kwesties. Jongens praten over dingen en activiteiten: wie wat deed, wie goed in iets is en hoe dingen werken. Tienerjongens praten over sport, techniek en de functie van dingen. Mannen praten over sport, hun werk, het nieuws, wat ze hebben gedaan of waar ze zijn geweest, technologie, auto's en mechanische uitvindingen.

Wat moderne mannen en vrouwen willen

Bij een recent onderzoek dat in vijf westerse landen werd gehouden werd mannen en vrouwen gevraagd een beschrijving te geven van de soort persoon die ze in het ideale geval zouden willen zijn. De mannen kozen in veel gevallen bijvoeglijke naamwoorden zoals krachtig, concurrerend, vaardig, dominant, assertief, bewonderd en praktisch. De vrouwen kozen voor warm, liefhebbend, vrijgevig, sympathiek, aantrekkelijk, vriendelijk en toegewijd. Vrouwen schaalden dienstbaarheid aan anderen en interessante mensen hoog in terwijl mannen prestige, macht en bezit belangrijk vonden. Mannen waarderen dingen, vrouwen waarderen relaties. De structuur van hun hersenen dicteert hun voorkeuren.

Emoties in de hersenen

De Canadese wetenschapper Sandra Witleson onderzocht mannen en vrouwen om emoties in de hersenen te lokaliseren. Door gebruik te maken van emotioneel beladen beelden die eerst via het linkeroog en -oor aan de rechterhersenhelft werden getoond en vervolgens via het rechteroog en -oor aan de linkerhersenhelft, kwam ze tot de conclusie dat emotie zich bij mannen in het gebied bevindt dat in de eerste afbeelding wordt weergegeven en bij vrouwen in het gebied dat in de tweede afbeelding wordt weergegeven. Emotie is niet met dezelfde duidelijke precisie in de hersenen vast te stellen als het vermogen tot ruimtelijk inzicht of het taalvermogen, maar in de afbeeldingen wordt weergegeven waar volgens MRI-scans emotie zich over het algemeen bevindt.

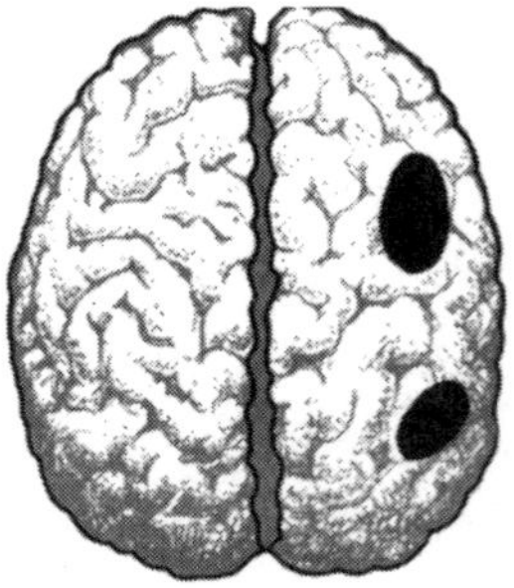

Emotie in de mannelijke hersenen

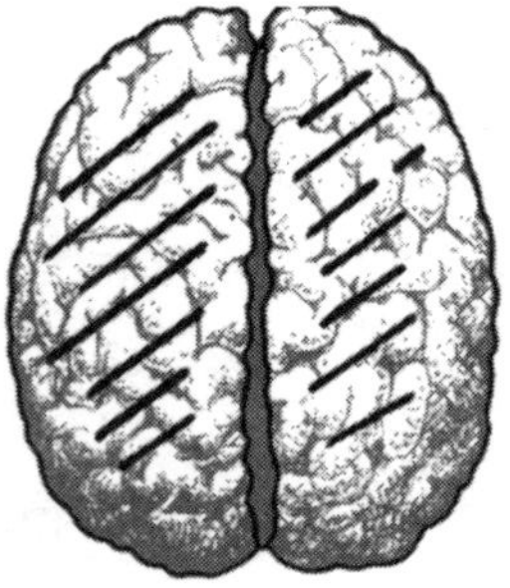

Emotie in de vrouwelijke hersenen

Bij mannen bevindt emotie zich over het algemeen in de rechterhersenhelft, wat betekent dat deze onafhankelijk kan werken van de andere hersenfuncties.

Bij een ruzie bijvoorbeeld kan een man logisch en met woorden (linkerhersenhelft) argumenteren en vervolgens overschakelen naar de ruimtelijke oplossingen (voorste rechterhersenhelft) zonder emotioneel over de kwestie te worden. Het is alsof de emotie zich in een eigen kamertje bevindt. Hun kleinere Corpus Callosum maakt dat het minder waarschijnlijk is dat emotie gelijktijdig met andere functies werkt.
Bij vrouwen is emotie in beide hersenhelften over een groter gebied verspreid; emoties kunnen tegelijkertijd functioneren met de andere hersenfuncties. Een vrouw kan emotioneel worden wanneer ze een emotionele kwestie bespreekt, terwijl het minder waarschijnlijk is dat een man hetzelfde doet, of hij zal eenvoudigweg weigeren de kwestie te bespreken. Over het geheel genomen kunnen de emoties van een vrouw gelijktijdig worden ingeschakeld met de meeste andere hersenfuncties, wat inhoudt dat ze kan huilen als ze een lekke band verwisselt, terwijl een man een band verwisselen beschouwt als een test voor zijn probleemoplossende vermogens en droge ogen behoudt, zelfs wanneer hij midden in de nacht aan de kant van een verlaten weg tot de ontdekking komt dat de reserveband ook lek is en dat hij de week ervoor de krik uit de kofferbak had gehaald.

Een emotionele man kan als een reptiel uitschieten. Een emotionele vrouw geeft er de voorkeur aan dingen 'uit te praten'.

Ruben Gur, professor in de neuropsychologie aan de Universiteit van Pennsylvania, verrichte baanbrekend werk met soortgelijk onderzoek en concludeerde dat de hersenen van een man, die in hoge mate in vakjes zijn verdeeld, op een meer dierlijk basaal niveau met emoties omgaan, terwijl een vrouw 'gaat zitten en erover praat'. Wanneer een vrouw met emotie praat, gebruikt ze expressieve gezichtsuitdrukkingen, lichaamstaal en een reeks spraakpatronen. Een man die zijn emoties inschakelt, heeft meer de neiging zich als een reptiel te gedragen en zal verbaal uitvallen of agressief worden.

Vrouwen waarderen relaties, mannen waarderen werk

De moderne maatschappij is maar een minuscuul vlekje op het scherm van de menselijk evolutie. Honderdduizenden jaren holbewonerij heeft de moderne man en vrouw hersenverbindingen bezorgd die de meeste van onze problemen en vergissingen binnen relaties veroorzaken. Mannen hebben zichzelf altijd gedefinieerd naar hun werk en prestaties, en vrouwen definiëren hun eigenwaarde aan de hand van de kwaliteit van hun relaties. Een man is een jager en probleemoplosser, alleen zo kon hij overleven. Een vrouw is een nestverdediger, haar rol bestond eruit zeker te stellen dat de volgende generatie zou overleven. Alle onderzoeken naar mannelijke en vrouwelijk waarden die in de jaren negentig zijn gedaan tonen voortdurend aan dat 70 tot 80 procent van de mannen in de hele wereld nog altijd zegt dat het belangrijkste deel van hun leven uit werken bestaat; 70 tot 80 procent van de vrouwen zegt dat hun families de prioriteit hebben. Het gevolg hiervan is:

Als een vrouw ongelukkig is in haar relatie, kan ze zich niet op haar werk concentreren. als een man ongelukkig is op zijn werk, kan hij zich niet op zijn relatie richten.

Een vrouw ziet onder druk of in stress praten met haar man als een beloning, maar een man ziet het als een obstakel in zijn probleemoplossende proces. Zij wil praten en knuffelen, en hij wil op zijn rots zitten of in het vuur gaan zitten staren. Voor een vrouw komt dit over alsof het hem niets kan schelen, of dat hij geen belangstelling heeft; een man ziet haar op zijn beurt als ergerlijk of pietluttig. Deze waarnemingen zijn de afspiegelingen van de verschillen in hersenbouw. Dit is de reden waarom een vrouw altijd zegt dat de relatie voor haar belangrijker lijkt dan voor hem – en dat is ook zo. Door het verschil te begrijpen zal de druk van jou en je partner af worden genomen en zullen jullie elkaars gedrag niet hartvochtig beoordelen.

Waarom mannen 'dingen doen'

De hersenen van een man zijn zodanig georganiseerd dat ze voorwerpen, de verhouding hiervan tot andere voorwerpen, de ruimtelijke relevantie, de werking van dit alles en de oplossingen voor problemen evalueren en begrijpen. Zijn hersenen zijn geprogrammeerd op een 'hoe maak ik dit?'-reactie op het leven. Mannen gebruiken dit 'maak' criterium in hun benadering van alles wat ze doen. Een vrouw vertelde ons eens dat ze graag zou willen dat haar man blijk zou geven van een meer liefdevolle houding tegenover haar, dus ging hij het gras maaien. Hij zag dit als een uiting van zijn liefde. Toen ze zei dat ze nog altijd niet gelukkig was, ging hij de keuken schilderen. En toen dit niet hielp, bood hij aan haar mee te nemen naar een voetbalwedstrijd.
Wanneer een vrouw van streek is, praat ze op emotionele wijze met haar vriendinnen, maar een man die van streek is gaat zijn motor of een lekke kraan repareren.

Om zijn liefde voor haar te bewijzen beklom hij de hoogste berg, zwom over de diepste oceaan en stak de grootste woestijn over. Maar ze ging bij hem weg – hij was nooit thuis.

Terwijl vrouwen over liefde en romantiek fantaseren, fantaseren mannen over snelle auto's, grotere computers, boten en motoren. Dit zijn allemaal dingen die ze kunnen gebruiken, en staan allemaal in verband met het vermogen tot ruimtelijk inzicht en 'iets doen'.

Waarom mannen en vrouwen bij elkaar weggaan

De biologische drang van een man bestaat uit zorgen voor een vrouw, en haar waardering van zijn inspanningen bevestigt zijn succes. Als ze gelukkig is, voelt hij zich vervuld. Als ze niet gelukkig is, heeft hij het gevoel dat hij faalt omdat hij gelooft dat hij niet goed genoeg voor haar kan zorgen. Mannen vertellen hun vrienden voortdurend: 'Ik kan haar niet gelukkig maken' en dit kan genoeg motivatie voor de man zijn om een relatie te beëindigen voor een andere vrouw, die wél gelukkig lijkt met waar hij voor kan zorgen.

Vrouwen verlaten mannen niet omdat ze niet gelukkig zijn met waar hij voor kan zorgen, maar omdat ze emotioneel onvervuld zijn.

Zij wil liefde, romantiek en een gesprek. Hij wil graag van een vrouw horen dat hij succesvol is in wat hij doet en dat hij goed voor haar kan zorgen. Maar een man moet een romanticus zijn en bovenal luisteren wanneer een vrouw praat, zonder oplossingen aan te bieden.

Waarom mannen het vreselijk vinden wanneer ze in de fout gaan

Om te begrijpen waarom mannen het vreselijk vinden wanneer ze in de fout gaan, is het belangrijk de geschiedenis te begrijpen waar deze houding uit is voortgekomen. Stel je het volgende tafereel voor: de familie van de holbewoners zit gehurkt rond een vuur. De man zit bij de ingang van de grot naar buiten te staren.

Hij overziet het landschap en speurt de horizon af naar tekenen van beweging. De vrouw en de kinderen hebben dagenlang niets te eten gehad en hij weet dat hij moet gaan jagen zodra het weer opklaart, en ook, dat hij niet zonder eten terug kan komen. Dit is zijn rol en zijn familie is van hem afhankelijk. Ze hebben honger maar vertrouwen erop dat hij zal slagen zoals hij altijd heeft gedaan. Zijn maag komt in opstand en hij is angstig. Zal hij opnieuw succesvol zijn? Zal zijn familie de hongerdood sterven? Zullen andere mannen hem doden omdat hij door de honger verzwakt is? Hij zit daar maar met een uitdrukkingsloos gezicht, en staart. Hij mag geen blijk geven van angst in het bijzijn van zijn familie want anders raken ze ontmoedigd. Hij moet sterk zijn.

Als een man de fout in gaat, beschouwt hij zichzelf als een mislukkeling omdat hij niet in staat is geweest zijn taak naar behoren te vervullen.

Na een miljoen jaren wil de man nog altijd niet worden beschouwd als een mislukkeling; ook de hersenen van de moderne man zitten gewoon zo in elkaar. De meeste vrouwen weten niet dat als een man alleen in een auto rijdt, hij waarschijnlijk zal stoppen om de weg te vragen. Maar als hij dit doet wanneer zij in de auto zit, krijgt hij het gevoel dat hij een mislukkeling is omdat hij haar niet naar hun bestemming heeft kunnen brengen.
Wanneer een vrouw zegt: 'Laten we de weg vragen', hoort een man: 'Je schiet tekort, je kunt niet navigeren.' Als zij zegt: 'De keukenkraan lekt. Laten we een loodgieter bellen', hoort hij: 'Aan jou heb ik niets. Ik laat het wel door een andere man doen!' Dit is ook de reden waarom mannen het moeilijk vinden 'sorry' te zeggen; ze zien dit als toegeven dat ze fout zaten, en fout zijn is falen.
Een vrouw moet er, om hiermee om te gaan, voor zorgen dat ze haar man niet het gevoel geeft dat hij het fout heeft wanneer ze een probleem met hem bespreekt. Zelfs wanneer ze haar man een zelfhulpboek voor zijn verjaardag geeft, wordt dit door hem vaak nog geïnterpreteerd als 'je bent niet goed genoeg'.

Een man moet begrijpen dat het niet de bedoeling van een vrouw is hem de fout in te laten gaan; haar doel is hem helpen, en hij zou de dingen niet zo persoonlijk moeten opvatten. Een vrouw wil de man van wie ze houdt verbeteren, maar zijn interpretatie hiervan is dat hij niet goed genoeg is. Een man zal vergissingen niet toegeven, omdat hij denkt dat zijn vrouw dan niet van hem zal houden. Maar de werkelijkheid is dat een vrouw meer van een man zal houden wanneer hij zijn vergissingen juist toegeeft.

'Voor de vijfde keer, Johan: stop en vraag de weg!'

Waarom mannen hun emoties verbergen

Moderne mannen dragen nog altijd de historische erfenis met zich mee dat ze dapper moeten zijn en geen zwakheid mogen tonen. Vrouwen in de hele wereld vragen: 'Waarom moet hij altijd zo sterk zijn? Waarom kan hij mij gewoon niet laten zien hoe hij zich voelt? 'Wanneer hij boos of van streek is, kropt hij dit op en sluit zich af of wordt afstandelijk.'

Een man is van nature een achterdochtig, concurrerend, beheerst, verdedigend en eenzelvig mens, die zijn emotionele toestand verbergt om de controle te blijven houden. Mannen beschouwen emotie als het verlies van beheersing. Sociale conditionering versterkt dit gedrag in mannen, doordat hun wordt geleerd zich te 'gedragen als een man', zich 'sterk te houden' en 'niet te huilen'.

De hersenen van de vrouw zijn, omdat ze nestverdediger is, dusdanig geschakeld dat ze open, vertrouwend en samenwerkend is. Ze laat kwetsbaarheid zien, onthult emoties en weet dat het niet nodig is altijd de touwtjes in handen te hebben. Dit is de reden waarom een man of een vrouw, wanneer ze samen voor een probleem komen te staan, allebei in de war raken door de reactie van de ander.

Waarom mannen rondhangen met de jongens

Voor onze holbewoner lag de prijs van voedsel veel hoger dan hij in zijn eentje kon betalen en daarom vormde hij een samenwerkingsverband met anderen; samen werden ze een jachtgroep. Zijn superieure hersenen stelden de mannen in staat samen te jagen – het vroegere equivalent van voetbal – en de man gebruikte een systeem van lichaamstaalsignalen om zijn jachtstrategieën in gang te zetten.

Deze jachtgroepen bestonden bijna helemaal uit mannen die 'mannenwerk' verrichten. Met andere woorden, ze wierpen hun speren naar de lunch, terwijl de vrouwen, die meestal zwanger waren, het 'vrouwenwerk' deden: voor de kinderen zorgen, fruit verzamelen, huishoudelijke taken verrichten en het nest verdedigen. Het duurde miljoenen jaren voordat de mannelijke hersenen ervan doordrongen raakten dat ze beter in groepen konden jagen, en ze kunnen oefenen wat ze willen, maar de neiging om teams te vormen raken ze niet van de ene op de andere dag kwijt. En dus komen de moderne mannen in 'jachtgroepen' bij elkaar in cafés en clubs om moppen en verhalen uit te wisselen over hun jachtactiviteiten. De meesten zitten als ze weer thuis zijn, nog steeds graag in het vuur te staren.

Waarom mannen goede raad haten

Een man moet het gevoel kunnen hebben dat hij in staat is zijn eigen problemen op te lossen en ziet het bespreken van deze problemen met anderen als het belasten van die persoon. Hij zal zelfs zijn beste vriend niet met een probleem lastig vallen, tenzij hij denkt dat die vriend wellicht een betere oplossing weet.

Geef een man nooit advies, tenzij hij erom vraagt. Maar vertel hem dat je vertrouwen hebt in zijn vermogen dingen op te lossen.

Wanneer een vrouw probeert een man zover te krijgen over zijn gevoelens of problemen te praten, verzet hij zich omdat hij dit als kritiek opvat of bang is dat ze denkt dat hij tekortschiet en dat zij een betere oplossing voor hem heeft. In werkelijkheid bestaat haar doel eruit hem een beter gevoel te geven. Voor een vrouw staat het aanbieden van advies gelijk aan het opbouwen van vertrouwen in een relatie. Het wordt niet gezien als een teken van zwakte.

Waarom mannen oplossingen aanbieden

Mannen bezitten een logisch, probleemoplossend verstand. Wanneer een man voor het eerst een kamer in een conferentiecentrum of een restaurant binnenkomt, kijk hij om zich heen en ziet hij dingen die gemaakt moeten worden, schilderijen die recht gehangen moeten worden en bedenkt hij hoe de ruimte beter kan worden ingedeeld. Zijn hersenen zijn een probleemoplossende machine die nooit met vakantie gaat. Zelfs als hij in het ziekenhuis op sterven zou liggen, zou hij nog aan betere manieren denken om de ziekenzaal in te delen, zodat men meer zou kunnen profiteren van de natuurlijke lichtinval en het uitzicht.

Praten over haar problemen is voor de vrouw de manier om stress te ontladen. Maar ze wil gehoord worden, en niet gemaakt.

Wanneer een vrouw over haar problemen praat, onderbreekt een man haar voortdurend om oplossingen aan te dragen. Hij kan er niets aan doen, omdat zijn hersenen hierop zijn ingericht. Hij denkt dat ze zich veel beter zal voelen wanneer ze een oplossing heeft. Zij wil alleen praten en negeert zijn oplossingen. Dit geeft hem het gevoel tekort te schieten en te falen, en hij is bang dat zij hem waarschijnlijk de schuld van haar problemen geeft. Vrouwen willen geen oplossingen, ze willen alleen over dingen praten en dat iemand luistert.

Waarom gestreste vrouwen praten

Onder stress worden bij een man de hersenfuncties, ruimtelijk inzicht en logica geactiveerd. Bij vrouwen wordt het taalvermogen geactiveerd en ze begint te praten, vaak aan één stuk door. Als ze gestrest is, praat ze maar door tegen iedereen die wil luisteren. Ze kan urenlang tegen haar vriendinnen over haar problemen praten en een grondig verslag geven van alle details, waarna ze het probleem vervolgens nog eens nabespreken. Ze praat over huidige problemen, problemen uit het verleden, mogelijke problemen en problemen waar geen oplossing voor is. Wanneer ze praat, wordt er niet naar oplossingen gezocht, maar een vrouw put troost en verlichting uit het praatproces. Haar gepraat is ongestructureerd en er kunnen een paar onderwerpen tegelijkertijd worden besproken zonder dat er conclusies worden getrokken.

Voor een vrouw is het delen van problemen met haar vriendinnen een teken van vertrouwen en vriendschap.

Een man valt het zwaar te luisteren naar haar gepraat over problemen, omdat hij het gevoel heeft dat er van hem wordt verwacht dat hij voor elk probleem dat ze al pratend naar voren brengt een oplossing moet vinden. Hij wil er niet alleen maar over praten, hij wil er ook iets aan doen! Het is zeer waarschijnlijk dat hij haar onderbreekt met: 'waar gaat het hier om?' – maar waar het om gaat is dat het niet *nodig* is dat het ergens om gaat. De meest waardevolle les die een man kan leren is dat hij moet luisteren met luistergeluiden en -gebaren en niet aan moet komen dragen met oplossingen. Maar voor een man is dit oneigenlijk omdat hij alleen praat wanneer hij een oplossing aan te bieden heeft.

Wanneer je te maken hebt met een vrouw die van streek is, bied dan geen oplossingen aan en ontzenuw haar gevoelens niet. Laat haar gewoon zien dat je luistert.

Wanneer een vrouw weigert de oplossingen van de man te aanvaarden, bestaat zijn volgende strategie uit een poging haar problemen te minimaliseren door tegen haar te zeggen: 'Het doet er eigenlijk niet toe', 'Je reageert te sterk', 'Vergeet het toch' en: 'Zoveel stelt het toch niet voor?' Dit maakt een vrouw woedend, want zo krijgt ze het gevoel dat hij niet om haar geeft omdat hij niet wil luisteren.

Waarom gestreste mannen niet willen praten

Een vrouw praat *buiten* haar hoofd. Met andere woorden, je kunt haar horen, terwijl een man *in* zijn hoofd praat. Hij bezit geen specifiek hersengebied voor de spraak en daarom past dit beter bij

zijn denkrichting. Wanneer hij een probleem heeft, praat hij tegen zichzelf, terwijl zij tegen andere mensen praat.
Dit is de reden waarom een man, wanneer hij onder de druk van problemen staat of gestrest is, dichtklapt en stopt met praten. Hij gebruikt zijn rechterhersenhelft om te proberen zijn problemen op te lossen en hij stopt met het gebruik van zijn linkerhersenhelft, waarmee hij luistert en spreekt. Zijn hersenen kunnen maar 'één ding tegelijk'. Hij kan niet tegelijkertijd een probleem oplossen én luisteren of praten.
Zo'n stilte is vaak verontrustend en beangstigend voor vrouwen. Vrouwen zeggen tegen hun echtgenoot, zoon en broer: 'Kom, je moet erover praten! Dan ga je je veel beter voelen!' Ze zegt dit omdat dit voor háár werkt. Maar hij wil gewoon met rust gelaten worden om in het vuur te kunnen staren tot hij oplossingen en antwoorden heeft gevonden. Hij wil er niet met iemand over praten, vooral niet met een therapeut, want dat ziet hij als een groot teken van zwakte.

Zittend op zijn rots

Het beroemde beeld 'De Denker' van Rodin symboliseert een man die zijn problemen overdenkt. Hij wil op een rots zitten en over oplossingen nadenken, en moet daarvoor alleen zijn. Het sleutelwoord hier is *alleen* – niemand mag ooit samen met hem op die rots zitten, zelfs niet zijn beste vrienden. In feite zouden zijn vrienden het niet eens in overweging nemen naar hem toe te gaan. Een vrouw daarentegen voelt de drang de rots te beklimmen om hem te troosten en krijgt dan een ruwe schok te verwerken wanneer hij haar er vanaf duwt!

Mannen beklimmen hun rotsen om een probleem op te lossen – vrouwen die hen volgen worden eraf gesmeten.

Als Rodin een beeld had gemaakt van een vrouw, dan zou dat waarschijnlijk 'De Prater' hebben geheten. Vrouwen moeten begrijpen dat wanneer een man op zijn rots zit, ze hem daar moeten laten zitten en laten nadenken. Veel vrouwen hebben het gevoel dat zijn stilzwijgen betekent dat hij niet meer van haar houdt of boos op haar is, want als een vrouw niet zou praten, zou *zij* boos of van streek zijn. Maar als ze hem met een kopje thee en een koekje op zijn rots laat zitten en er niet bij hem op aandringt te praten, voelt hij zich prima. Wanneer hij uiteindelijk zijn probleem heeft opgelost, komt hij vanzelf van zijn rots af, zal hij zich goed voelen en weer gaan praten.

Problemen oplossen met ruimtelijk inzicht

De verschillende manieren waarop mannen 'op hun rots zitten' omvatten het lezen van een krant of tijdschrift, squashen, vissen, tennissen, golfen, iets repareren of televisie kijken. Een man die onder druk staat, zal waarschijnlijk een andere man uitnodigen om te gaan golfen. Tijdens het golfen zal er minimaal gesproken worden. De man met het probleem gaat in zijn voorste rechterhersenhelft zitten om zijn vermogen tot ruimtelijk inzicht te gebruiken voor het golfen en kan dit gebied tegelijkertijd gebruiken om oplossingen voor zijn probleem uit te werken. Het lijkt alsof de stimulatie van dit gebied waar het ruimtelijk inzicht zetelt het probleemoplossende proces versnelt.

Waarom mannen zappen

Een van de dingen die vrouwen vreselijk vinden, is een man die met de afstandsbediening van het ene kanaal naar het andere zit te zappen. Hij zit daar als een zombie te zappen en besteedt geen aandacht een welk programma dan ook. Wanneer een man dit doet, zit hij mentaal op zijn rots en ziet hij vaak niet eens wat er op elke zender gebeurt. Hij is gewoon op zoek naar de clou van elk verhaal. Door te zappen kan hij zijn problemen vergeten en op zoek gaan naar oplossingen voor de problemen van anderen. Vrouwen zappen niet: ze kijken naar een programma en zoeken een plot, naar de gevoelens en relaties van de betrokkenen in het verhaal. De verslaving aan de krant dient bij mannen hetzelfde doel. Vrouwen moeten begrijpen dat wanneer mannen deze dingen doen, ze niet veel kunnen horen of zich niet veel kunnen herinneren en dat het daarom moeilijk is tegen hen te proberen te praten. Maak in plaats daarvan een afspraak met hem en noteer die in zijn agenda. Vergeet niet dat zijn voorvaderen meer dan een miljoen jaar met een uitdrukkingsloos gezicht op een rots de horizon af hebben zitten turen, waardoor dit voor hem natuurlijk is en hij zich daarbij op zijn gemak voelt.

Hoe je jongens aan het praten krijgt

Moeders in de hele wereld klagen over het feit dat hun zoon niet tegen hen wil praten. Wanneer hun dochters uit school thuiskomen, storten ze hun hart uit over van alles en nog wat, of het nu belangrijk is of niet. Mannen zijn erop geprogrammeerd 'dingen te doen' en dit is dus de sleutel om jongens aan het praten te krijgen. Een moeder die meer met haar zoon wil communiceren, zou een activiteit met hem moeten ondernemen – schilderen, sport, computerspelletjes – en dan tijdens die activiteit praten.

Jongens houden niet van oogcontact, maar moeders genieten ervan.

Op deze manier kan hij oogcontact vermijden, ook al verloopt het gesprek dan niet helemaal gladjes omdat hij van tijd tot tijd de activiteit moet onderbreken om een vraag te beantwoorden. Het is moeilijk voor hem twee dingen tegelijk te doen, maar het hoofddoel bestaat er hier uit hem aan het praten te krijgen. Dezelfde strategie werkt ook voor een man, maar praat niet tegen hem op een kritiek moment, zoals wanneer hij een nieuwe gloeilamp in een fitting draait!

Wanneer man en vrouw allebei gestrest zijn

Gespannen mannen drinken alcohol en vallen een ander land binnen. Gespannen vrouwen eten chocolade en vallen winkelcentra binnen. Vrouwen die onder druk staan, praten zonder na te denken; en mannen handelen zonder na te denken. Dat is de reden waarom 90 procent van de mensen die in de gevangenis zitten man is en 90 procent van de mensen die naar een therapeut gaan vrouw is. Wanneer mannen en vrouwen beiden onder druk staan kan dit tot een emotioneel mijnenveld leiden terwijl een ieder zich probeert te redden. Mannen stoppen met praten en vrouwen beginnen zich daar zorgen om te maken. Vrouwen beginnen te praten en mannen kunnen dit niet aan. Om hem zich beter te laten voelen probeert zij hem aan te moedigen om over het probleem te praten, en dat is het ergste wat ze kan doen. Hij vertelt haar dat ze hem met rust moet laten en trekt zich ergens anders terug.

Mannen moeten begrijpen dat wanneer een vrouw gestrest is, ze wil praten en dat hij alleen maar hoeft te luisteren en niet met oplossingen moet komen aandragen.

Omdat zij ook onder druk staat, wil ze over haar problemen praten, wat hem nog meer frustreert. Wanneer hij zich op zijn rots terugtrekt, voelt zij zich afgewezen en onbemind, en belt haar moeder, zuster of vriendinnen op.

Volledige afsluiting

Dit is een van de minst begrepen verschillen tussen mannen en vrouwen op het gebied van stress. Een man zal zich voor iedereen volledig afsluiten wanneer hij onder extreme stress staat of een oplossing moet zien te vinden voor een ernstig probleem. Een man schakelt het gedeelte van zijn hersenen dat emotie beheerst volledig uit, gaat over in de functie probleemoplossing en stopt met praten. Wanneer hij in de functie buitensluiting gaat, kan dit voor een vrouw heel beangstigend zijn omdat zijzelf dit alleen doet wanneer ze gekwetst is, wanneer er tegen haar gelogen is of wanneer ze mishandeld is. Een vrouw gaat ervan uit dat dit bij een man ook het geval moet zijn – ze heeft hem vast gekwetst en hij houdt niet meer van haar. Ze probeert hem ertoe aan te moedigen te praten, maar hij weigert en denkt dat zij geen vertrouwen meer heeft in zijn vermogen zijn problemen op te lossen. Wanneer een vrouw zich gekwetst voelt, sluit ze zich af en denkt een man dat ze ruimte nodig heeft: hij gaat dan met zijn vrienden naar het café of gaat de carburateur van zijn auto schoonmaken.
Als een man zich volledig afsluit, laat hem dan zijn gang gaan, het gaat goed met hem. Als een vrouw zich afsluit, broeit er iets en wordt het tijd voor een diepgaand gesprek.

Hoe mannen zich van vrouwen vervreemden

Als een man vermoedt dat een vrouw gestrest is of een probleem heeft, doet hij wat mannen bij andere mannen doen: hij loopt weg en biedt haar de ruimte haar problemen op te lossen. Hij zegt: 'Is alles in orde, schat?' waarop zij antwoordt met 'Ja, prima...' Indi-

rect bedoelt ze: 'Als je van me houdt, vraag je door.' Maar hij zegt: 'Dat is dan mooi', en gaat aan de slag met zijn computer. Zij denkt: 'het kan hem niets schelen, hij is hartvochtig', en belt haar vriendinnen. Ze praten over hoe zij zich voelt en over hoe ongevoelig haar man is.
In vroeger tijden werden mannen nooit geconfronteerd met de problemen waarmee de moderne man wel wordt geconfronteerd. Om zijn liefde voor zijn vrouw en familie te tonen deed een man wat mannen altijd hadden gedaan: hij ging uit werken en verdiende de kost. Zo is het duizenden jaren gegaan en bij de meeste mannen gaat dit van nature zo. Maar in de meeste moderne landen bestaat de beroepsbevolking gemiddeld voor 50 procent uit vrouwen, waardoor niet langer van de man wordt verwacht dat alleen hij voor de familie zorgt. Er wordt van een man verwacht dat hij communiceert: een vaardigheid die hem niet van nature afgaat. Maar het goede nieuws is dat deze vaardigheden kunnen worden geleerd.

Waarom mannen niet kunnen omgaan met een vrouw die emotioneel is

Wanneer een vrouw van streek of emotioneel is, kan ze gaan huilen, emotioneel met haar armen zwaaien en voortdurend praten met gebruik van emotionele bijvoeglijke naamwoorden om haar gevoelens te beschrijven. Ze wil bemoederd worden, dat er voor haar gezorgd wordt en dat er naar haar wordt geluisterd, maar een man interpreteert haar gedrag naar zijn eigen prioriteiten en hoort haar zeggen: 'Red me. Los mijn problemen op!'
Dus in plaats van haar gerust te stellen en te troosten, geeft hij haar raad, stelt haar onderzoekende vragen en zegt tegen haar dat ze niet zo van streek moet zijn. 'Stop met huilen!' zegt hij met een angstige blik in zijn ogen. 'Je reageert te heftig! Het is allemaal niet zo erg!' In plaats van haar te bemoederen, wordt hij haar vader. Hij heeft gezien dat zijn vader en grootvader zich zo gedroegen en dit is ook inderdaad de manier waarop mannen zich gedragen hebben vanaf het moment dat ze uit de bomen zijn afgedaald. Voor een vrouw is

haar vertoon van emotie een vorm van communicatie; ze kan er snel overheen komen en alles vergeten, maar een man voelt zich verantwoordelijk voor het vinden van een oplossing en denkt dat hij een mislukkeling is als hij er geen kan bedenken. Dit is de reden waarom een man, wanneer een vrouw emotioneel is, van streek raakt of boos wordt en haar zegt dat ze moet ophouden. Mannen zijn ook bang dat een vrouw niet stopt met huilen wanneer ze daar eenmaal mee begonnen is.

De huilbui

Vrouwen huilen meer dan mannen. Door de manier waarop ze zijn geëvolueerd huilen mannen niet veel, vooral niet in het openbaar en dit wordt nog in de hand gewerkt door sociale regels. Wanneer een jongen voetbalt en zich echt bezeert, kan hij schreeuwend op de grond vallen, maar de coach schreeuwt dan met wijd opengesperde ogen: 'Kom op! Laat de tegenstanders niet zien dat ze je pijn hebben gedaan! Wees een man!'
Er wordt echter verwacht dat de Gevoelige New Age-Kerel op elk gegeven moment en op elke plek kan huilen. Hij wordt niet alleen door therapeuten en in artikelen in tijdschriften aangemoedigd te huilen, maar ook in toevluchtsoorden, diep in de bossen, waarin mannen elkaar rond kampvuren omhelzen. De moderne man wordt ervan beschuldigd koel te zijn of niet te kunnen functioneren als hij niet bij elke gelegenheid alles 'eruit gooit'. Omdat de hersenen van een vrouw emotie kunnen verbinden met andere hersenfuncties, moge het duidelijk zijn waarom zij onder de meeste omstandigheden wél kan huilen of emotioneel kan worden.

Echte mannen huilen wel, maar alleen wanneer het emotiesegment van hun rechterhersenhelft is ingeschakeld.

Echte mannen huilen wel, maar alleen wanneer het emotiesegment van hun rechterhersenhelft wordt aangeboord. Een man zal dit zelden in het openbaar laten gebeuren. Wees dus op je hoede als een man dit regelmatig in het openbaar doet. Vrouwen bezitten vergeleken met mannen superieure zintuiglijke vermogens; ze ontvangen meer gedetailleerde informatie dan mannen en zijn beter in staat hun gevoelens emotioneel en verbaal te uiten. Een vrouw kan gaan huilen omdat ze beledigd wordt – omdat een belediging gewoonlijk emotioneel geladen is –, maar een man is zich er vaak niet eens van bewust. Het raakt hem letterlijk niet.

Uit eten gaan

Vrouwen zien uit eten gaan als een manier om een relatie op te bouwen en te koesteren, problemen te bespreken of een vriend of vriendin steun te geven. Mannen zien het als een logische benadering van voedsel: geen gekook, geen boodschappen doen of opruimen. Wanneer ze uit eten zijn, noemen vrouwen elkaar bij de voornaam omdat dit hun relaties versterkt, maar mannen zullen intimiteit met andere mannen vermijden. Als Barbara, Lisa en Fiona gaan lunchen zullen ze elkaar Barbara, Lisa en Fiona noemen. Maar als Willem, Joost, Bram en Hans ergens iets gaan drinken, verwijzen ze naar elkaar met 'mafkees', 'ouwe rukker', 'ezel' en 'sukkel'. Met deze benamingen vermijden ze elk spoor van intimiteit.

Wanneer de rekening op tafel komt, halen de vrouwen rekenmachientjes te voorschijn en rekenen uit wie wat had. De mannen gooien allemaal een briefje van vijftig op tafel, waarmee ze aangeven dat ze, wanneer zij willen betalen, niet geïnteresseerd zijn in wisselgeld.

Winkelen: haar vreugde, zijn verschrikking

Voor vrouwen is winkelen net zoiets als praten; er hoeft geen specifiek doel te zijn en het kan enkele uren ongestructureerd plaatsvinden. Er is geen beslissende uitkomst nodig. Vrouwen vinden winkelen verkwikkend en ontspannend, of ze nu iets kopen of niet. Een man krijgt binnen twintig minuten de zenuwen van dit soort winkelen. Als een man een oppepper nodig heeft, heeft hij een doel nodig dat hij kan raken, en een tijdschema. Hij is tenslotte de jager; dat is zijn taak. Hij wil een snelle slag slaan en de prooi mee naar huis nemen.

De meeste mannen krijgen na twintig minuten winkelen de zenuwen.

Mannen raken gespannen en gefrustreerd wanneer een vrouw het ene kledingstuk na het andere past, om zijn commentaar vraagt en vervolgens niets koopt. Vrouwen houden ervan een heleboel kleren uit te proberen omdat dit past bij hun hersenbouw: een reeks van emoties en gevoelens en elk kledingstuk weerspiegelt een stemming. De kleding van een man weerspiegelt de mannelijke gedachtegang: voorspelbaar, behoudend en basisgeoriënteerd. Hij laat zijn kleding graag over aan de vrouw. Een man die goed gekleed gaat, heeft ofwel een vrouw die zijn kleren voor hem uitkiest, ofwel hij is homoseksueel. Eén op de acht mannen is kleurenblind voor blauw, rood of groen en kan patronen en vormgeving niet goed met elkaar in overeenstemming brengen. Daarom is het makkelijk te zien of een man vrijgezel is.

Om een man te motiveren om te gaan winkelen, moet je hem duidelijke criteria bieden: kleuren, maten, merken, stijlen – en hem ook vertellen wáár jullie gaan winkelen en hoelang. Je zult verbaasd staan van het enthousiasme van een man die duidelijk doelstellingen heeft gekregen – zelfs als jij die hebt bedacht.

Hoe je een vrouw een oprecht compliment maakt

Wanneer een vrouw een nieuwe jurk past en aan een man vraagt: 'Hoe vind je deze?', krijgt ze waarschijnlijk een eenvoudig antwoord als: 'Goed' of: 'Prima'. Om hoge punten te scoren moet een man op dezelfde manier reageren als een vrouw zou doen: door *details te geven.*

Sommige mannen krimpen ineen bij de gedachte dat ze in detail moeten reageren.
Maar als je een poging waagt, zul je bij de meeste vrouwen hoog scoren.

Als je bijvoorbeeld zou zeggen: 'Wauw! Een schitterende keuze! Draai je eens om. Laat me van achteren kijken. Die kleur staat je echt goed! Die oorbellen passen perfect bij de jurk. Je ziet er geweldig uit', dan zouden de meeste vrouwen erg onder de indruk zijn.

Hoofdstuk 7

Onze chemische huishouding

'Als ik u goed begrijp, mevrouw Van Loon, zegt u dat u lijdt aan PMS en dat u uw echtgenoot hebt gewaarschuwd dat u hem, tenzij hij ophield met zappen, een kogel door het hoofd zou jagen... wat was daarop zijn antwoord?'

Peter vraagt Paula mee uit eten en ze genieten volop. In feite kunnen ze zo goed met elkaar overweg dat ze besluiten een vaste relatie aan te gaan. Een jaar later rijden ze van de film naar huis en vraagt Paula aan Peter wat hij graag zou willen hebben om te vieren dat ze één jaar samen zijn.
Peter zegt: 'We zouden een pizza kunnen laten bezorgen en dan op de tv naar de golfwedstrijden kijken!'
Paula vervalt in stilzwijgen.
Peter vermoedt dat er een probleem is en zegt: 'Als je liever geen pizza hebt, kunnen we ook Chinees halen.'
Paula antwoordt: 'Goed!', en blijft zwijgen.
Peter denkt: alweer een jaar! Dus we gingen voor het eerst in januari met elkaar uit... dat was toen ik deze auto kocht; dan moet hij dus weer een beurt hebben. De monteur zei dat hij het flikkerende olielampje in het instrumentpaneel zou maken en dat de versnellingsbak nog steeds niet goed werkt!
Intussen denkt Paula: hij vindt onze relatie niet zo belangrijk als hij tv wil kijken en een pizza wil laten bezorgen om ons eerste jaar samen te vieren. Straks wil hij ook nog zijn vrienden uitnodigen. Ik zou graag een diner met kaarslicht willen, gaan dansen en over onze toekomst praten. Deze relatie is duidelijk niet net zo belangrijk voor hem als voor mij. Misschien voelt hij zich erin gevangen. Ik wil meer toewijding van hem, maar hij voelt zich bedreigd. Nu ik eraan denk, soms zou ik willen dat ikzelf wat meer ruimte had, zodat ik meer tijd met mijn vriendinnen kan doorbrengen. Eigenlijk heb ik gewoon meer tijd nodig om na te denken over waar deze relatie naartoe gaat... Ik bedoel, waar *gaan* we naartoe? Blijven we alleen met elkaar uitgaan of gaan we trouwen? Krijgen we kinderen? Of wat dan? Ben ik wel klaar voor dit soort verplichtingen? Wil ik echt wel de rest van mijn leven bij hem blijven?
Peter ziet het olielampje weer flikkeren, fronst zijn wenkbrauwen en denkt: die idioten van de garage hadden beweerd dat ze dat lampje hadden gemaakt, en nu is de garantieperiode al bijna verstreken!

Paula kijkt naar hem en begint aan een volgende gedachtegang: hij fronst... Hij is niet gelukkig... Ik wil wedden dat hij denkt dat ik te dik ben en dat ik me beter moet kleden. Ik weet dat ik minder make-up zou moeten gebruiken en meer aan lichaamsbeweging zou moeten doen. Hij heeft het er altijd over hoe fit mijn vriendin Els is en dat ik met haar naar fitness zou moeten gaan. Ik heb het er met mijn vriendinnen over gehad, maar zij vinden dat Peter van me zou moeten houden zoals ik ben, en dat ik niet moet proberen om mezelf te veranderen. Misschien hebben ze wel gelijk!
Peters gedachten bevinden zich echter hier heel ver vandaan: ik zal die monteurs eens vertellen wat ze moeten doen! Ik zal ze vertellen dat ze...
Paula, die nog altijd naar het gezicht van Peter kijkt, denkt: nu is hij echt van streek. Ik kan het aan zijn gezicht zien en ik kan de spanning voelen. Misschien krijg ik de verkeerde indruk van hem... Misschien wil hij meer betrokkenheid van mij en heeft hij gemerkt dat ik me onzeker voel over hoe ik me voel... Ja, dat is het! Daarom praat hij niet tegen me. Hij wil zich emotioneel niet voor mij openstellen voor het geval ik hem afwijs. Ik kan de pijn in zijn ogen zien.
Peter denkt: ze zorgen er deze keer voor dat het in orde komt! Ik heb hun verteld dat ik problemen had en zij gaven de schuld aan de fabrikant. Ze moeten me niet proberen te vertellen dat het probleem niet door de garantie wordt gedekt of ik sla ze persoonlijk in elkaar ... Ik heb een godsvermogen voor deze auto neergeteld, dus kunnen ze niet zomaar...
'Peter?' zegt Paula.
'Hè?' snauwt Peter, geërgerd omdat zijn gedachten zijn verstoord.
'Kwel jezelf alsjeblieft niet zo. Misschien zit ik er naast dat ik zo denk... O, ik voel me zo rot... Misschien heb ik wat tijd nodig ... Ik bedoel, het leven is nu eenmaal niet makkelijk ...'
'Dat is een ding dat zeker waar is!' gromt Peter.
'Je vindt waarschijnlijk dat ik dwaas ben, hè?'
'Nee', zegt Peter verward.
'Maar... O, ik weet het niet meer... Ik ben in de war. Ik heb tijd nodig om hierover na te denken', zegt zij.
Peter denkt: waar heeft ze het in godsnaam over? Ik zeg wel 'okay'

en morgen is ze er wel weer overheen! Het zullen wel weer die dagen van de maand zijn.'
'Dank je, Peter. Je weet niet hoeveel dit voor mij betekent', zegt zij. Terwijl ze in zijn ogen kijkt, beseft ze dat hij een heel bijzonder iemand is dat ze heel erg hard over deze relatie moet nadenken.
Ze ligt de hele nacht te woelen en belt de volgende morgen haar vriendin Els om erover te praten. Ze besluiten elkaar voor de lunch te ontmoeten en praten over Peter en de problemen. Intussen is Peter naar huis gegaan. Hij heeft een blikje bier opengetrokken en de televisie aangezet. Hij denkt dat Paula het een of andere probleem heeft, waarschijnlijk PMS.
Paula en Els ontmoeten elkaar de volgende dag en praten tot diep in de nacht. Een paar dagen later spreekt Peter Mark, de vriend van Els, die zegt: 'Dus jij en Paula hebben problemen, hè?' Peter is nu helemaal de kluts kwijt. 'Ik weet niet waar ze het over heeft!' zegt Peter lachend, '... maar kijk jij eens naar dat olielampje en vertel me eens wat je ervan vindt.'

Hoe hormonen ons beheersen

Vroeger werd gedacht dat hormonen alleen invloed hadden op het lichaam en niet op de hersenen. Inmiddels weten we dat hormonen vanaf onze geboorte onze hersenen programmeren en ons gedrag en denken sturen. De hoeveelheid testosteron ligt bij tienerjongens vijftien tot twintig keer hoger dan bij tienermeisjes, en de hormoonstroom in jongens wordt door de hersenen beheerst en gereguleerd naar de behoefte van het lichaam.
Tijdens de puberteit golft er testosteron door het lichaam van de adolescente jongen, hetgeen hem aanzet tot een indrukwekkende groei en een lichaamsverhouding van 15 procent vet tegenover 45 procent proteïne. Terwijl hij adolescent wordt, verandert zijn lichaam dusdanig dat het overeenstemt met de biologische taakomschrijving tot een magere, zelfzuchtige jagermachine. Jongens zijn over het algemeen goed in sport omdat hun lichaam hormonaal zo gestructureerd is dat de ademhaling effectief verloopt en de zuurstof via de rode bloedlichaampjes uitstekend wordt ver-

deeld zodat ze goed kunnen rennen, springen en grijpen. Steroïden zijn mannelijke hormonen die extra spieren opbouwen en atleten hun 'jachtmogelijkheden' bieden. Hiermee heeft de man een oneerlijk voordeel boven mensen die geen steroïden aanmaken.
Vrouwelijke hormonen hebben op tienermeisjes een ander effect. Ze worden niet gereguleerd, zoals de hormonen van een jongen, maar komen in golven gedurende een cyclus die 28 dagen duurt. Veel meisjes en vrouwen krijgen daardoor op emotioneel gebied pieken en dalen te verwerken. Vrouwelijke hormonen veranderen het lichaam van meisjes tot een verhouding van 26 procent vet en 20 procent proteïne, tot grote frustratie van veel vrouwen over de hele wereld. Dit extra vet kan extra energie leveren voor de borstvoeding en dient als reserve in tijden dat voedsel schaars is. Omdat vrouwelijke hormonen het lichaam van vet voorzien, worden ze ook gebruikt voor het vetmesten van vee. Mannelijke hormonen reduceren vet en bouwen de spieren op; deze zijn niet geschikt voor het vetmesten van dieren.

De chemie van de liefde

Je hebt net een speciaal iemand ontmoet; je hart gaat als een razende tekeer, je handen beginnen te zweten, je krijgt vlinders in je buik en je begint over je hele lichaam te tintelen. Jullie gaan samen uit eten en je bent in een roes. Tegen het einde van de avond word je gekust; je smelt helemaal weg. Nog dagen daarna eet je bijna niet maar je hebt je nog nooit eerder zo goed gevoeld, en je hebt gemerkt dat je verkoudheid over is.
Onderzoek toont aan dat het verschijnsel 'verliefd worden' bestaat uit een reeks chemische reacties in de hersenen die mentale en lichamelijke reacties veroorzaakt. Er zijn naar schatting 100 miljard neuronen die het communicatienetwerk van de hersenen vormen. Candice Pert van het Amerikaanse Nationale Gezondheidsinstituut verrichtte baanbrekend onderzoek waarin neuropeptiden werden ontdekt, een aaneenschakeling van aminozuren die in het lichaam rondzweven en zich hechten aan ontvankelijke receptoren. Tot dusver zijn er zestig verschillende neuropeptiden ontdekt die het li-

chaam aanzetten tot emotionele reacties wanneer ze zich aan ontvangers hechten. Met andere woorden, al onze emoties – liefde, smart, geluk – zijn biochemisch van aard. Toen de Engelse wetenschapper Francis Crick en zijn medewerkers de Nobelprijs voor Geneeskunde wonnen voor het ontcijferen van de DNA-code die de genen definiëren, deed hij de medische wereld versteld staan met de woorden: 'U, uw vreugde, verdriet, herinneringen, ambities, gevoel van identiteit, vrije wil en liefde bent niet meer dan de gedragingen van een uitgebreide samenvoeging van zenuwcellen.'

De belangrijkste chemische stof die vrijkomt wanneer je dat verheven gevoel van verliefd zijn hebt is PEA (fenylethylamine) die gerelateerd is aan amfetamine en in chocolade voorkomt. Dit is een van de chemische stoffen die maakt dat je hart tekeergaat, dat je handen gaan zweten, dat je pupillen verwijden en dat je 'vlinders' in je buik krijgt. Ook komt er adrenaline vrij, die je hartslag versnelt, je alert maakt en je een fantastisch gevoel geeft. Bovendien zijn er ook de endorfinen, stoffen die je immuunsysteem opbouwen en je verkoudheid genezen. Toen jullie elkaar kusten, maakten jullie hersenen een snelle chemische analyse van elkaars speeksel en namen ze beslissingen over jullie genetische combineerbaarheid. De vrouwelijke hersenen controleren tevens in chemisch opzicht de staat van het immuunsysteem van de man.

Deze hele positieve chemische reactie verklaart waarom verliefde mensen gezonder zijn en minder kans lopen ziek te worden dan mensen die niet verliefd zijn. Verliefd zijn is meestal heel goed voor je gezondheid.

De hormoonhuishouding

Oestrogeen is het vrouwelijke hormoon dat de vrouw een algeheel gevoel van tevredenheid en welzijn geeft, en speelt een hoofdrol in het zorgende en nestverdedigende gedrag van een vrouw. De stof wordt vanwege het kalmerende effect ervan ook aan agressieve mannen in gevangenissen gegeven om gewelddadig gedrag in de hand te kunnen houden. Oestrogeen ondersteunt tevens de herinnering, hetgeen verklaart waarom zoveel vrouwen na de meno-

pauze aan geheugenverlies beginnen te lijden: omdat hun oestrogeenspiegel daalt. Vrouwen die vervangende hormonen toegediend krijgen, hebben een beter geheugen.
Progesteron is het hormoon dat ervoor zorgt dat er ouderlijke en zorgende gevoelens vrijkomen. Het hormoon dient om de vrouw ertoe aan te moedigen haar rol als opvoedster van het kind met succes te vervullen. Progesteron komt vrij wanneer een vrouw een baby ziet, en onderzoek toont aan dat de vorm van de baby het vrijkomen van het hormoon bewerkstelligt. Een baby heeft korte, dikke armen en benen, een ronde, mollige romp, een groot hoofd en grote ogen; deze vormen staan bekend als 'deblokkerende prikkels'. De reactie van vrouwen op deze vorm is zo sterk dat het hormoon ook wordt vrijgegeven wanneer een vrouw deze vormen in een voorwerp als een opgevuld knuffelbeest ziet. Dit is de reden waarom speelgoed zoals teddyberen en jonge dieren zo goed aan vrouwen worden verkocht en lang, 'slungelig' speelgoed niet. Een vrouw of meisje zal een teddybeer oppakken en verzuchtten: 'Ah... is hij niet mooi!', waarbij er progesteron in haar bloedstroom wordt gebracht. De meeste mannen, die het hormoon progesteron niet hebben, kunnen niet begrijpen waarom een vrouw zo sterk kan reageren op een zielloos voorwerp. Dit zou ook kunnen verklaren waarom vrouwen van het moederlijke type met korte, dikke mannen met mollige wangen trouwen.

1. Baby

2. Teddybeer

3. 'Mager' speelgoed

Kijk naar deze drie afbeeldingen. De aanblik van de baby kan bij vrouwen leiden tot het vrijgeven van het hormoon progesteron. De speelgoedbeer van afbeelding 2 heeft hetzelfde effect. Er zijn geen deblokkerende prikkels bij voorbeeld 3, en daarom zal er bij een vrouw geen progesteron vrijkomen. Het best verkochte speelgoed heeft altijd bestaan uit mollige babypoppen en knuffeldieren.

Waarom blondines zo vruchtbaar zijn

Blond haar is een teken van een hoge oestrogeenspiegel en verklaart de sterke aantrekkingskracht die blondines op mannen hebben. Blond haar wijst op vruchtbaarheid. Domme blondjes, zo gaan de grapjes, zijn zeer vruchtbaar en zijn slecht in mathematische redenaties. Onderzoek heeft aangetoond dat tienermeisjes wier moeders tijdens de zwangerschap mannelijke hormonen slikten beter presteren in exacte vakken dan andere vrouwen en meer kans hebben te slagen voor toelatingsexamens voor een universiteit. De keerzijde van de medaille is dat deze meisjes worden beschreven als 'minder vrouwelijk' en dat ze meer kans op de ontwikkeling van lichaamshaar hebben.
Nadat bij een blondine de eerste baby is geboren, wordt haar haar donkerder, omdat haar oestrogeenspiegel daalt. Na haar tweede kind wordt het zelfs nóg donkerder. De afname van oestrogeenspiegels is de reden waarom er onder vrouwen van boven de dertig nog maar weinig natuurlijke blondines zijn.

PMS en geslachtsdrift

Het Premenstruele Syndroom (PMS) is een groot probleem voor de moderne vrouw en een probleem waarmee haar voorouders nooit te maken hebben gehad. Tot voor kort waren vrouwen vaak het grootste gedeelte van de tijd zwanger, wat inhield dat de gemiddelde vrouw slechts tien tot twintig keer in haar leven te maken kreeg met menstruele problemen. Voor de moderne vrouw is dat twaalf keer per jaar. Als ze het gemiddelde van 2,4 kinderen heeft, komt dit er voor een moderne vrouw op neer dat ze tijdens haar vruchtbare jaren (12-50) 350 tot 400 keer aan de symptomen van PMS kan lijden, en een vrouw zonder kinderen bijna 500 keer.

Tot de introductie van de anticonceptiepil in de jaren vijftig merkte niemand dat vrouwen emotionele pieken en dalen hadden. Tijdens de eerste eenentwintig dagen na de menstruatie zorgt het hormoon oestrogeen voor een gevoel van welzijn en schenkt het de meeste vrouwen in de tijd voor de menopauze een algeheel gevoel van geluk en een positieve houding. De geslachtsdrift neemt langzamerhand toe zodat de vrouw in staat is op een gegeven moment, ergens tussen de achttien tot eenentwintig dagen na haar menstruatie, een zaadcel te ontvangen en dit is ook de periode dat haar testosteronspiegel op z'n hoogst is.

De natuur is slim en heeft ervoor gezorgd dat de meeste vrouwelijke dieren het wellustigst zijn op het tijdstip dat ze ook de grootste kans op conceptie hebben. Dit is bij veel vrouwtjesdieren makkelijk waar te nemen. Bij paarden bijvoorbeeld prikkelt de tochtige merrie de hengst, maar ze laat zich niet door hem bestijgen tot het moment waarop het eitje zich in de juiste positie bevindt om bevrucht te worden. Vrouwen zijn zich er niet van bewust dat dit ook voor hun geldt.

Dit verklaart hoe een vrouw zich opeens in het bed kan bevinden van een man die ze net op een feestje heeft ontmoet en zich de volgende dag het hoofd breekt over waarom en hoe dit had kunnen gebeuren. 'Ik weet niet hoe het kwam', zei een vrouw. 'Ik kwam hem op een feestje tegen, en voor ik het wist lagen we samen in bed! Dat heb ik nooit eerder gedaan!' Net als andere vrouwtjesdieren kwam ze deze man toevallig tegen op het juiste moment van de maand en op het moment waarop de grootste kans op conceptie bestond. Haar genetische opmaak, de staat van zijn immuunsysteem en andere mannelijke kenmerken werden onbewust door de hersenen van de vrouw gedecodeerd. Toen de man als vader min of meer aanvaard kon worden, nam de natuur het over. Vrouwen die iets dergelijks hebben meegemaakt weten niet hoe ze dit moeten verklaren en velen beschrijven het als het 'lot' of een 'vreemde magnetische aantrekkingskracht', in plaats van dat ze begrijpen dat het eenvoudigweg hun hormonen waren. Als gevolg van zulke momenten blijven veel vrouwen in het leven opgescheept met een man die geen geschikte partner voor hen is. De meeste mannen zouden er alles voor over hebben om erachter te komen wanneer een vrouw haar hormonale hoogtepunt heeft!

De chemische zwaarmoedigheid van de vrouw

Tussen eenentwintig tot achtentwintig dagen na haar menstruatie dalen de vrouwelijke hormonen aanzienlijk en creëren ze ernstige onthoudingsverschijnselen, die algemeen bekendstaan als PMS. Bij veel vrouwen veroorzaakt dit gevoelens van zwaarmoedigheid, doem, depressie en zelfs zelfmoordneigingen. Eén op de vijfentwintig vrouwen lijdt zo ernstig aan het feit dat haar hormonen uit balans zijn dat ze een ware persoonlijkheidsverandering ondergaat.

Enkele onderzoeken hebben uitgewezen dat de meeste door vrouwen begane misdaden, zoals geweldpleging en winkeldiefstal, zich voordoen tijdens de eenentwintig tot achtentwintig dagen durende premenstruele periode. Er is ontdekt dat in de vrouwengevangenissen minstens 50 procent van de moorden en geweldplegingen zijn begaan door vrouwen die lijden aan PMS. De bezoeken van vrouwen aan psychiaters, therapeuten en astrologen neemt tijdens deze fase in indrukwekkende mate toe en veel vrouwen hebben het gevoel dat ze de 'controle verliezen' of 'gek worden'. Goed gedocumenteerde onderzoeken tonen aan dat vrouwen die aan PMS lijden vier tot vijf keer meer kans hebben betrokken te raken bij een auto-ongeluk of een vliegtuigongeluk wanneer ze achter het stuur of de stuurknuppel zitten. Dus als de piloot op je volgende vlucht een slechtgehumeurde vrouw is, neem dan de trein!
Vrouwelijke hormonen worden al lange tijd gebruikt om doorgaans agressieve mensen tot kalmte te brengen. In sommige landen wordt PMS door rechters aanvaard bij het vaststellen van het vonnis van een vrouw die wordt aangeklaagd voor geweldpleging. Wanneer een vrouw de menopauze bereikt, meestal rond de veer-

tig of begin vijftig, ondergaat ze een heleboel psychologische, emotionele en hormonale veranderingen. Deze variëren van vrouw tot vrouw.

Wat is het verschil tussen een man met een midlifecrisis en een circusclown?
Een circusclown weet wanneer hij grappige kleren draagt.

De menopauze is bij mannen echter een gelijkvormige, voorspelbare gebeurtenis: hij koopt een pilotenzonnebril, leren autohandschoenen of een haarstukje, gaat op pad voor een motorfiets of een rode sportauto, en draagt rare kleren.

Testosteron – zegen of vloek?

De mannelijke hormonen – met name testosteron – zijn de agressiehormonen die ervoor zorgen dat mannen op een prooi jagen en deze doden. Testosteron is grotendeels verantwoordelijk voor de overleving van de mens, aangezien deze stof mannen er vroeger toe zette voedsel te vangen en aanvallers af te weren. Het is tevens het hormoon dat zorgt voor baardgroei, dat kaalte veroorzaakt en de stem verlaagt, en dat het vermogen tot ruimtelijk inzicht verbetert. Er is aangetoond dat een bas-bariton per week meer dan twee keer zoveel geniet van een ejaculatie dan een tenor. De meeste mensen die een testosteronkuur hebben gekregen hebben minder problemen met het lezen van kaarten en stratenboeken. Het is een interessant feit dat ook linkshandigheid en astma gekoppeld zijn aan testosteron, en men weet nu dat mannen die buitensporig roken en drinken een verminderde hoeveelheid hiervan in hun bloed hebben.
De keerzijde van testosteron is voor de moderne man dat het, tenzij hij hier een lichamelijke uitlaatklep voor heeft, agressie en antisociaal gedrag in de hand kan werken. Jongens van tussen de twaalf tot zeventien jaar bereiken terwijl testosteron door hun li-

chamen golft het hoogste niveau van mannelijke agressie. Geef een passieve man testosteron en het hormoon zal hem stimuleren waardoor hij assertiever en onafhankelijker zal worden. Wanneer een vrouw dezelfde dosering krijgt toegediend, zal ook haar agressiviteit toenemen, maar de stof zal bij haar niet hetzelfde chemische effect bewerkstelligen als bij een man. Zijn hersenen zijn erop voorgeprogrammeerd te reageren op testosteron, terwijl dat bij een vrouw niet het geval is. De reden hiervoor is nog altijd duister, maar de kwestie staat duidelijk in verband met het vermogen tot ruimtelijk inzicht.

Wanneer de man vijftig, zestig jaar wordt, neemt de hoeveelheid testosteron in zijn lichaam af en wordt hij minder agressief en meer verzorgend. Bij vrouwen gebeurt het omgekeerde: na de menopauze neemt de hoeveelheid oestrogeen af ten gunste van testosteron. Dit is de reden waarom vrouwen van vijfenveertig, vijftig jaar plotseling assertiever en onafhankelijker kunnen worden. De keerzijde hiervan is dat deze vrouwen een grotere kans op haargroei in het gezicht krijgen en aan stress lijden.

Rondvliegend servies

De schrijfster Barbara Pease was zich er niet van bewust dat de nieuwe anticonceptiepil die ze had gekregen een grote hoeveelheid testosteron bevatte. Haar echtgenoot Allan leerde al snel de waardevolle kunst van het snel wegduiken voor vliegende borden en andere zich door de lucht verplaatsende voorwerpen tijden de PMS-fase van Barbara. Hij herontdekte zijn vermogen uit zijn jeugd om op de korte afstand te sprinten. Een interessant feit was dat haar vermogen tot file-parkeren – of het ontbreken hiervan – niet langer aanleiding gaf tot ruzies. Deze pil deed haar op dat punt duidelijk goed.
Bloedonderzoek onthulde uiteindelijk dat Barbara te veel testosteron in haar lichaam had en ze ging over op een pil zonder testosteron. Binnen een maand waren haar stemmingsveranderingen nagenoeg verdwenen, maar nu kreeg Allan het gevoel dat hij sa-

menwoonde met een bibliothecaresse die studeerde voor non. Nóg een verandering van pil bracht Barbara's testosteronspiegel op een prettig gemiddelde, dat veel veiliger was voor zowel hun huwelijk als voor het servies.

Waarom mannen agressief zijn

Testosteron is het hormoon van succes, prestatie en concurrentie. Het maakt, in de verkeerde handen (of testikels), mannen en mannetjesdieren potentieel gevaarlijk. De meeste ouders zijn zich bewust van het bijna onverzadigbare verlangen van jongens om naar gewelddadige films te kijken en ze weten dat hun zoons zich agressieve scènes tot in detail kunnen herinneren. Meisjes hebben over het algemeen geen belangstelling voor dit soort films. Een onderzoek aan de Universiteit van Sydney toonde aan dat 74 procent van de jongens verbaal of lichamelijk agressief wordt wanneer ze worden geconfronteerd met een conflict zoals een vechtpartij op het schoolplein. Ze gebruiken dat soort agressie om het probleem op te lossen. Van de meisjes probeerde daarentegen 78 procent weg te lopen of over de situatie te onderhandelen. Claxonneren bij verkeerslichten wordt voor 92 procent gedaan door mannen, terwijl ze ook 96 procent van de berovingen en 88 procent van de moorden voor hun rekening nemen. Praktisch alle niet-heteroseksueel georiënteerden zijn mannen en tests bij niet-heteroseksueel georiënteerde vrouwen laten een hoog niveau aan mannelijke hormonen zien.

De mannelijke agressie dient voornamelijk voor de mannelijke dominantie van onze soort. We leren jongens niet agressief te zijn, we proberen hen juist te conditioneren tot het tegenovergestelde. Agressie is een mannelijke karaktertrek die niet kan worden verklaard door sociale conditionering.

Onderzoek onder sporters toont aan dat hun testosteronspiegel significant hoger is aan het einde van een evenement dan daarvoor, waarmee wordt aangetoond dat concurrentie agressieniveaus kan opbouwen. Men kan de sportteams van Nieuw-Zeeland vaak vlak voor het begin van het spel de Maori oorlogsdans, de *haka*, zien uitvoeren. Dit dient twee doelen: de tegenstanders angst inboezemen en het testosteronspiegel van de spelers laten stijgen. Bij veel sporten in de hele wereld worden vaak om precies dezelfde reden cheerleaders gebruikt: om het testosteronspiegel van zowel spelers als toeschouwers te verhogen. Onderzoek bevestigt dat er zich bij wedstrijden waarbij cheerleaders worden ingezet meer gewelddadige incidenten voordoen.

Waarom mannen zo hard werken

Professor James Dabbs van de Universiteit van Georgia nam speekselmonsters van mannen die varieerden van zakelijk leidinggevenden en politici tot sporters, priesters en gevangenen. Hij ontdekte dat degenen die binnen hun gebied topprestaties leverden, meer testosteron in hun lichaam hadden dan degenen die minder presteerden. De laagste score werd gemeten bij geestelijken, wat wijst op geringere dominante en minder seksuele activiteit. Hij ontdekte tevens dat vrouwen die goed presteerden, zoals advocaten en verkoopsters, een hoger testosteronspiegel hadden dan de gemiddelde vrouw. Bovendien meldde hij dat testosteron niet alleen leidde tot hogere prestatieniveaus, maar dat de prestatie zelf een grotere productie van testosteron veroorzaakte.
We hebben het gedrag van dieren geobserveerd in Afrika en de jungles van Borneo en hebben met eigen ogen gezien wat wetenschappers jarenlang hebben onderzocht: dat de mannetjesdieren met de hoogste testosteronspiegels over het algemeen het nest beheren. De hoeveelheid testosteron is bij sommige dieren, zoals de gevlekte hyena, zo groot dat ze met al hun tanden worden geboren, en ze zijn zo agressief dat de jongen elkaar vaak opeten.

Wezens met de hoogste testosteronspiegels heersen over het dierenrijk.

De honden, katten, paarden, geiten en apen die bovenaan staan zijn de dieren waarbij de grootste hoeveelheid mannelijke hormo-

nen is gemeten. Mannen met hoge testosteronspiegels hebben door de hele geschiedenis heen het menselijk ras gedomineerd, en je kunt in alle redelijkheid veronderstellen dat buitengewone vrouwelijke leiders in de geschiedenis, zoals Margaret Thatcher, Jeanne d'Arc en Golda Meir, rond de zesde tot achtste week van hun foetale fase extra mannelijke hormonen hebben ontvangen.
Er is echter een ernstige keerzijde aan voortdurende niveaus van niet-verbruikt testosteron. Een huiveringwekkend voorbeeld hiervan kwam onlangs uit Amerika, waar 118 rechtenstudenten de Minnesota Multifasale Persoonlijkheidstest kregen en dertig jaar lang werden gevolgd en in de gaten gehouden. Diegenen met de meeste vijandigheid en agressie hadden viermaal zoveel kans tijdens die periode te sterven. Dit is een goede reden om jonge jongens aan te moedigen er een gewoonte van te maken regelmatig lichamelijk actief te zijn.

Testosteron en ruimtelijk inzicht

Je bent misschien al tot de conclusie gekomen dat ruimtelijk inzicht, aangezien dit een van de sterkste mannelijke eigenschappen is, is gekoppeld aan testosteron. In hoofdstuk 3 zagen we dat testosteron voornamelijk verantwoordelijk is voor de formatie van de hersenen van de genetisch mannelijke foetus (XY) en voor het installeren van de 'software' die in verband staat met het vermogen tot ruimtelijk inzicht dat nodig is voor de jacht. Het gevolg hiervan is dat hoe meer testosteron het lichaam produceert, hoe meer mannelijk georiënteerd het gedrag van de hersenen zal zijn. Mannetjesratten die worden geïnjecteerd met extra mannelijke hormonen, vinden makkelijker hun weg uit een doolhof dan niet-behandelde mannetjesratten. Het navigatievermogen van vrouwtjesratten wordt ook beter, maar niet zo indrukwekkend als bij de mannetjes. De agressiviteit neemt bij beide geslachten toe.
Bij de hersenoriëntatietest (zie pag. 83) scoren mannen met hoge testosteronspiegels tussen de -50 en +50. Ze hebben over het algemeen minder moeite met kaartlezen, oriëntatie, videospelletjes of het raken van een doel. Ze hebben een snelle baardgroei, houden

van 'jachtsporten' zoals voetbal, biljard en motorracen, en zijn goed in file-parkeren. Testosteron is tevens het hormoon dat doelbewustheid ondersteunt en vermoeidheid helpt bestrijden. Onderzoek onder vrijwilligers die met testosteron waren ingespoten heeft aangetoond dat ze over een groter uithoudingsvermogen beschikten bij lichamelijke activiteiten zoals lopen en langeafstandsrennen, en dat ze zich langere perioden achtereen konden concentreren.
Het is niet verbazingwekkend dat lesbiennes ook veel van deze eigenschappen hebben. Susan Resnick van het Instituut van Veroudering in de Verenigde Staten rapporteerde dat meisjes die in de baarmoeder afwijkende hoeveelheden mannelijke hormonen hadden ontvangen ook beschikten over betere vaardigheden in vergelijking met hun zusters die het hormoon niet hadden ontvangen.

Waarom vrouwen een hekel hebben aan file-parkeren

Hoewel testosteron ruimtelijk inzicht zal verbeteren, wordt dit door het vrouwelijke hormoon oestrogeen onderdrukt. Vrouwen hebben veel minder testosteron in hun lichaam dan mannen, met als gevolg dat hoe vrouwelijker de hersenen zijn, hoe minder het vermogen tot ruimtelijk inzicht. Dit is de reden waarom zeer vrouwelijke vrouwen niet zo geweldig goed zijn in file-parkeren of kaartlezen. Er is een zeldzame aandoening die bekendstaat als Turners-syndroom; daarbij mist een genetische vrouw (XX) een van de X-chromosomen; ze staat bekend als een XO-meisje. Zulke meisjes zijn supervrouwelijk in al hun gedragingen en bezitten weinig tot geen richtinggevoel of ruimtelijk inzicht. Leen nooit je autosleutels uit aan een XO-meisje!
Chinese mannen scoren significant lager dan blanke mannen wat betreft testosteronspiegels en dit blijkt uit hun gebrek aan gezichtshaar en het feit dat kaalheid niet veel voorkomt. In de Chinese maatschappij komen in vergelijking met blanke of zwarte mannen minder meldingen voor van mannen die worden veroordeeld voor gewelddadige of agressieve misdrijven. Verkrachting komt minder algemeen voor dan onder blanken, waarschijnlijk

vanwege de lagere testosteronspiegels. Dit verklaart eveneens waarom Aziatische mannen over het algemeen lager scoorden als het gaat om file-parkeren.

Wiskunde en hormonen

Jongens gebruiken hun voorste rechterhersenhelft voor het oplossen van wiskundige problemen. Het gebied voor ruimtelijk inzicht bevindt zich bij meisjes in beide hersenhelften en onderzoek heeft aangetoond dat veel vrouwen de voorste (verbale) linkerhersenhelft gebruiken als ze proberen rekenkundige problemen op te lossen. Dit is waarschijnlijk de verklaring voor het feit dat zoveel vrouwen hardop rekenen. Dit verklaart tevens voor een groot deel waarom meisjes over het algemeen beter zijn dan jongens met basisberekeningen. Hun coöperativiteit en hun toewijding aan hun studie bieden hun vaak een voorsprong op jongens bij rekenkundige examens.

De ontwikkeling van de hersenen bij meisjes begint veel vroeger dan bij jongens, wat gedeeltelijk verklaart waarom ze op jongere leeftijd beter presteren. Maar na de puberteit halen jongens hun achterstand in. Ze munten uit in wiskundige beredeneringen, terwijl testosteron hun vermogen tot ruimtelijk inzicht verhoogt. Aan de Johns Hopkins-universiteit is bij begaafde kinderen tussen de elf en dertien jaar het vermogen om wiskundige vraagstukken op te lossen getest. Ze ontdekten dat hoe moeilijker de tests werden, hoe meer het vermogen van de jongens uitsteeg boven dat van de meisjes. Bij de makkelijker niveaus versloegen begaafde jongens de begaafde meisjes in een verhouding van 2:1; bij een gemiddeld niveau nam de verhouding toe tot 4:1 en bij de hoogste moeilijkheidsgraad bereikte deze 13:1.

In 1998 ontdekte de Canadese autoriteit op het gebied van hersenonderzoek Doreen Kimura dat als je de hoeveelheid testosteron bij een man verdubbelt of verdrievoudigt, dit niet noodzakelijkerwijs zijn vaardigheid om wiskundig te redeneren verdubbelt of verdrievoudigt. Dit toont aan dat het optimale niveau van effectiviteit van testosteron waarschijnlijk ergens tussen het lage en

het gemiddelde niveau ligt. Met andere woorden, King Kong zal niet noodzakelijkerwijs beter wiskundig kunnen redeneren dan een man met een langzaam groeiende baard.
Interessant is dat testosteron het vermogen tot wiskundige beredenering bij een vrouw in veel indrukwekkender mate verhoogt dan bij een man. Het is daarom waarschijnlijker dat een vrouw met een snor een betere ingenieur zal zijn dan een vrouw die eruitziet als een Barbie-pop. Mannen scoren hoger bij kaartlezen wanneer het herfst is, omdat dan hun testosteronspiegel het hoogst is.
Het onderwijssysteem stelt jongens bij wiskunde-examens in het voordeel en meisjes in het nadeel, want onderzoek heeft aangetoond dat meisjes die lijden aan PMS testosteronspiegels tijdens deze fase aanmerkelijk lager liggen. Eén onderzoek toonde aan dat meisjes met PMS 14 procent slechter scoorden in wiskunde-examens dan meisjes die niet aan PMS leden. Het zou een eerlijker systeem zijn wanneer voor meisjes de examens werden gehouden op een tijdstip dat dit hun biologisch gesproken beter uitkwam. Jongens kunnen het examen op elk moment afleggen.

De jacht van de moderne man

Sport is de moderne vervanging voor jagen. De meeste sportactiviteiten zijn begonnen 1800; voor die tijd ging het grootste gedeelte van de wereldbevolking nog vanwege het voedsel of bij wijze van tijdverdrijf op jacht op dieren. De Industriële Revolutie aan het einde van de negentiende eeuw en geavanceerde landbouwtechnieken hielden in dat het niet langer nodig was achter voedsel aan te jagen en dit te vangen. Aan een periode van duizenden jaren waarin mannen waren geprogrammeerd om te jagen kwam plotseling een einde, en ze konden nergens heen.
Sport werd het antwoord. Meer dan 90 procent van de moderne sporten ontstond tussen 1800 en 1900 en in de twintigste eeuw kwamen daar een paar nieuwe bij. De meeste sporten hebben betrekking op rennen, jagen en het raken van doelen, waarbij sporters met een hoog testosteronspiegel het te veel aan hormonen kunnen verbruiken. Onderzoek laat zien dat jongens die lichame-

lijk actief zijn, minder kans lopen betrokken te raken bij misdaad of agressie, en dat jonge mannen met een strafblad in het verleden het minst betrokken waren bij sport. Eenvoudig gesteld, als testosteron niet in een spelarena wordt verbruikt, kan dat leiden tot anti-sociaal gedrag. Op de snelwegen komt de agressie in het verkeer bijna geheel voor rekening van mannen. Mannen concurreren met elkaar op de weg – vrouwen zijn er op dat moment toevallig. Wanneer je je inschrijft voor een sportclub, controleer dan eerst de doelstellingen, waarden, gedragscodes en de leiders van de club. Als ze lid zijn om 'mee te doen' en als het spel het allerbelangrijkst is, dan zijn deze mensen nog altijd slaaf van hun biologie – ga dan maar bij een vissersclub. Er zijn nog altijd veel clubs voor yoga en vechtkunsten waar de grondbeginselen voor een effectief leven worden aangeleerd, zoals gezondheid, ontspanning en gezonde waarden. Vermijd clubs die de nadruk leggen op het mogelijke financiële gewin voor de leden.

Waarom mannen een dikke buik hebben en vrouwen een dik achterwerk

De natuur brengt het te veel aan vetweefsel zo ver mogelijk van de vitale organen onder, zodat de werking hiervan niet wordt belemmerd. Er bevindt zich gewoonlijk weinig vet rond de hersenen, het hart of de geslachtsdelen. Vrouwen hebben extra vitale organen: de eierstokken. Dit heeft tot gevolg dat vrouwen die kinderen kunnen krijgen de neiging hebben het teveel aan vet op de buik te verzamelen. Mannen, die geen eierstokken hebben, stapelen dit teveel aan vet op in wat over het algemeen een 'bol buikje' wordt genoemd, en ze krijgen ook vet op hun rug. Dat is de reden waarom je zelden een man met dikke benen ziet. Het teveel aan vet wordt bij een vrouw verdeeld over haar dijbenen, achterwerk en aan de onderkant van de bovenarmen, zodat het kan worden gebruikt als een voedingsbron bij de borstvoeding. Als een man eierstokken zou hebben, zou hij ook dikkere dijbenen en een minder dikke buik hebben. Als bij een baarmoederverwijdering de eierstokken worden verwijderd, zal de natuur het vet opnieuw onderbrengen bij de buik.

Hoofdstuk 8

Jongens blijven jongens, maar niet altijd…

'… en toen, op een dag, zag Sander na een biologieles eindelijk wat zijn klasgenoten altijd al hadden gedacht: dat zijn testosteronspiegel niet normaal was.'

Wat maakt een vrouw een vrouw en wat maakt een man een man? Is homoseksueel-zijn echt een keuze? Waarom geeft een lesbienne de voorkeur aan vrouwen? Hoe lukt het transseksuelen om bij beide partijen te horen? Ben je wie je bent omdat je een agressieve moeder had of omdat je vader in ploegendienst werkte en emotioneel kil en afstandelijk was, of kwam het doordat je in groep 5 verliefd werd op je leerkracht? Ben je wie je bent omdat je tweede kind was en in armoede werd opgevoed, omdat je wees was, omdat je uit een gebroken familie kwam, omdat je een Leeuw in de overgangsfase naar Schorpioen, of wellicht de reïncarnatie van een kat bent?
In dit hoofdstuk zullen we kijken naar wat er gebeurt wanneer een menselijke foetus te veel of te weinig mannelijk hormoon ontvangt.

Homo's, lesbiennes en transseksuelen

Onderzoek toont aan dat de 'basismal' voor het lichaam en de hersenen van een menselijke foetus vrouwelijk van structuur is. Als gevolg hiervan bezitten mannen enige overtollige vrouwelijke kenmerken, zoals tepels. Mannen hebben ook borstklieren, die niet functioneren maar wel het potentieel behouden melk te produceren. Er zijn talloze gevallen opgetekend van melkafscheiding bij krijgsgevangenen toen verhongering leidde tot een aandoening waarbij de lever de hormonen die verantwoordelijk zijn voor de borstvoeding niet meer kon afbreken.
Zoals we nu weten, ontvangt een mannelijke foetus (XY) zes tot acht weken na de conceptie een enorme dosis mannelijke hormonen (androgenen) die de teelballen vormen waarna een tweede dosis de hersenen verandert van een vrouwelijke tot een mannelijke opmaak. Als de mannelijke foetus op het daarvoor aangewezen moment niet genoeg mannelijke hormonen ontvangt, kunnen er twee dingen gebeuren. Ten eerste kan de jongensbaby worden ge-

boren met een hersenstructuur die meer vrouwelijk dan mannelijk is – met andere woorden, de jongen is hoogstwaarschijnlijk tegen de puberteit homoseksueel. Ten tweede kan er een genetische jongen worden geboren met volledig vrouwelijk werkende hersenen en een paar mannelijke geslachtsdelen. Deze persoon zal transseksueel zijn. Zulke mensen zijn biologisch gezien lid van het ene geslacht, maar weten dat ze bij het andere horen. Soms wordt er een genetische man geboren met zowel mannelijke als vrouwelijke geslachtsdelen. De geneticus Anne Moir beschrijft in haar baanbrekende boek *Brainsex* de vele gevallen van genetische jongens die er bij de geboorte uitzien als meisjes en die ook als meisjes worden opgevoed totdat ze plotseling ontdekken dat ze een penis en teelballen hebben, die tijdens de puberteit 'verschijnen'.

Deze genetische eigenaardigheid werd ontdekt in de Dominicaanse Republiek en een onderzoek onder de ouders van deze 'kleine meisjes' toonde aan dat hun ouders hen opvoedden op een manier die typerend is voor meisjes en dat ze stereotiep gedrag aanmoedigden, zoals vrouwelijke kleding en met poppen spelen. Veel van deze ouders waren vervolgens geschokt bij de ontdekking dat ze tijdens de puberteit een volledig ontwikkelde zoon hadden toen de mannelijke hormonen de leiding overnamen en dat hun 'dochters' opeens een penis hadden en overgingen op typisch mannelijke gedragspatronen. Deze verandering deed zich voor ondanks alle sociale conditionering en sociale druk ten gunste van vrouwelijk gedrag.

Het feit dat de meeste van deze 'meisjes' de rest van hun leven met succes als mannen leefden, toont aan dat hun sociale omgeving en opvoeding een beperkte invloed hadden op hun volwassen leven. Het is duidelijk dat hun biologie de kernfactor was bij de vorming van hun gedragspatronen.

Homoseksualiteit is onderdeel van de geschiedenis

Onder de vroegere Grieken was homoseksualiteit niet alleen toegestaan, maar die werd zelfs hogelijk gerespecteerd. Een slank, jongensachtig, jeugdig figuur was hun schoonheidsideaal en ter ere daarvan werden schilderijen en standbeelden gemaakt van mensen die er zo uitzagen. Er werden gedichten geschreven over de liefde die prominente oudere mannen voor jonge mannen voelden. De Grieken geloofden dat mannelijke homoseksualiteit een nobel en hoger doel diende, die jongeren ertoe inspireerde waardige leden van de gemeenschap te worden. Ook dachten ze dat jonge homoseksuele mannen hun moedigste, meest succesvolle strijders zouden zijn, aangezien ze 'aan elkaars zijde' zouden vechten.

Julius Caesar werd in de Romeinse tijd beschreven als 'de man van iedere vrouw en de vrouw van iedere man'.

Toen het christendom relaties tussen hetzelfde geslacht afkeurde en God naar verluidt zijn wraak deed gelden over de stad Sodom, werd homoseksualiteit verbannen. Het verschijnsel verdween in de kast en werd tot voor kort niet meer in het openbaar waargenomen.
In de negentiende eeuw weigerde men te erkennen dat homoseksualiteit bestond, en als die toch zou bestaan, vond men zelfs dat dit het werk van de duivel moest zijn en zwaar gestraft moest worden. Terwijl we op de drempel staan van de eenentwintigste eeuw, geloven de meeste oudere generaties nog altijd dat homoseksualiteit een recent en 'onnatuurlijk' verschijnsel is. De werkelijkheid is dat het al net zo lang bestaat als de mannelijke foetussen die hun voldoende aandeel aan mannelijke hormonen mislopen. Onder de primaten wordt homoseksueel gedrag gebruikt als een manier van hechting tussen de leden van een groep, of als een vorm van het tonen van onderdanigheid naar een superieur, zoals ook het geval is bij vee, hanen en honden. De lesbische liefde is vernoemd naar het in 612 vC Griekse eiland Lesbos. Er is nooit met zoveel minachting op neergekeken als op mannelijke homoseksualiteit, waarschijnlijk omdat deze relatievorm meer wordt geassocieerd met intimiteit en niet zozeer van het etiket 'pervers' wordt voorzien.

Genetisch bepaald of een kwestie van kiezen?

Toen Allan Pease, de schrijver van het boek *Lichaamstaal*, en geneticus Anne Moir samen in 1991 op de Britse televisie verschenen ter gelegenheid van de verschijning van hun boeken *Brainsex* en *Talk Language*, onthulde Moir de resultaten van haar onderzoek, dat nadruk legde op wat wetenschappers al jaren hebben geweten: homoseksualiteit is genetisch bepaald, en is geen keuze.
Niet alleen is homoseksualiteit meestal aangeboren, maar de omgeving waarin wij worden grootgebracht speelt ook een minder grote rol in ons gedrag dan voorheen werd gedacht. Wetenschappers hebben ontdekt dat de pogingen van ouders om homoseksuele neigingen bij hun adolescente kinderen te onderdrukken nagenoeg geen effect hebben. En omdat de invloed van het mannelijke hormoon (of het gebrek hieraan) op de hersenen de voornaamste boosdoener is, zijn de meeste homoseksuelen van het mannelijke geslacht.

Er bestaat geen doorslaggevend bewijs dat de opvoeding van invloed is op de kans dat een kind homoseksueel wordt.

Op iedere lesbienne (iemand met een vrouwelijk lichaam en vermannelijkte hersenen) zijn er ongeveer acht tot tien homoseksuele mannen. Als homoseksuele en lesbische groeperingen de resultaten van dit onderzoek zouden onderschrijven en als het onderwijssysteem deze bevindingen zou onderwijzen, zouden homoseksuele en transseksuele mensen er gunstiger voor staan in het leven. De meeste mensen staan toleranter en meer aanvaardend tegenover iemand die aangeboren kenmerken heeft dan tegenover iemand die, naar hun mening, een onaanvaardbare keuze maakt. Neem bijvoorbeeld softenonbaby's, lijders aan de ziekte van Parkinson, autistische of spastische mensen. Het publiek staat meer aanvaardend tegenover deze mensen omdat ze meestal met deze aandoening zijn geboren, in tegenstelling tot homoseksuelen, die naar wordt verondersteld, voor hun levensstijl kiézen. Kunnen we kritisch staan tegenover iemand die vanaf de geboorte linkshandig of dyslectisch is? Of die wordt geboren met blauwe ogen en rood haar? Of met vrouwelijke hersenen in een mannenlichaam? De meeste homoseksuele mensen geloven ten onrechte dat hun homoseksualiteit een keuze is en gebruiken, net als veel minderheidsgroepen, vaak openbare forums om strijdbaar voor hun 'keuze' uit te komen, wat hun verdriet en pijn doet, en aanleiding geeft tot een negatieve houding van grote delen van het publiek.

Helaas laten de statistieken zien dat meer dan 30 procent van de zelfmoorden onder tieners wordt begaan door homoseksuelen en lesbiennes, en dat een op de drie transseksuelen zelfmoord pleegt. Het lijkt erop dat het besef van deze mensen dat ze de rest van hun leven vastzitten in het 'verkeerde lichaam' voor velen van hen te veel is. Een onderzoek naar de opvoeding van deze homoseksuele tieners heeft aangetoond dat de meesten waren grootgebracht in families of gemeenschappen die haat en afwijzing ten opzichte van homoseksuelen aankweekten of binnen geloofsovertuigingen waarin werd geprobeerd sommige van de 'slachtoffers' door middel van gebed of therapie te genezen.

Waarom vaders de schuld krijgen

Wanneer blijkt dat een jongen homoseksueel is, krijgt vaak de vader hiervan de schuld. Familieleden beweren dat hij de zoon tot slachtoffer heeft gemaakt of heeft bekritiseerd omdat hij terwijl hij opgroeide niet meedeed aan, of niet goed was in de mannelijke activiteiten. Volgens deze theorie kwam de jongen in opstand tegen zijn vader en werd hij homoseksueel om hem te vernederen, maar er bestaat geen wetenschappelijk bewijs voor dit standpunt. De voor de hand liggende verklaring is dat de jongen meer belangstelling had voor vrouwelijke activiteiten dan voor voetbal, racen met brommers, auto's of bokswedstrijden. Dit zou een voortdurende bron van ergernis kunnen zijn geweest voor een vader die hoge verwachtingen koestert ten aanzien van de mannelijke ontwikkeling van zijn zoon. Met andere woorden, het is waarschijnlijker dat de vrouwelijke neigingen van de zoon hebben bijgedragen tot de kritische en agressieve houding van de vader, in plaats van andersom.

Homofeest in Sydney

'S Werelds grootste openbare homoseksuele evenement is het Gay and Lesbian Mardi Gras in Sydney, een feest dat ongeveer een miljoen mensen trekt. Miljoenen mensen uit de hele wereld kijken naar het Mardi Gras op de televisie en de homoseksuele en lesbische gemeenschappen voelen zich trots op wat zij geloven dat met het evenement wordt bereikt. De werkelijkheid is echter dat velen van de miljoenen heteroseksuele mensen die naar Mardi Gras kijken, zich alleen maar staan te vergapen aan iets dat voor hen buitenissig is, of ze lachen erom. Onderzoeken onder de televisiekijkers laten zien dat de meeste kijkers zich kostelijk amuseren met het kijken naar de deelnemers. De beelden van het feest bevestigen het vermoeden van veel heteroseksuelen dat homoseksuelen ook inderdaad de eigenaardige afwijkende figuren zijn voor wie ze hen altijd gehouden hadden. Als de homo's en lesbiennes die deelnamen aan de kleurrijke straatparades van top tot teen gekleed zouden gaan als moslims, zouden maar weinig mensen willen deelnemen aan of kijken naar Mardi Gras.
Als heteroseksuelen een soortgelijk feest voor hun gemeenschap zouden organiseren en in hun ondergoed, of nog bloter, door de straten zouden paraderen, zouden er niet alleen maar een paar deelnemers komen opdagen, maar zouden ze waarschijnlijk ook worden gearresteerd voor openbare schennis van de eerbaarheid!

Rood haar en sproeten komen net zoveel voor als homoseksualiteit.

Als het publiek zou begrijpen dat wetenschappelijk bewijs aantoont dat in de meeste gevallen homoseksualiteit – zij het niet alle gevallen – aangeboren is, dan zou er net zoveel belangstelling zijn voor homoseksuele parades als voor mensen met rood haar en sproeten, een genetisch bepaalde combinatie die net zoveel voorkomt als homoseksualiteit. Het publiek zou homoseksualiteit meer aanvaarden en homo's en lesbiennes zouden niet zoveel problemen hebben met hun zelfrespect. Ze zouden ook met meer respect worden behandeld, en met veel minder afwijzing en spot. Onwetendheid aan beide zijden houdt beiden van elkaar gescheiden.

Kan de 'keuze' worden veranderd?

Homo's en lesbiennes kiezen niet voor hun seksuele geaardheid, net zomin als heteroseksuelen daarvoor kiezen. Wetenschappers en de meeste deskundigen op het gebied van seksualiteit zijn het erover eens dat homoseksualiteit een geaardheid is die niet te veranderen valt. Onderzoekers geloven dat homoseksualiteit zich grotendeels ontwikkelt in de baarmoeder, dat homoseksuele patronen rond de leeftijd van vijf jaar grondig worden vastgelegd en dat ze buiten de controle van de persoon in kwestie liggen. Eeuwenlang zijn er technieken gebruikt om homoseksuele gevoelens bij 'lijders' ervan te onderdrukken, zoals borstamputatie, castratie, drugstherapieën, verwijderen van de baarmoeder, lobotomie, psychotherapie, elektroshockbehandelingen, gebedsdiensten, therapie en duivelsuitdrijving. Geen enkele remedie was ooit succesvol. Het beste wat ze konden bereiken was dat sommige biseksuelen hun seksuele activiteiten beperkten tot leden van het andere geslacht, dat sommige homoseksuelen door schuldgevoelens of angst werden gedwongen tot een celibatair bestaan, en dat vele anderen tot zelfmoord werden gedreven.

Wetenschappers hebben aangetoond dat homoseksualiteit een geaardheid is die niet te veranderen valt, en geen kwestie van keuze is.

Er bestaat een kans van meer dan 90 procent dat jij, lezer(es), heteroseksueel bent. Bedenk eens hoe moeilijk het zou zijn wanneer je je aangetrokken zou voelen tot iemand van je eigen geslacht en je zult begrijpen dat het nagenoeg onmogelijk is gevoelens op te wekken die niet al in de kiem bestaan. Als het een keuze was, zoals zovelen beweren, waarom zou een intelligent iemand dan kiezen voor een levenswijze die hem of haar blootstelt aan zoveel vijandigheid, vooroordelen en discriminatie? Het is een kwestie van hormonen, niet van de keuzemogelijkheden van de mens.

Homoseksuele eeneiige tweelingen

Er is uitgebreid onderzoek gedaan onder eeneiige tweelingen die bij de geboorte gescheiden werden en in verschillende families en omgevingen werden opgevoed. Er zijn talloze tests uitgevoerd om op betrouwbare wijze te kunnen vaststellen of bepaalde menselijke eigenschappen genetisch bepaald zijn of door sociale conditionering worden aangeleerd. Dit soort onderzoek toont aan dat veel menselijke eigenschappen genetisch overgeërfd zijn, inclusief neurose, depressie, introversie/extraversie, dominantie, sportieve vaardigheden en de leeftijd waarop de eerste seksuele activiteit plaatsvindt. Ervan uitgaand dat rond de 5 procent van de mannelijke bevolking homoseksueel is, zouden we kunnen verwachten dat, wanneer je honderd homoseksuele eeneiige mannelijke tweelingen zou analyseren die bij de geboorte gescheiden waren, rond de 5 procent van de andere helft van de tweeling ook homoseksueel is; dit gebaseerd op de veronderstelling dat homoseksualiteit een keuze is. Diverse onderzoekers die deze kwestie bestudeerden kwamen allemaal op hetzelfde antwoord uit. Dat antwoord werd verwoord door de Amerikaanse onderzoekers Richard Pillard van de Universiteit van Boston en de psycholoog Michael Bailey van de North Western-universiteit die de seksuele geaardheid bestudeerden van broers die samen waren opgevoed. Hun conclusies waren als volgt:

De kans op homoseksualiteit bij broers is:

22 procent voor niet-eeneiige tweelingen
10 procent voor niet-tweelingbroers of geadopteerde broers
52 procent voor eeneiige tweelingen die dezelfde genen delen

Het collectieve onderzoek naar homoseksuele eeneiige tweelingbroers die bij de geboorte waren gescheiden, onthulde dat 50 procent van de andere tweelingbroers ook homoseksueel was. De onderzoekers waren het over het algemeen met elkaar eens dat het waarschijnlijk was dat van deze 50 procent zo'n 10 tot 20 procent van degenen die beweerden heteroseksueel te zijn, waarschijnlijk homoseksueel was en dit niet durfde toe te geven, of deze mensen waren biseksueel en kozen ervoor zichzelf als heteroseksueel te omschrijven. Dit brengt het werkelijke percentage van homoseksuele tweelingen met een identieke genetische opmaak op tussen de 60 en 70 procent, of twee op drie, waarmee overtuigend is aangetoond dat homoseksualiteit grotendeels in de baarmoeder wordt gecreëerd. Tevens bevestigt dit het feit dat opvoeding weinig tot geen invloed op seksuele geaardheid heeft.

Het zit 'm in de genen

Gebaseerd op de theorie dat homoseksualiteit in de baarmoeder begint, zou je verwachten dat bij eeneiige tweelingen van wie de ene homoseksueel is, de andere dat ook is. Maar hoe zit het dan met die andere 30 tot 40 procent waarbij de identieke wederhelft niet homoseksueel is? Genen hebben een eigenschap die 'penetrantie' wordt genoemd. Deze term duit op de mate van kracht van het gen waarmee het effectief wordt en waardoor wordt bepaald of het wordt ingeschakeld en een dominant gen wordt. De verscheidenheid van genen bijvoorbeeld die chorea van Huntington veroorzaken is 100 procent penetrant, terwijl het gen dat suikerziekte type 1 veroorzaakt slechts voor 30 procent penetrant is. Dit betekent dat als eeneiige tweelingen ieder het gen van Huntington dragen en het gen suikerziekte, ieder 100 procent kans heeft chorea van Huntington te ontwikkelen, maar slechts 30 procent kans om suikerziekte te ontwikkelen.

Diegenen die het 'homo-gen' dragen, zoals het nu wordt genoemd, hebben 50 tot 70 procent kans om homoseksueel te worden en deze theorie verklaart waarom niet alle eeneiige tweelingbroers beiden homoseksueel waren. Naar schatting ongeveer 10 procent van alle mannen draagt het 'homo-gen' en ongeveer de helft van deze mannen zal homoseksueel worden tengevolge van de penetrantiefactor van 50 tot 70 procent van dit gen. Laboratoriumexperimenten met ratten en apen hebben bewezen dat deze aaneenschakeling van gebeurtenissen zich ook voordoet bij andere soorten. Hoewel dit soort geslachtveranderende experimenten op mensen illegaal is en als ethisch onaanvaardbaar worden beschouwd, weten we dat ze in Rusland met succes en met dezelfde overtuigende resultaten zijn uitgevoerd.

Het 'homo-gen'

Dean Hamer van het Nationale Kankerinstituut in de Verenigde Staten vergeleek het DNA van 40 paar homoseksuele broers en ontdekte dat 33 van hen dezelfde genetische 'sleutels' in de omgeving X-928 van het X-chromosoom hadden, waarvan is vastgesteld dat dit ongeveer de locatie is van het 'homo-gen'. Hij vergeleek tevens het DNA van 36 paar lesbische zusters maar vond geen overeenkomstig patroon. Dit onderzoek laat verder zien dat homoseksualiteit niet alleen voornamelijk iets is dat mannen treft, maar dat het naar alle waarschijnlijkheid genetisch bepaald is. De kans dat het gen penetrant wordt lijkt grotendeels afhankelijk te zijn van de aanwezigheid van het hormoon testosteron zes tot acht weken na de conceptie. Bovendien bestaat er een kleine kans dat andere factoren, inclusief sociale conditionering, het gen in een vroeg stadium – meestal voor de leeftijd van vijf jaar – kunnen activeren.

Homoseksuele vingerafdrukken

In 1998 deed de pionier op het gebied van hersenonderzoek Doreen Kimura verslag van een onderzoek dat zij had uitgevoerd naar het aantal lussen tussen twee specifieke punten op iemands vingerafdruk. Ze ontdekte dat mensen met een groot aantal lussen op de linkerhand beter zijn in 'vrouwelijke' taken.

Aantal lussen van een vingerafdruk

Ze ontdekte dat de meeste mensen meer lussen op hun rechterhand hebben, maar dat vrouwen en homoseksuele mannen gemiddeld meer lussen op hun linkerhand hebben.

Homoseksuele families

Een ander onderzoek van het Kankerinstituut naar homoseksuele mannen heeft aangetoond dat homoseksualiteit in de familie zit. Gegevens die werden verzameld onder de genetische familieleden van 114 homoseksuele mannen tonen aan dat drie keer zoveel kans bestaat dat broers, ooms, neven of ouders van homoseksuele mannen ook homoseksueel waren. De meeste homoseksuele mannelijke familieleden kwamen van moederskant van de familie en minder van vaderskant. Dit kan alleen genetisch veroorzaakt zijn en wijst erop dat er ergens op het X-chromosoom een speciaal gen aanwezig is. Dit chromosoom kan alleen door een moeder worden geleverd (zij heeft twee X-chromosomen), waardoor de genetische overdracht van mannelijke homoseksualiteit nader wordt aangetoond.

Hoe je een rat homoseksueel maakt

Ratten zijn om twee redenen de favoriete dieren voor wetenschappelijk onderzoek: ten eerste hebben ze hormonen, genen en een centraal zenuwstelsel die op die van de mens lijken en ten tweede hebben hun hersenen zich niet zoals bij de mens ontwikkeld in de baarmoeder – ze ontwikkelen zich ná de geboorte, waardoor wij in staat worden gesteld te zien wat er gebeurt. Castreer een rat en hij denkt dat hij een zij is en wordt een sociale, nestbouwende rat. Sommige vrouwtjesvogels zoals kanaries kunnen niet zingen, maar als ze op jonge leeftijd worden ingespoten met testosteron, kunnen ze zingen als een mannetje. Dit komt doordat testosteron de aanleg van de hersenen beïnvloedt en dientengevolge de vaardigheden van het dier.

Om dit geslachtveranderende resultaat te bereiken moeten de hersenen worden veranderd wanneer ze zich in een embryonale fase bevinden. Soortgelijke tests bij volwassen ratten, vogels en apen leidden niet tot zulke doorslaggevende resultaten, omdat de hersenen tijdens de embryonale fase worden 'ingesteld'. De menselijke hersenen worden rond de zes tot acht weken na de conceptie 'ingesteld'. Dit betekent dat oudere ratten evenals oudere mensen niet veel zullen veranderen.

Tijdens een rondreis door Rusland ontmoetten we een professor in de hersenchirurgie van een plaatselijke universiteit die ons onthulde dat er in Rusland al enige tijd in het geheim op mensen experimenten worden uitgevoerd om de hersenen te veranderen. De resultaten waren dezelfde als bij de ratten: ze hadden jongens in meisjes veranderd en meisjes in jongens door hun hersenen in de baarmoeder met hormonen te veranderen. Ze creëerden hun eigen homoseksuele, lesbische en transseksuele mensen. Hij vermeldde tevens dat er zich gevallen hadden voorgedaan waarbij de foetus niet genoeg mannelijke hormonen toegediend had gekregen, of de hormonen op het verkeerde tijdstip van ontwikkeling had gekregen. Bij een van deze gevallen bestond het resultaat uit een jongensbaby met twee stel geslachtsdelen: een paar mannelijke en een paar vrouwelijke. Dit genetische ongeluk doet zich van tijd tot tijd ook in de natuur voor (zoals in de Dominicaanse Republiek) en verklaart waarom een baby die er bij de geboorte uitziet als een meisje in de puberteit plotseling een jongen wordt.

Dit onderzoek laat zien wat wetenschappers weten, maar niet bereid zijn te bespreken, namelijk dat door het geslacht van de hersenen met hormonen te beïnvloeden, de seksualiteit van een foetus al voor de geboorte bepaald kan worden door middel van een injectie op het juiste tijdstip. Wanneer dit op grote schaal open en bloot zou gebeuren zou dat echter – en dat is ook begrijpelijk – onmiskenbare morele, ethische en menselijke vragen opwerpen.

Hoe homoseksuele baby's ontstaan

Als tijdens het vroege stadium van de zwangerschap testosteron wordt onderdrukt en de foetus mannelijk is, neemt de kans dat er een vrouwelijke of homoseksuele jongen wordt geboren aanzienlijk toe, omdat de hersenen worden gevormd door vrouwelijke hormonen. Een Duits onderzoek uit de jaren zeventig toonde aan dat moeders die tijdens het begin van de zwangerschap ernstig onder stress hebben gestaan zes keer zoveel kans hebben het leven te schenken aan een homoseksuele jongen. Onderzoek door professor Lee Ellis van de faculteit menswetenschappen aan de Minot State-universiteit in North Dakota toonde tevens aan dat zwangerschappen onder stress gelijkstonden met homoseksuele baby's. Als de foetus een meisje is, kan de meisjesbaby supervrouwelijk worden en heeft ze waarschijnlijk een erbarmelijk ruimtelijk inzicht. Met andere woorden, ze is heel moederlijk en verzorgend, maar kan niet file-parkeren of het noorden vinden. Brian Gladue van de staatsuniversiteit in North Dakota heeft aangetoond dat heteroseksuele mannen over een beter ruimtelijk inzicht beschikken dan homoseksuele mannen, en dat lesbiennes een beter ruimtelijk inzicht hebben dan heteroseksuele vrouwen. Waarom? Er waren meer mannelijke hormonen betrokken bij de aanleg van hun hersenen.

Waardoor wordt testosteron nu onderdrukt? De belangrijkste daders zijn stress, ziekte en sommige geneesmiddelen.

Stress kun je oplopen wanneer je hypotheek te hoog is, wanneer je je baan dreigt kwijt te raken, wanneer je ruzie hebt met je partner of buren, of wanneer je lijdt onder de dood van een intieme vriend(in) of familielid. Als je tegelijkertijd net zwanger bent, loop je een groot risico dat je een homoseksuele zoon of een zeer vrouwelijke dochter krijgt.

Als je een zware griep hebt of testosteron onderdrukkende geneesmiddelen inneemt, gebeurt hetzelfde. In het vroegere China werd het de keizerin wanneer ze zwanger was niet toegestaan iets onaangenaams te zien of te horen. Ze mocht geen scheldwoorden of grove taal gebruiken en het was haar verboden negatieve gedachten te hebben of in contact te komen met zieke of gedeprimeerde mensen. Dit om te vermijden dat het ongeboren koninklijke kind schade zou worden berokkend. Moderne wetenschap bevestigt deze wijsheid en het belang van deze voorzorgsmaatregelen.

We weten al enige tijd hoe gevaarlijk de effecten van alcohol en nicotine kunnen zijn voor het ongeboren kind en zijn op de hoogte van de positieve effecten van het juiste dieet en een stressvrij leven. Nieuw onderzoek door deskundigen als Vivette Glover, werkzaam aan het Londense Chelsea Hospital, toont aan dat zwangere vrouwen die aan stress lijden baby's ter wereld brengen die niet in staat zijn om te gaan met stressvolle situaties. Glenn Wilson van het Instituut voor Psychiatrie in Londen heeft deze kwestie eveneens uitgebreid onderzocht. Zijn conclusie luidde: 'Bepaalde chemische geneesmiddelen kunnen de testosteronfunctie hinderen en dit kan de geboorte van een homoseksuele baby tot gevolg hebben.'

Als je van plan bent zwanger te worden, neem dan een lange vakantie in een stressvrije omgeving en vermijd zieke of negatieve mensen.

Dus als je van plan bent zwanger te worden, is het geen slecht idee een onderbreking te overwegen en je omgeving in de gaten te houden als veroorzaker van overmatige stress. Het zou ook verstandig zijn een arts te raadplegen om te controleren of een geneesmiddel dat je misschien slikt de hoeveelheid hormonen in je lichaam kan onderdrukken of juist verhogen.

Hoe een lesbienne een lesbienne werd

Als de foetus genetisch een meisje (XX) is en de hersenen door mannelijke hormonen worden geregeerd, dan is het resultaat een vrouwelijk lichaam met een mannelijke hersenaanleg. Deze meisjes worden wanneer ze kind zijn vaak 'jongensachtig' genoemd en ze spelen vaak ruwer dan hun vrouwelijke leeftijdgenootjes. Ze hebben tijdens de puberteit een grotere kans op meer haargroei op het lichaam en in het gezicht dan andere meisjes, ze zijn beter in balspelletjes en spelletjes die om een hand-oogcoördinatie vragen en als volwassenen worden ze soms beschreven als 'manwijven'. Een groot percentage van deze vrouwen wordt lesbisch. Een onvoorziene dosering van mannelijke hormonen kan zich voordoen als de zwangere moeder bepaalde geneesmiddelen gebruikt die grote hoeveelheden mannelijke hormonen bevatten, zoals bepaalde anticonceptiepillen, geneesmiddelen tegen suikerziekte en andere medicijnen.

Een onderzoek uit de jaren vijftig en zestig van vrouwen met suikerziekte die zwanger waren laat een abnormaal hoog aantal meisjesbaby's zien die na de adolescentie lesbiennes werden, omdat hun hersenen tijdens de kritieke periode waarin bij de foetus de hersenen zich ontwikkelen teveel mannelijke hormonen ontvingen via diabetische geneesmiddelen.

Zo toonde een ander onderzoek aan dat vrouwen die in hetzelfde tijdsbestek vrouwelijke hormonen zoals oestrogeen kregen toegediend, in de overtuiging dat dit zou helpen bij de zwangerschap, vijf tot tien keer zoveel kans hadden het leven te schenken aan een homoseksuele jongensbaby. De hersenaanleg wordt pas in werking gesteld tijdens de adolescentie, en wel door de enorme golf van hor-

monen die dan door het lichaam van de tiener razen, waardoor de ware seksuele geaardheid van de tiener duidelijk wordt.
In navolging van deze bevindingen ontdekten onderzoekers aan het Kinsey instituut in Amerika dat moeders die tijdens de zwangerschap mannelijke hormonen hadden ingenomen, dochters kregen die zeer zelfredzaam en assertief waren en die zich vaak bezighielden met agressieve sporten als kickboksen of voetbal. Velen werden tijdens de kindertijd beschreven als 'jongensachtig'. Moeders die vrouwelijke hormonen hadden ingenomen, kregen dochters die als meer 'vrouwelijk' beschreven konden worden, en zoons die zachtaardiger en vriendelijker waren dan hun leeftijdgenoten, en ook meer afhankelijk van anderen en niet lichamelijk actief.

Transseksuele hersenen

Transseksuelen hebben vanaf hun kindertijd het gevoel dat ze in het verkeerde lichaam zijn geboren. Het gebied in de hersenen dat van wezenlijk belang is voor seksueel gedrag wordt de hypothalamus genoemd en dit gedeelte is bij vrouwen opvallend kleiner dan bij mannen. Onderzoeker Dick Swaab en zijn team van het Nederlandse Instituut voor Hersenonderzoek waren de eersten die in 1995 aantoonden dat de hypothalamus bij mannelijke transseksuelen de afmeting van die van een vrouw of kleiner had. Dit bevestigt in verder gaande mate onderzoek dat aantoont dat genderidentiteit voortkomt uit een interactie tussen de zich ontwikkelende hersenen en de geslachtshormonen. Deze theorie werd voor het eerst naar voren gebracht door de Duitse wetenschapper Gunther Dörner, die ontdekte dat de hypothalamus, wanneer deze bij homoseksuele mannen werd geïnjecteerd met vrouwelijke hormonen, op precies dezelfde wijze reageerde als de vrouwelijke hypothalamus. Swaab rapporteerde: 'Ons onderzoek is het eerste dat een vrouwelijke hersenstructuur aantoont bij genetisch mannelijke transseksuelen.' Met andere woorden, de vrouwelijke hersenen zitten gevangen in het lichaam van een man.

Het psychiatrische etiket voor transseksuelen luidt dat ze lijden aan genderidentiteitstoornis. Ongeveer 20 procent van deze mensen ondergaat een geslachtsveranderende operatie. Hierbij worden de teelballen verwijderd en wordt de penis in de lengte gehalveerd, waarna het binnenste weefsel wordt weggehaald. De huid van de penis blijft aanwezig, de urinebuis wordt verlegd en de huid van de penis wordt vervolgens naar binnen gevouwen in een chirurgisch aangebrachte holte, zodat een kunstmatige vagina ontstaat. In sommige gevallen wordt van de eikel een clitoris gemaakt en kan een orgasme worden bereikt. Het is een tragisch feit dat het aantal zelfmoorden onder transseksuelen vijf keer zo hoog is dan onder de rest van de bevolking. Een op de vijf doet een poging tot zelfmoord.

Zijn wij de slaven van onze biologie?

Wetenschappers weten hoe ze de seksualiteit van ratten en apen in de baarmoeder kunnen veranderen. Sommige groeperingen beweren dat we door middel van onze wil of keuze onze voor- en afkeuren kunnen beheersen. Ze volharden erin dat we allemaal met hetzelfde gemak kunnen file-parkeren of stratenboeken kunnen lezen. Maar je hoeft geen wetenschapper te zijn om in te zien dat konijnen niet kunnen vliegen, dat eenden hopeloos in het rennen zijn, dat de meeste vrouwen problemen met kaartlezen hebben en dat mannen die de krant zitten te lezen tijdelijk doof zijn. Het begrijpen van de verschillen in hersenstructuren maakt ons toleranter ten opzichte van elkaar en stelt ons in staat onze lotsbestemming meer te beheersen en positieve gevoelens te koesteren over onze neigingen en keuzes.
De menselijke intelligentie heeft zich ontwikkeld tot een punt waarop we meer controle hebben over onze emoties dan andere diersoorten en kunnen denken door middel van onze keuzes. Andere diersoorten denken niet; ze reageren op omstandigheden, en dit maakt hen tot slaven van hun biologie. Onze biologie is de motivatie achter veel van de keuzes die we maken en waarvan we de zin niet inzien. Maar hoewel we meer controle hebben

over onszelf dan de meeste andere diersoorten, kunnen we het systeem niet helemaal van ons afschudden. Het grootste obstakel waar de meeste mensen mee worden geconfronteerd, is dat ze het idee afwijzen dat we slechts een diersoort zijn met slimmere hersenen. Deze weigering maakt deze mensen tot slachtoffers van hun biologie.

Waarom homoseksuelen en lesbiennes geobsedeerd lijken door seks

De hypothalamus is het sekscentrum van de hersenen, dat reageert op testosteron. Mannen hebben niet alleen een grotere hypothalamus dan vrouwen, maar de gemiddelde man heeft ook tien tot twintig keer meer testosteron in zijn lichaam dan de gemiddelde vrouw. Dit is de reden waarom mannen altijd bereid zijn tot seks en vrouwen over het algemeen niet.

Een hoge testosteronspiegel doet het vuur van homoseksuelen ontbranden.

De meeste homoseksuele mannen bezitten een geslachtsdrift die overeenkomt met die van heteroseksuele mannen. Ondanks de populaire stereotypen vertoont slechts een minderheid stereotiep vrouwelijk gedrag. Zet de geslachtsdrift van twee mannen naast elkaar en je zult begrijpen waarom homoseksuelen helemaal door seks in beslag lijken te worden genomen. Geen van beiden zal bezwaar hebben tegen seks, aangezien de mannelijke hormonen hen er allebei toe aanzet, en het is niet ongebruikelijk dat een homoseksuele man tijdens zijn leven honderden of duizenden partners heeft.
Ook lesbiennes hebben hogere testosteronspiegels dan heteroseksuele vrouwen, waardoor de geslachtsdrift van lesbiennes groter wordt dan die van heteroseksuele vrouwen.

Waarom sommige homoseksuele mannen moeilijk te herkennen zijn

Eenvoudig gesteld zijn er twee belangrijke lichamelijke centra die in verband staan met homoseksueel gedrag, het 'paringscentrum' en het 'gedragscentrum'.
Het 'paringscentrum' bevindt zich in de hypothalamus en beslist tot welk geslacht we ons aangetrokken voelen. Mannen moeten een dosis mannelijke hormonen krijgen om een mannelijke operationele functie te krijgen, zodat een man zich aangetrokken zal voelen tot een vrouw. Als het centrum niet genoeg mannelijke hormonen ontvangt, zal het in meer of mindere mate vrouwelijk gaan functioneren en zal de man zich dus tot andere mannen aangetrokken voelen.
Het 'gedragscentrum' in de hersenen kan echter niet genoeg mannelijke hormonen ontvangen om de man mannelijk gedrag, mannelijke taal en lichaamstaal te geven. Als het niet genoeg ontvangt voor de mannelijke omvorming, zal het gedrag van de man significant vrouwelijk zijn.
Het is nog altijd een mysterie hoe de gedrags- en paringscentra verschillende hoeveelheden mannelijk hormoon kunnen ontvangen, maar het toont zeker aan waarom niet alle vrouwelijke mannen homoseksueel zijn en niet alle macho mannen heteroseksueel.

Waarom het nog moeilijker is een lesbienne te herkennen

Als de hersenen van een vrouwelijke foetus onbedoeld extra mannelijke hormonen ontvangen, kan het paringscentrum vermannelijken. Dit betekent dat de vrouw zich aangetrokken zal voelen tot andere vrouwen. Als haar gedragscentrum ook vermannelijkt is, zal ze zich mannelijk gedragen, mannelijke taal en lichaamstaal aanmeten en kan ze worden omschreven als een 'manwijf'.
Als haar gedragscentrum daarentegen niet door mannelijke hormonen is omgevormd, zal ze in haar gedrag vrouwelijk blijven, maar zich nog altijd aangetrokken voelen tot andere vrouwen.

Deze resultaten zijn ook aangetoond in experimenten op vrouwelijke ratten en apen.

Hoewel duidelijk zichtbaar is dat 'vermannelijkte' lesbiennes het gevolg zijn van hun biologie, verzetten veel mensen zich heden ten dage nog altijd tegen het idee dat vrouwelijke lesbiennes ook de gevangenen zijn van hun opbouw. Ze suggereren dat deze vrouwen er feitelijk voor gekózen moeten hebben homoseksueel te zijn omdat ze er zeer beslist niet uitzien als lesbiennes. Let maar op het aantal mannen die, wanneer ze een zeer vrouwelijke, of 'lipstick-lesbienne' zien, zeggen: 'Ik wil wedden dat ik haar van gedachten kan laten veranderen.'

Deze vrouwen hebben echter net zo weinig controle over hun lotsbestemming als 'vermannelijkte' lesbiennes of 'macho' of vervrouwelijkte homoseksuelen. Er is net zoveel doorslaggevend onderzoek verricht op het gebied van lesbische seksualiteit als op dat van mannelijke homoseksualiteit, maar de meeste wetenschappers zijn het erover eens dat lesbiennes zowel vrouwelijk als mannelijk kunnen zijn en zich toch nog altijd net zozeer aangetrokken kunnen voelen tot andere vrouwen.

Hoofdstuk 9

Mannen, vrouwen & seks

'... Ik wil openheid, eerlijkheid en een monogame relatie. Ik val niet op mannen die spelletjes willen spelen!'

Judith en Hans ontmoetten elkaar op een feestje van een gezamenlijke vriend. Ze voelden zich onmiddellijk tot elkaar aangetrokken en dit ging direct over in een snelle en woeste relatie. Ze waren smoorverliefd op elkaar en konden lichamelijk niet genoeg van elkaar krijgen. Hun specialiteit was huisseks; seks op de vloer van de hal, de slaapkamer, keuken, badkamer, op de trap en in de garage. Voor Hans was de seks fantastisch en besloot hij dat Judith de ware voor hem was. Ook voor Judith was de seks fantastisch, dus besloot ze dat ze verliefd moest zijn. Ze zouden voor altijd bij elkaar blijven.

Twee jaar later was hun seksleven nog altijd snel en woest – hij was snel en zij was woest. Judith was tevreden met twee keer in de week seks, maar Hans wilde het elke dag. Hij had per slot van rekening zijn vrijgezellenleventje voor deze relatie opgegeven, dus had hij het idee dat dit een eerlijke ruil was. Maar hoe meer hij op seks aandrong, hoe minder Judith het wilde en het duurde niet lang of ze hadden alleen nog slaapkamerseks. Ze begonnen over kleine dingen ruzie te krijgen, de kussen en knuffels verdwenen langzamerhand en niet lang daarna zagen ze alleen nog elkaars negatieve aspecten. Ze gingen zelfs op verschillende tijden naar bed en vermeden elkaar. Nu was het enige wat ze nog in de hal hadden geruzie, met kreten als 'Val Dood!'. Op een eenzame avond ging een van hen naar een feestje van een gezamenlijke vriend en ontmoette daar iemand. Ze voelden zich onmiddellijk tot elkaar aangetrokken en dit ging direct over in en snelle en woeste relatie. Ze waren smoorverliefd op elkaar en konden lichamelijk niet genoeg...

Hoe seks begon

Het leven begon ongeveer 3,5 miljard jaar geleden uit een eencellig wezen. Om te overleven moest het zich opdelen in exacte kopieën. Aldus bleef het miljoenen jaren hetzelfde en veranderde al-

leen van verschijning als zich per ongeluk een mutatie voordeed in de structuur, of als het iets leerde door een nieuwe ervaring. Het leven verliep langzaam. Toen leerde de cel ongeveer 800 miljoen jaar geleden een verbazingwekkende truc, waarschijnlijk opnieuw per ongeluk. Op de een of andere manier bedacht hij hoe hij genen kon uitwisselen met andere cellen. Dit betekende dat alle overlevingswinst die de andere cel had geboekt onmiddellijk konden worden doorgegeven aan de nieuwe babycel, waardoor deze sterker en veerkrachtiger werd dan de ouders. Het was niet langer nodig miljoenen jaren te wachten tot de cel per ongeluk muteerde tot een vorm met meer overlevingskansen.
Dit was een enorm succesvolle ontwikkeling, die de groei van nieuwe cellen met een verbluffende snelheid deed toenemen tot grotere en betere dingen, te beginnen met weekdieren als wormen en kwallen. Zeshonderd miljoen jaar geleden kwamen er dieren met een beenderstelsel en schalen, en 300 miljoen jaar later leerden de eerste vissen adem te halen en zich aan land te slepen. En dit alles was het resultaat van een uitwisseling van genen.
Seks vierde nu hoogtij. Nadat de nieuwe cel met de sterkere genen eenmaal was gecreëerd, was het nodig dat de ouders stierven. Dit om twee redenen. Ten eerste was de nieuwe cel beter dan de ouderlijke cellen, waardoor de ouders overbodig werden. Ten tweede moesten de ouders verdwijnen, zodat ze zich niet voortplantten met de nieuwe cel en deze aldus zouden verzwakken. De dood betekende dat het nieuwe, sterkere gen kon overleven en zijn genen kon delen met andere nieuwe overlevenden. Het oorspronkelijke doel van seks was dus de uitwisseling van genen om de volgende generatie baby's van sterkere genen te voorzien. Maar in het grootste gedeelte van onze geschiedenis is er geen verband gelegd tussen seks en baby's en er zijn nog altijd primitieve stammen die dit verband nog steeds niet hebben gelegd.

Waar zit seks in onze hersenen?

Je sekscentrum bevindt zich in de hypothalamus, die deel uitmaakt van het gedeelte van de hersenen dat ook emoties, hartslag en bloeddruk beheerst. De hypothalamus is ongeveer zo groot als een kers en weegt rond de 4,5 gram. Het orgaan is bij mannen groter dan bij vrouwen, homoseksuelen en transseksuelen.

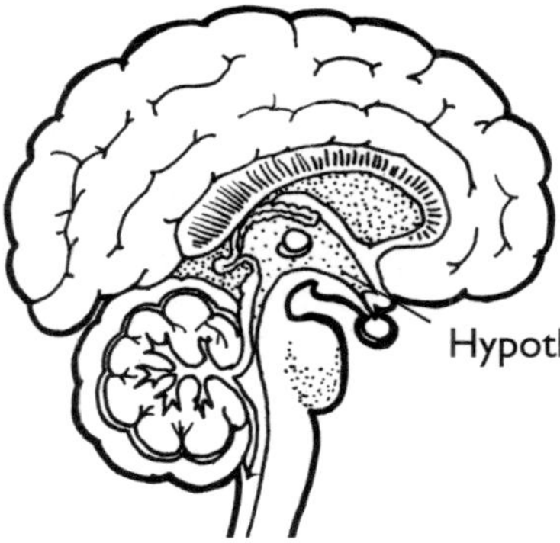

Het sekscentrum van de hersenen – de hypothalamus

Dit is het gebied waarin hormonen, met name testosteron, het verlangen naar seks stimuleren. Als je bedenkt dat mannen tien tot twintig keer zoveel testosteron en een grotere hypothalamus bezitten dan vrouwen, mag het duidelijk zijn waarom de mannelijke geslachtsdrift zo krachtig is. Dit is de reden waarom mannen op nagenoeg elk tijdstip en op bijna elke plaats seks kunnen hebben. Voeg hier de sociale aanmoediging om hun 'zaad te verspreiden' aan toe die mannen generaties lang hebben ontvangen, plus de afkeuring van de maatschappij van seksueel actieve of 'seksueel losbandige' vrouwen, en het is niet verbazingwekkend dat de verschillen in houding ten opzichte van seks tussen mannen en vrouwen altijd een onderwerp van discussie is geweest.

Waarom mannen er niets aan kunnen doen

De enthousiaste en impulsieve geslachtsdrift van mannen heeft een duidelijk doel: waarborgen dat het menselijk ras blijft bestaan. De man moest zich, net als de meeste zoogdieren, ontwikkelen met enkele elementen voor een succesvol bestaan. Ten eerste moest zijn geslachtsdrift intensief gericht zijn en niet makkelijk worden afgeleid. Hierdoor kon hij onder bijna alle omstandigheden seks hebben, zoals in de aanwezigheid van potentieel bedreigende vijanden, of op elke plaats waar zich een mogelijkheid tot seks voordeed.

Een man moest vroeger in staat zijn binnen de kortst mogelijke tijd zoveel mogelijk orgasmen te krijgen, om te vermijden dat hij werd gepakt door roofdieren of vijanden.

Hij moest ook zoveel en zo vaak mogelijk zijn zaad verspreiden. Aan het Kinsey-instituut in de Verenigde Staten hebben wereldleiders op het gebied van onderzoek naar menselijke seks gemeld dat ze geloven dat zonder de sociale regels van de maatschappij bijna alle mannen vrij seksueel verkeer zouden hebben, zoals dit het grootste gedeelte van het bestaan van de mensheid bij 80 procent van alle menselijke gemeenschappen het geval is geweest. Sinds de komst van het tijdperk der monogamie heeft de biologische drang van mannen echter een voortdurende chaos veroorzaakt voor stellen die proberen een relatie op te bouwen. Monogamie is oorzaak nummer één van moderne relatieproblemen.

Waarom vrouwen trouw zijn

De hypothalamus van de vrouw is veel kleiner dan die van de man en zij heeft maar kleine hoeveelheden testosteron om hem te activeren. Dit is de reden waarom vrouwen over de hele wereld een minder sterke geslachtsdrift hebben dan mannen en minder agressief zijn. Dus waarom maakte de natuur van de vrouw niet een uitzonderlijke nymfomane om het voortbestaan van de soort zeker te stellen? Het antwoord ligt in de lange periode tussen conceptie en de opvoeding van een kind tot zelfredzaamheid.
Bij soorten zoals konijnen duurt de zwangerschap maar zes weken en zijn de pasgeboren jongen binnen twee weken in staat zelf voed-

sel te zoeken, te rennen en zich te verbergen. Er is geen noodzaak voor een vaderkonijn om hen te verdedigen en van voedsel te voorzien. Een pasgeboren olifant of damhert kan kort na de geboorte met de kudde meerennen. Zelfs onze naaste neef, de chimpansee, overleeft als hij na zes maanden wees wordt. Maar de meeste vrouwen worden een belangrijk deel van de negen maanden durende zwangerschap beperkt in hun bewegingsvrijheid en het duurt minstens vijf jaar voor een menselijk kind zichzelf kan voeden en verdedigen. Om die reden analyseren vrouwen de eigenschappen van een potentiële vader nauwkeurig, zoals zijn vermogen te voorzien in voedsel en beschutting en het afweren van vijanden.
De hersenen van een vrouw zijn dusdanig geprogrammeerd dat ze een man zoekt die lang genoeg in de buurt wil blijven om haar kinderen groot te brengen. Dit wordt weerspiegeld in de eigenschappen waar vrouwen naar op zoek gaan in een langetermijnpartner.

Mannen zijn gasfornuizen, vrouwen elektrische ovens

De mannelijke geslachtsdrift is als een gasfornuis; hij ontsteekt direct, werkt binnen een paar seconden op volle kracht en kan net zo snel weer worden uitgezet wanneer het eten gaar is. De geslachtsdrift van vrouwen is als een elektrische oven; zij warmt langzaam op tot de hoogste temperatuur en het duurt veel langer voor het is afgekoeld.
Op bladzijde 230 zie je een grafiek die de geslachtsdrift laat zien van de gemiddelde man en vrouw in de loop van hun leven. De verschillende perioden in het leven waarin de geslachtsdrift hoger of lager is op basis van omgevingsfactoren zoals geboorten, sterfgevallen, hofmakerij, pensioen enzovoort, is hierin niet verwerkt. Om de verschillen in geslachtsdrift te illustreren hebben we deze grafiek vereenvoudigd.
De testosteronspiegel van een man daalt langzamerhand naarmate hij ouder wordt en zijn geslachtsdrift neemt dienovereenkomstig af. De geslachtsdrift van de gemiddelde vrouw neemt langzamerhand toe, zodat haar seksuele hoogtepunt rond de leeftijd van

zesendertig tot achtendertig jaar ligt, hetgeen het 'seksuele speeltje'-syndroom verklaart van oudere vrouwen met jongere mannen. Jongere mannen bezitten het lichamelijke prestatieniveau waar oudere vrouwen naar smachten. Het seksuele prestatieniveau van een man op de leeftijd van negentien jaar is beter te vergelijken met dat van een vrouw van eind dertig, begin veertig. Je kunt aan de grafiek zien dat de geslachtsdrift van een man van in de veertig vergelijkbaar is met die van een vrouw van in de twintig, hetgeen de combinatie oudere man met jongere vrouw verklaart. Er is over het algemeen een leeftijdsverschil van rond de twintig jaar bij deze oudere-jongerecombinaties.

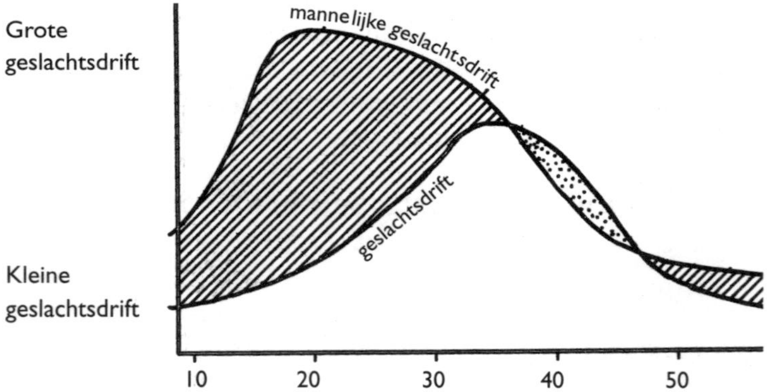

Geslachtsdrift bij mannen en vrouwen
(Bron: Pease International Research, Engeland)

Wanneer we zeggen dat de geslachtsdrift van een man op zijn negentiende op zijn hoogtepunt is en later in het leven terugvalt, hebben we het over zijn lichamelijke prestatieniveau. Zijn belangstelling voor seks blijft meestal de rest van zijn leven hoog, hetgeen betekent dat hij er op zijn zeventigste net zo in is geïnteresseerd als op zijn dertigste, maar dat zijn prestatieniveau niet zo hoog meer is. Een vrouw kan aan het eind van haar tienerjaren zeer veel belangstelling voor seks hebben (omdat ze een relatie uit liefde aangaat), maar een beperkt verlangen naar seks. Wanneer ze in de dertig is kan ze dezelfde belangstelling voor seks hebben, maar in die periode heeft ze ook een groter *verlangen* naar seks.

Waarom we ruzie maken over seks

Vergeet niet dat we het hier over de geslachtsdrift in het algemeen hebben van alle mannen als een groep en alle vrouwen als een andere groep. De individuele geslachtsdrift kan van persoon tot persoon variëren, maar in dit hoofdstuk bespreken we alleen de typerende gemiddelde geslachtsdrift.
Een individuele vrouw kan een sterke geslachtsdrift hebben en een man een zwakke geslachtsdrift, maar zulke mensen zijn in de minderheid en representeren niet de grote meerderheid. Over het geheel genomen hebben de meeste mannen een sterke geslachtsdrift en de meeste vrouwen een minder sterke geslachtsdrift. Een onderzoek van het Kinsey-instituut toonde aan dat 37 procent van de mannen ongeveer elke dertig minuten aan seks denkt. Dit gaat voor slechts 11 procent van de vrouwen op. Bij een man wordt de geslachtsdrift in stand gehouden door een voortdurend hoge dosis testosteron, en dit is de reden dat hij er, wanneer het op seks aankomt, altijd klaar voor is.

Wanneer het op seks aankomt, hebben vrouwen een reden nodig; mannen een plaats.

Het gearceerde gebied in grafiek 9 is het punt waarop de meeste mannen en vrouwen ruzie hebben over seks. Tot ze eind dertig is zal een vrouw klagen dat een man haar voortdurend onder druk zet voor seks, waardoor bij beide partijen wrok ontstaat. Zij zal hem er vaak van beschuldigen dat hij haar 'gebruikt'. Pas wanneer ze eind dertig is, komt de geslachtsdrift van de vrouw overeen met die van een man; hij stijgt er zelfs vaak bovenuit. Dit is de manier van de natuur om de vrouw aan te zetten tot kinderen baren voordat de menopauze begint. Een man van begin veertig staat soms te kijken van deze omkering van rollen. Zijn geslachtsdrift kan nu minder sterk zijn dan die van een vrouw van dezelfde leeftijd, terwijl haar niveau van assertiviteit hoger kan zijn. Veel mannen klagen over het feit dat ze moeten 'presteren op commando'. De bakens zijn nu zogezegd verzet. We raden aan *Good Loving, Great*

Sex te lezen van Rosie King en *Mars and Venus in de slaapkamer* van John Gray. Beide boeken bieden uitstekende technieken en strategieën voor het omgaan met de verschillen in geslachtsdrift. De meeste stellen richten zich niet op deze verschillen en een ieder verwacht van de ander dat deze zijn/haar behoefte begrijpt maar dat is niet zoals de natuur het heeft gepland.
Mannen en vrouwen hebben een verschillende geslachtsdrift en de meeste stellen ervaren verschillen in hun geslachtsdrift op verschillende tijdstippen in de week, maand en het jaar. Misschien heerst het idee dat de moderne man en vrouw evenzeer geïnteresseerd zijn in seks, of dat normale stellen seksueel volmaakt op elkaar afgestemd zijn, maar zo gaat het niet in het werkelijke leven. Ondanks wat dichters schrijven en romantici mogen denken, is de geslachtsdrift het gevolg van de cocktail van hormonen die door de hersenen worden vrijgegeven. Testosteron is het belangrijke hormoon dat het gevoel oproept dat wij geslachtsdrift noemen; en liefde is, zoals wij in hoofdstuk 7 bespraken, een combinatie van chemische en elektrische reacties. Diegenen die denken dat liefde tussen de oren zit, hebben gedeeltelijk gelijk. Voor vrouwen vormden psychologische factoren zoals vertrouwen, intimiteit en een algeheel gevoel van welzijn de combinatie die de voorwaarden schept waardoor de hormonencocktail door de hersenen kan worden vrijgegeven. Bij mannen kan deze cocktail op elk gewenst tijdstip en op elke gewenste plaats worden vrijgegeven.

Geslachtsdrift en stress

De geslachtsdrift van een vrouw kan in grote mate worden beïnvloed door gebeurtenissen in haar leven. Als de kans bestaat dat ze wordt ontslagen, als ze op haar werk bezig is met een zeer veeleisend project, als de aflossing op het huis opeens is verdubbeld, als de kinderen ziek zijn, als ze doorweekt raakt door de regen of als de hond is weggelopen, is seks niet eens een punt van overweging. Het enige waar ze aan kan denken is naar bed gaan en slapen.
Wanneer een man dezelfde gebeurtenissen overkomen, beschouwt hij seks als een slaappil, als een manier om de opgebouwde span-

ningen van de dag los te laten. Dus aan het einde van de dag dringt hij aan bij de vrouw. Zij noemt hem een ongevoelige debiel en hij noemt haar frigide en gaat op de bank slapen. Klinkt dit je bekend in de oren? Het is een interessant feit dat, wanneer mannen wordt gevraagd naar hun relatie, ze meestal vermelden wat voor persoonlijke diensten hun partner op de dag dat het hun werd gevraagd verrichtte, zoals of zij het ontbijt voor hem klaarmaakte, zijn overhemd streek of zijn nek masseerde. Vrouwen beschrijven hun relatie op basis van recente gebeurtenissen, zoals hoe attent hun man de laatste paar maanden is geweest, zijn behulpzaamheid in huis en hun communicatie. De meeste mannen begrijpen dit verschil niet. Hij kan de hele dag een volmaakte heer geweest zijn, maar zij weigert seks met hem te hebben omdat het haar nog steeds dwars zit dat hij twee weken daarvoor haar moeder heeft beledigd.

Hoe vaak hebben we seks?

Een onderzoek dat in 1997-1998 in Australië onder stellen werd uitgevoerd liet de gemiddelde frequentie zien waarmee ze seks hadden. Diegenen die meededen aan het onderzoek werden willekeurig gekozen en het werd anoniem uitgevoerd, zodat de kans groot is dat de deelnemers naar waarheid hebben geantwoord.

Leeftijd	***Seksfrequentie***
twintigers	*144 keer per jaar*
dertigers	*112 keer per jaar*
veertigers	*78 keer per jaar*
vijftigers	*63 keer per jaar*
zestigers	*61 keer per jaar*

Vergeet niet dat dit gemiddelden zijn. Sommige 65-jarigen hebben zes keer per week seks en sommige 20-jarigen hebben nog nooit seks gehad, maar zij zijn eerder uitzonderingen dan regel. Interessant is dat 81 procent van de stellen beweerde een gelukkig seksleven te hebben, hetgeen betekent, ervan uitgaand dat ze de

waarheid spraken, dat er heel wat onderhandelingen moeten hebben plaatsgevonden om de overmatige geslachtsdrift van de man te compenseren. Het percentage stellen in westerse landen dat zei een goed seksleven te hebben ligt gewoonlijk rond de 60.
Een Amerikaans onderzoek wees uit dat alle blanke mannen ruwweg evenveel seks hebben, dat Latijns-Amerikaanse vrouwen meer seks hebben dan zwarte of blanke vrouwen (die qua aantal ongeveer overeenkomen), en dat zwarte vrouwen elke keer dat ze seks hebben 50 procent meer kans hebben op het bereiken van een orgasme dan blanke vrouwen. Het bleek dat Aziatische mannen de minste seks hebben, hetgeen overeenkomt met hun lagere testosteronspiegel.

Seks in de hersenen

Het Amerikaanse tijdschrift *American Demographics* deed verslag van de bevindingen van een groep wetenschappers die een onderzoek verrichtten onder tienduizend volwassenen en een verband ontdekten tussen geslachtsdrift en intelligentie. Ze ontdekten dat hoe slimmer je bent, hoe minder seks je hebt, of wilt hebben. Intellectuelen met een postdoctorale graad hadden 52 keer per jaar seks, in vergelijking met een gemiddelde van 61 keer voor gewoon afgestudeerden, terwijl schoolverlaters een gemiddelde haalden van 59 keer. Mannen met een baan van negen tot vijf hadden 48 keer per jaar seks, afgezet tegen 82 keer voor mannen die meer dan zestig uur per week werkten – een verhoogde testosteronspiegel veroorzaakte waarschijnlijk het verschil, zowel wat betreft hun werkdrift als wat betreft hun geslachtsdrift. Jazzliefhebbers hebben 34 procent meer seks dan liefhebbers van popmuziek, en liefhebbers van klassieke muziek hebben de minste seks.

De testosteron komt bij mannen in vijf tot zeven golven per dag en is het hoogst bij zonsopgang – tot twee keer zo hoog als op elk ander tijdstip van de dag –, vlak voordat hij die dag op pad gaat voor de jacht. De testosteronspiegel ligt tegen de avond, wanneer de man in het vuur zit te staren, gemiddeld 30 procent lager.

'Ik werd om zes uur 's morgens wakker en mijn vrouw zat me in mijn rug te porren met een bezemsteel!' vertelde een man ons na een lezing die wij hadden gegeven. 'Toen ik haar vroeg waar ze mee bezig was, antwoordde ze: "Nu ben jij een keer aan de beurt!"'

Hoe seks je gezondheid bevordert

Er bestaat een overweldigde hoeveelheid bewijs dat seks goed is voor je gezondheid. Wanneer je gemiddeld drie keer per week een amoureuze onderbreking hebt, wordt er 35.000 kilojoule verbrand, een hoeveelheid energie die gelijk is aan 130 kilometer rennen in een jaar. Seks verhoogt je testosteronspiegel, zodat je botten en spieren worden versterkt en je bloed van goede cholesterol wordt voorzien. Seksonderzoeker Beverley Whipple zegt: 'Tijdens seks worden er endorfinen, de natuurlijke pijnstillers van het lichaam, vrijgegeven en die zijn goed voor het verlichten van hoofdpijn, whiplash en artritis.'
Ook komt vlak voor het orgasme het hormoon DHEA (dehydroepiandrosteron) vrij; dit verbetert het leervermogen, bouwt het immuunsysteem op, remt de groei van tumoren en versterkt de botten. Bij een vrouw wordt tijdens seks oxytocine, het hormoon dat het verlangen tot aanraken opwekt, in grote doseringen vrijgegeven, en ook haar oestrogeenspiegel stijgt. Harold Bloomfield toonde in zijn boek *The Power of Five* aan dat bij vrouwen oestrogeen in verband staat met een sterker bottenstelsel en een beter hart-en-vaatstelsel. Al deze hormonen hebben tot doel het hart te beschermen en het leven te verlengen, en daarom staat meer seks gelijk aan een langer leven en minder stress. De lijst van voordelen van een opwindend seksleven wordt steeds langer!

Monogamie en polygamie

We spreken van polygamie wanneer een man of vrouw meer dan een partner tegelijk heeft. Je bent inmiddels misschien tot de conclusie gekomen dat de menselijke soort van nature niet monogaam is. Het is zeker een feit dat voor de verspreiding van de joods-christelijke cultuur meer dan 80 procent van alle menselijke gemeenschappen uit polygame gemeenschappen bestond, voornamelijk om te kunnen overleven.

Veel mannen denken dat monogamie iets is waar meubels van gemaakt worden.

Monogamie houdt in dat een man permanent gekoppeld is aan een vrouw, hetgeen voor een aantal diersoorten zoals vossen, ganzen en de adelaar de natuurlijke staat is. Monogame mannetjes- en vrouwtjesdieren zijn over het algemeen lichamelijk even groot en de ouderlijke plichten en verantwoordelijkheden worden op fifty-fifty-basis gedeeld. Bij polygame soorten zijn de mannetjes in de regel groter, kleurrijker, agressiever, en ze bemoeien zich maar weinig met het ouderschap. Bij polygame dieren zijn de mannetjes seksueel later volwassen dan de vrouwtjes zodat concurrentieconflicten worden vermeden tussen de oudere en jongere, onervaren mannetjes die minder kans hebben het gevecht te overleven. Menselijke mannen passen bij de lichamelijke specificaties van de polygame soorten; het is geen wonder dat mannen voortdurend een gevecht moeten aangaan om monogaam te blijven.

Waarom mannen promiscue zijn

Waar past het huwelijk in de levensstijl van een diersoort die biologisch gezien een promiscue mannetje heeft?
Vrij seksueel verkeer zit in de hersenen van de man ingebouwd en is een erfgoed uit zijn evolutionaire verleden. Door de hele geschiedenis van de mensheid heen werd het aantal mannen door oorlogen verkleind, en daarom getuigde het van gezond verstand om de stam zo vaak mogelijk te vergroten. Het aantal mannen dat van het strijdveld terugkeerde was gewoonlijk kleiner dan aan het begin. Dit hield in dat er altijd grote aantallen weduwen waren en de vorming van een harem voor de terugge-

keerde mannen was een effectieve overlevingsstrategie voor de stam.

De geboorte van jongens werd als een prachtige gebeurtenis beschouwd omdat er altijd extra mannen nodig waren om de gemeenschap te verdedigen. Meisjes betekenden een teleurstelling omdat de stam steevast een vrouwenoverschot had. Zo verliep het honderd duizenden jaren lang. Bovendien is de moderne man nog altijd uitgerust met een grote hypothalamus en enorme hoeveelheden testosteron zodat hij aan zijn aloude drang tot voortplanting gehoor kan geven. De werkelijkheid is dat mannen, net als de meeste primaten en andere zoogdieren, biologisch niet geneigd zijn tot monogamie.

De gigantische op mannen georiënteerde seksindustrie biedt hier voortdurend het bewijs van. Bijna alle pornografie, erotische video's, prostitutie en Internet-afbeeldingen zijn gericht op mannen, hetgeen aantoont dat, hoewel de meeste mannen wel in een monogame relatie kunnen leven, hun hersenaanleg een polygame mentale stimulatie vereist. Begrijp echter wel dat we het, bij het bespreken van de drang van mannen tot vrij seksueel verkeer, hebben over biologische *inclinaties.* We willen promiscue gedrag niet aanmoedigen en willen mannen ook geen excuus geven om ontrouw te zijn. We leven vandaag de dag in een wereld die totaal verschilt van die van vroeger, en onze eigen biologie strookt vaak absoluut niet met onze verwachtingen en verlangens.

De menselijke biologie is gevaarlijk verouderd.

Het feit dat iets instinctief of natuurlijk is betekent niet dat het ook goed voor ons is. De hersenaanleg van een mot trekt hem instinctief aan tot fel licht en dit stelt de mot in staat 's nachts op het licht van de sterren en de maan te navigeren. Helaas leeft de moderne mot ook in een wereld die ingrijpend verschilt van de wereld waarin hij tot ontwikkeling is gekomen. Nu beschikken we over elektrische motten- en vliegenvangers. De moderne mot vliegt, zijn natuur en instinct volgend, de vanger in en wordt onmiddellijk verbrand. Als de moderne man zijn biologische drang begrijpt, kan hij ervoor kiezen zelfverbranding als gevolg van een handeling die ons van nature afgaat te vermijden.

'Nog niet kijken, maar Gods geschenk aan de pauwen is net binnengekomen!'

Er is een klein percentage vrouwen dat net zo promiscue is als mannen, maar hun motivatie verschilt meestal van die van de mannen. Als de vrouw seksueel geprikkeld wil raken, reageren haar hersenen die gebouwd zijn op nestverdediging op veel meer criteria dan alleen de belofte van seks. De meeste vrouwen willen een relatie, of tenminste de mogelijkheid tot de een of andere emotionele band, voordat ze een verlangen naar seks voelen. De meeste mannen realiseren zich niet dat wanneer een vrouw eenmaal het gevoel heeft dat er een emotionele band is gevormd, zij zich de daaropvolgende drie tot zes maanden met alle plezier suf neukt. Met uitzondering van het zeldzame percentage nymfomanen voelen de meeste vrouwen de sterkste drang tot lichamelijke seks tijdens de ovulatie die enkele dagen of enkele uren kan duren. Als ze ongeremd zouden zijn zouden de meeste mannen in de bodemloze put vallen van nonchalante geslachtsgemeenschap om de overleving van de stam te waarborgen. Een onderzoek dat werd uitgevoerd door het Amerikaanse Gezondheidsinstituut toonde aan dat 82 procent van de jongens tussen de zestien en negentien jaar zei dat het idee van een orgie met vreemden hen wel aansprak, terwijl slechts twee procent van de meisjes er hetzelfde over dacht. De rest vond het idee weerzinwekkend.

Het haantjeseffect

Een haan is een bijzonder geile mannetjesvogel die bijna onophoudelijk en meer dan zestig keer met hennen kan copuleren. Hij kan echter niet meer dan vijf keer per dag met dezelfde hen paren. Tegen de zesde keer verliest hij zijn belangstelling volledig en 'krijgt hem niet omhoog', maar als hem een nieuwe hen wordt aangeboden, kan hij haar met hetzelfde enthousiasme bestijgen als de eerste. Dit staat bekend als het 'haantjeseffect'.

Een vrouw wil veel seks met de man van wie ze houdt. Een man wil veel seks.

Een stier zal zijn belangstelling na zeven keer met dezelfde koe verliezen, maar kan opnieuw geprikkeld raken wanneer hem een nieuwe koe wordt gepresenteerd. Tegen de tijd dat hij bij de tiende nieuwe koe komt, kan hij nog altijd een indrukwekkende prestatie leveren.
Een ram zal dezelfde ooi nooit meer dan vijf keer bestijgen, maar kan met enorme ijver nieuwe ooien bestijgen. Zelfs wanneer de voorgaande seksuele partners van de ram gehuld gaan in een wolk parfum of een zak over de kop hebben, kan de ram niet presteren. Je kunt hem gewoon niet voor de gek houden. Op deze manier zorgt de natuur ervoor dat het mannelijke zaad zo wijd mogelijk wordt verspreid om het hoogste aantal concepties te bereiken en de overleving van de soort te verzekeren.

Mannen geven hun penis een naam omdat ze niet willen dat een vreemde 99 procent van hun beslissingen voor hen neemt.

Bij gezonde jonge mannen ligt dat aantal ook rond de vijf. Op een goede dag kan hij vijf keer seks hebben met dezelfde vrouw, maar hij slaagt er gewoonlijk niet in een zesde toegift te geven. Maar wanneer je hem een nieuwe vrouw voorschotelt, kan zijn belang-

stelling (tezamen met gedeelten van zijn anatomie) net als bij hanen en stieren zeer snel stijgen.
De mannelijke drang tot seks is zo sterk dat Patrick Carnes van het Sexual Recovery Institute in Los Angeles schat dat tot 8 procent van de mannen verslaafd is aan seks, in vergelijking tot minder dan 3 procent bij de vrouwen.

Waarom mannen willen dat vrouwen zich als een hoer kleden (*maar niet in het openbaar*)

De hersenen van de man hebben afwisseling nodig. Net als de meeste mannelijke zoogdieren is een man voorgeprogrammeerd op het zoeken naar en het paren met zoveel mogelijk gezonde vrouwen. Dit is de reden waarom mannen binnen een monogame relatie houden van modesnufjes als sexy lingerie. In tegenstelling tot andere zoogdieren kunnen mannen zichzelf voor de gek houden en geloven dat ze een harem van verschillende vrouwen hebben door hun partner te kleden in een heleboel soorten sexy kleding en lingerie. Dit is in feite zijn versie van 'een zak over haar kop trekken' om te voorzien in een verscheidenheid van verschijningen. De meeste vrouwen weten welk effect lingerie op mannen heeft, hoewel weinigen begrijpen waarom dit zo'n krachtig middel is.
Elk jaar met de kerst lopen de warenhuizen over van mannen die schaapachtig ronddwalen in een poging een sexy geschenk voor hun partner te vinden. In januari staan die vrouwen in de rij bij de klantenservice van dezelfde winkel. 'Dit is niets voor mij', zeggen ze dan. 'Hij wil dat ik eruitzie als een hoer!' De hoer is echter een professionele verkoper van seks die de marktvraag heeft onderzocht en is verpakt voor de verkoop. Een Amerikaans onderzoek heeft aangetoond dat vrouwen die verschillende soorten erotische lingerie dragen over het algemeen trouwere mannen hebben dan vrouwen die de voorkeur geven aan bloemetjesondergoed. Dit is slechts één manier waarop de drang van de man tot afwisseling in een monogame relatie soms wordt benaderd.

Waarom mannen tot de drieminutenwonderen behoren

De gemiddelde tijd van een gezonde man om vanaf een koude start tot een orgasme te komen bedraagt ongeveer tweeëneenhalve minuut. Voor een gezonde vrouw bedraagt hetzelfde gemiddelde dertien minuten. Voor de meeste zoogdieren is copulatie een snelle kwestie omdat ze, wanneer ze opgaan in hun samensmelting, kwetsbaar zijn voor de aanval van roofdieren. Het vluggertje was de manier van de natuur tot het behoud van de soort.

'Je bent een vreselijke minnaar!' zei zij.
'Hoe kun je dat pas na twee minuten tegen me zeggen?' vroeg hij.

Veel mannen kunnen, afhankelijk van hun leeftijd, gezondheid en stemming, enkele keren per dag seks hebben en soms langere tijd een erectie behouden. Dit verschijnsel is het meest indrukwekkend bij de Afrikaanse mannetjesbaviaan die binnen tien tot twintig seconden kan paren en per paring slechts vier tot acht keer stoot. Bij de wilde rat daarentegen is geconstateerd dat hij in een tijdsduur van tien uur tot vierhonderd keer kan paren. Maar de eerste plaats in het dierenrijk gaat naar de bosmuis, die met meer dan honderd paringen per uur de houder is van het seksuele record.

Er is geen bal aan

'Daar moet je wel ballen voor hebben!' is een veel gehoorde uitdrukking die onderstreept hoe we onbewust het verband onderkennen tussen de grootte van de zaadballen en assertiviteit. In de hele dierenwereld geldt de grootte van de teelballen – in verhouding tot de algehele lichaamsgrootte – als de belangrijkste factor bij het bepalen van de testosteronspiegel. De grootte van de zaadbal staat echter niet noodzakelijkwijs in verband met de lichaamsgrootte. Een gorilla weegt bijvoorbeeld vier keer zoveel als een chimpansee maar de teelballen van een chimpansee zijn vier keer zwaarder dan die van een gorilla. De teelballen van een mus zijn in verhouding tot zijn lichaamsgrootte acht keer zo groot als die van een adelaar, hetgeen de mus tot een van de geilste vogeltjes in het dierenrijk maakt. Dit is waar het om draait: de grootte van de teelbal bepaalt het niveau van trouw of monogamie van het mannetje. De Afrikaanse bonobo heeft de grootste teelballen van alle primaten en heeft seks met elk vrouwtje dat binnen zijn gezichtsveld komt, maar de machtige gorilla, met verhoudingsgewijs kleine ballen, mag van geluk spreken als hij eens per jaar seks heeft, ook al beschikt hij over zijn eigen harem. Wat betreft de verhouding teelbal-lichaamsgrootte bezitten menselijke mannen ballen van gemiddelde grootte voor primaten. Dit betekent dat mannen genoeg testosteron produceren om hen aan te moedigen er vrij seksueel verkeer op na te houden, maar niet weinig genoeg om hen monogaam te houden volgens de strikte regels die worden opgelegd door de vrouwen, religie of gemeenschap waarin ze leven.

In dit licht gezien zou het voor zich spreken dat politieke leiders zoals Bill Clinton, John F. Kennedy, Bob Hawke en Saddam Hoessein grotere teelballen hebben dan gemiddeld, hoewel we niet dicht genoeg in de buurt konden komen om dit na te gaan! Hieruit vloeit tevens voort dat hun geslachtsdrift dienovereenkomstig sterker zou zijn dan die van de gemiddelde man en dat die een uitlaatklep nodig heeft. Het publiek plaatst individuen met grote ballen en een hoog testosteronspiegel in machtsposities en verwacht vervolgens dat ze zich met dezelfde terughoudendheid gedragen als een gecastreerde kater. De werkelijkheid is dat een sterke geslachtsdrift hen in een machtspositie plaatst, waarna ze er ironisch gezien weer uit geknikkerd worden.

Er is maar één gegarandeerde oplossing voor het probleem van mannelijke ontrouw: castratie. Niet alleen zou een man dan monogaam zijn, hij zou zich ook niet zoveel hoeven te scheren, zou niet kaal worden en zou langer leven. Onderzoek onder mannen in psychiatrische inrichtingen laat zien dat gecastreerde mannen een gemiddelde leeftijd van negenenzestig jaar bereiken, terwijl mannen die ongeschonden zijn gebleven wat betreft de hoeveel-

heden testosteron die door hun lichaam golven, gemiddeld slechts zesenvijftig worden. Hetzelfde gegeven gaat op voor je kat.
We kunnen ook verwachten dat toekomstige generaties mannen minder potent zullen zijn dan mannen van nu. De grootte van de teelballen en de productie van sperma zijn al generaties lang gestaag aan het afnemen. Er is bewijs dat onze mannelijke voorouders veel grotere ballen hadden dan de moderne man, en dat de mannen in vergelijking tot andere primaten een beduidend minder grote hoeveelheid sperma per gram weefsel produceren dan hun neven de gorilla en chimpansee. Het gemiddelde aantal zaadcellen bedraagt nu ongeveer de helft van dat van mannen in de jaren veertig, dus brengen we nu mannen voort die minder mannelijk zijn dan hun grootvaders.

Lennart speelt zijn huwelijksvideo achterwaarts af. Hij zegt dat hij zo zichzelf als een vrij man de kerk uit kan zien wandelen.

Ballen met een brein

Robin Baker van de faculteit Biologie aan de Britse Universiteit van Manchester voerde een opmerkelijk onderzoek uit, dat aantoonde dat de hersenen van een man onbewust uit het gedrag van een vrouw opmaken wanneer ze de ovulatiefase in gaat. Zijn lichaam berekent vervolgens de exacte hoeveelheid sperma die op elk gegeven moment nodig is om de grootste kans op conceptie te hebben en geeft dit vrij. Als een stel bijvoorbeeld elke dag seks heeft, kan zijn lichaam rond de tijd dat de vrouw ovuleert honderd miljoen zaadcellen per keer vrijgeven. Als hij haar drie dagen niet heeft gezien zal zijn lichaam driehonderd miljoen zaadcellen per keer vrijgeven en vijfhonderd miljoen als hij haar vijf dagen niet heeft gezien – zelfs als hij elke dag seks met een andere vrouw heeft gehad. Gebaseerd op biologische berekeningen door zijn hersenen, geeft zijn lichaam net genoeg vrij om de conceptie te bewerkstelligen en ander concurrerend sperma dat eventueel aanwezig is af te houden.

Mannen en hun gelonk

Mannen worden door middel van hun ogen gestimuleerd, vrouwen door middel van hun oren. De hersenen van de man zijn dusdanig geschakeld dat hij naar de vrouwelijke vorm kijkt, en dit is de reden waarom erotische beelden zo'n grote invloed op hem hebben. Vrouwen, die over een grotere reeks zintuiglijke informatiereceptoren beschikken, willen lieve woordjes horen. De vrouwelijke gevoeligheid voor complimentjes is zo sterk dat veel vrouwen zelfs hun ogen dichtdoen wanneer hun minnaar hun lieve woordjes influistert.
De Miss Universe-wedstrijden trekken een groot publiek van zowel mannen als vrouwen, maar de opiniepeilingen van de televisie laten zien dat er meer mannelijke kijkers zijn dan vrouwelijke. Dit komt doordat mannen zich aangetrokken voelen tot de vrouwelijke vorm. Deze wedstrijden zijn een aanvaarbare vorm van 'gluren van mannen naar vrouwen'. De Mr Universe-wedstrijden daarentegen spreken bijna niemand aan en worden zelden op de televisie uitgezonden. Dit komt doordat mannen noch vrouwen belangstelling hebben voor de passieve mannelijke vorm. De aantrekkelijkheid van een man hangt immers meestal af van zijn vaardigheden en lichamelijke bekwaamheid.

De Miss Universe-wedstrijden worden voornamelijk door mannen bekeken, maar voor de Mr Universe-wedstrijden loopt niemand warm.

Wanneer er een vrouw met een aantrekkelijk lichaam voorbij komt lopen keert een man, met zijn gebrek aan perifeer zicht, zijn hoofd om om te kijken en komt in een soort trancetoestand. Hij stopt met het knipperen van zijn ogen en zijn mond loopt vol met speeksel – een reactie die door vrouwen wordt beschreven als 'kwijlen'. Als er een stel over straat loopt en Miss Minirok komt hen heupwiegend tegemoet, dan stelt haar perifere zicht op korte afstand de vrouw in staat haar eerder te zien dan de man. Ze zal een snelle vergelijking maken tussen zichzelf en de potentiële concurrente, die meestal negatief uitvalt voor zichzelf. Wanneer de man de Miss uiteindelijk ziet, krijgt hij een negatieve reactie van zijn vrouw omdat hij gluurt. Een vrouw zal in een dergelijke situatie meestal twee negatieve gedachten koesteren: ten eerste denkt ze ten onrechte dat haar man liever met die andere vrouw samen zou zijn dan met haar, en ten tweede denkt ze dat ze lichamelijk niet zo aantrekkelijk is als de andere vrouw. Mannen worden visueel aangetrokken tot welvingen, beenlengte en vormen. De aandacht van de man zal worden getrokken door íédere vrouw met de juiste vorm en verhoudingen.

Mannen geven de voorkeur aan uiterlijk boven hersenen, omdat de meeste mannen beter kunnen zien dan denken.

Dit betekent niet dat de man onmiddellijk met de andere vrouw in bed wil duiken, maar wel wordt hij herinnerd aan zijn mannelijkheid, en zijn evolutionaire rol bestaat er immers uit dat hij op zoek gaat naar mogelijkheden om zijn stam te vergroten. Hij kent de andere vrouw per slot van rekening niet eens en denkt niet echt aan een langdurige relatie met haar. Ditzelfde gegeven is van toepassing op een man die naar een foto van een pin-up in een mannentijdschrift kijkt. Wanneer hij naar de naakte vrouw kijkt, vraagt hij zich niet af of ze een aardige persoonlijkheid is, kan koken of piano kan spelen; nee, hij kijkt naar de vormen en welvingen en naar haar lichamelijke uitrusting – dat is alles. Voor hem is het niet veel anders dan een lamsbout die in de etalage hangt te bewonderen. Wij proberen hier niet het grove, schaamteloze lonken van sommige mannen goed te praten; we leggen alleen uit dat, als een man erop wordt betrapt dat hij gluurt, dit niet betekent dat hij niet van zijn partner houdt; zijn biologie is hier aan het werk. Het is ook interessant op te merken dat onderzoek heeft aangetoond dat vrouwen in het openbaar, zoals op het strand of in het zwembad, meer gluren dan mannen.

Wat mannen moeten doen

Een van de beste complimenten die een man zijn vrouw kan maken is niet ongepast te 'gluren' naar een andere vrouw, vooral niet in het openbaar. Hij kan op dat moment beter zijn eigen vrouw een compliment maken, bijvoorbeeld: 'Ze heeft inderdaad prachtige benen, maar ik wil wedden dat ze niet veel gevoel voor humor heeft. Ze is niet van hetzelfde niveau als jij, schat.' Wanneer deze complimenteuze benadering wordt gebruik in de aanwezigheid van andere mensen, met name haar vriendinnen, levert dit enorme winst op voor de man die de moed bezit dit te proberen. Vrouwen moeten begrijpen dat een man biologisch gedwongen wordt naar bepaalde vrouwelijke vormen en welvingen te kijken en dat ze zich hierdoor niet bedreigd hoeven te voelen. Een makkelijke manier voor een vrouw om de druk van een man af te nemen, is om als eerste een opmerking te maken over de andere vrouw. Een man moet ook begrijpen dat er geen énkele vrouw is die ongepast gluren weet te waarderen.

Wat we echt willen, op de lange termijn

De onderstaande tabel geeft een overzicht van meer dan vijftienduizend mannen en vrouwen van tussen de zeventien en zestig jaar en laat, in volgorde van belangrijkheid, zien waar vrouwen naar zoeken bij langdurige seksuele partners en wat mannen *dénken* dat vrouwen willen.

A Waar vrouwen naar op zoek zijn	B Waar mannen denken dat vrouwen naar op zoek zijn
1. Persoonlijkheid	*1. Persoonlijkheid*
2. Humor	*2. Goed lichaam*
3. Gevoeligheid	*3. Humor*
4. Hersenen	*4. Gevoeligheid*
5. Goed lichaam	*5. Goed uiterlijk*

Hoewel dit een Amerikaans onderzoek is (de meeste andere overzichten die we bestudeerd hebben waren niet gebaseerd op voldoende onderzoeksgegevens), wordt aangetoond dat mannen een redelijk idee hebben van wat een vrouw in een man wil. De man zette 'goed lichaam' hoog op de lijst, maar dit staat minder hoog op de lijst van de criteria bij vrouwen. En 15 procent van de mannen geloofde dat een grote penis belangrijk voor een vrouw was, maar slechts 2 procent van de vrouwen zei dat het ertoe deed. Sommige mannen zijn er zo van overtuigd dat de afmeting van hun penis doorslaggevend is dat er nu in sekswinkels en -tijdschriften over de hele wereld hulpmiddelen voor penisverlenging worden verkocht. Laten we nu eens kijken naar wat mannen van een partner willen bij een langdurige seksuele relatie en wat vrouwen *dénken* dat mannen willen.

C **Waar mannen naar op zoek zijn**	D **Waar vrouwen denken dat mannen naar op zoek zijn**
1. Persoonlijkheid	*1. Goed uiterlijk*
2. Goed uiterlijk	*2. Goed lichaam*
3. Verstand	*3. Borsten*
4. Humor	*4. Kont*
5. Goed lichaam	*4. Persoonlijkheid*

Zoals je ziet, zijn vrouwen zich er aanzienlijk minder van bewust wat de criteria bij de man zijn voor een langetermijnpartner. Dit komt doordat vrouwen hun veronderstellingen baseren op de gedragskenmerken die ze bij mannen zien of horen: mannen die naar vrouwenlichamen gluren. In lijst A staan zowel de kortetermijncriteria als langetermijncriteria van wat een vrouw van een man wil, maar voor een man ligt dat anders. In lijst D staan de dingen waar een man naar op zoek is wanneer hij een vrouw voor het eerst ontmoet, maar in lijst C staat waar hij echt naar op zoek is op de lange termijn.

Waarom mannen 'maar één ding' willen

Mannen willen seks, vrouwen willen liefde. Dit is al duizenden jaren bekend, maar waarom het zo is en wat je eraan kunt doen, is zelden onderwerp van gesprek. Het is de grootste bron van klachten en ruzies tussen mannen en vrouwen. Vraag een willekeurige vrouw wat zij van een man wil en ze zal over het algemeen antwoorden dat ze een man wil met brede schouders, smalle heupen en stevige armen en benen – alle eigenschappen die ze nodig hebben om grote dieren te kunnen vangen – en daarbij moet hij ook nog zorgzaam, zachtmoedig en gevoelig voor haar behoeften zijn, en een goede gesprekspartner zijn – hetgeen allemaal vrouwelijke eigenschappen zijn. Helaas voor de meeste vrouwen wordt deze combinatie van mannelijk lichaam en vrouwelijke waarden meestal alleen gevonden bij homoseksuele of vervrouwelijkte mannen.

Een man moet worden getraind in de kunst van het behagen van een vrouw, aangezien dit hem niet van nature afgaat. Hij is een jager – zijn hersenen zijn geprogrammeerd op het oplossen van problemen, het najagen van de lunch en het bevechten van vijanden. Aan het einde van de dag wil hij alleen maar in het vuur staren en een paar keer met zijn heupen stoten om de omvang van zijn stam op peil te houden. Als een vrouw verlangen naar seks wil voelen, moet ze het gevoel hebben dat er van haar wordt gehouden, dat ze wordt aanbeden en ertoe doet. Nu bestaat er een kronkel waar de meeste mensen zich niet van bewust zijn: een man heeft seks nodig voordat hij in harmonie kan komen met zijn gevoelens. Helaas heeft een vrouw het nodig dat hij eerst in harmonie met zijn gevoelens is voordat zij zin in seks met hem heeft. De hersenen van een man zijn geprogrammeerd op de jacht. Zijn lichaam is hierop geconditioneerd, ongeacht of het vriest, koud, warm of smoorheet is. Zijn huid wordt ongevoelig gemaakt, zodat hij niet wordt belemmerd door verwondingen, brandwonden of kou. Historisch gezien was de wereld van de man vol met gevechten en dood; er was geen ruimte voor gevoeligheid voor de behoeften van een ander, voor communicatie of gevoelens. Als een man zijn tijd doorbracht met communiceren of het uiten van medeleven, hield dit in dat hij zijn concentratie zou verliezen en dat zijn stam kwetsbaar zou zijn voor

aanvallen. Een vrouw moet begrijpen dat het een biologische erfenis is waarmee de moderne man is opgezadeld en ze moet toepasselijke strategieën bedenken om ermee om te gaan.
Vrouwen wordt door hun moeders geleerd dat mannen 'maar één ding willen' – seks –, maar dit klopt niet helemaal. Mannen willen liefde, maar die kunnen ze alleen maar verwerven *via* seks.
De seksuele prioriteiten van mannen en vrouwen zijn zo tegengesteld dat het zinloos lijkt dat de een de ander straft. Geen van beiden kan er iets aan doen; zo zijn ze nu eenmaal gemaakt. Trouwens, tegengestelden trekken elkaar aan. Alleen bij twee homoseksuelen of lesbiennes zijn de seksuele verlangens gewoonlijk identiek, wat ook de reden is waarom homoseksuele mannen en vrouwen niet zo vaak ruzie over liefde/seks hebben als heteroseksuelen.

Waarom seks opeens ophoudt

Degene die voor het eerst zei dat de weg naar het hart van de man via zijn maag loopt, zoekt het te hoog. Nadat een man geweldige seks heeft gehad, komt zijn zachtere, vrouwelijke kant naar boven. Hij kan de vogels horen fluiten, wordt geraakt door de kleuren van de bomen, kan de bloemen ruiken en wordt getroffen door de woorden van een lied. Voordat hij seks heeft, merkte hij waarschijnlijk alleen de vogels omdat ze zijn auto onder poepten. Maar een man moet begrijpen dat de manier waarop hij is na de seks de manier is waarop een vrouw hem graag ziet; zo vindt ze hem heerlijk verleidelijk. Als hij op deze manier uitdrukking geeft aan zijn gevoelens, zal de vrouw zich seksueel aangetrokken voelen nog voordat ze seks hebben. Tegelijkertijd moet een vrouw weten dat het belangrijk is de man fantastische seks te bieden, zodat ze zijn zachtere kant te zien kan krijgen en hem kan uitleggen hoe verleidelijk ze dit vindt.
Aan het begin van een nieuwe relatie is de seks altijd geweldig en is er een overvloed aan liefde. Zij geeft hem genoeg seks en hij geeft haar genoeg liefde, en het een voedt het ander. Maar na een paar jaar wordt de man in beslag genomen door de jacht op voedsel en de vrouw door de verdediging van het nest, waardoor seks en liefde bijna gelijktijdig tot stilstand lijken te komen. Mannen en vrouwen zijn

evenzeer verantwoordelijk voor het feit of ze een goed of slecht seksleven hebben, maar ze geven allebei de ander de schuld wanneer het allemaal niet meer zo soepel gaat. Mannen moeten begrijpen dat een vrouw aandacht, lof, koestering en veel tijd nodig heeft voordat ze haar elektrische oven heeft opgewarmd. Vrouwen moeten niet vergeten dat dit de gevoelens zijn die een man eerder ná een geweldige vrijpartij uit. Een man moet niet vergeten hoe hij zich na de seks voelde, en kan deze gevoelens opnieuw met de vrouw beleven wanneer hij de volgende keer seks met haar wil. Vrouwen moeten erop voorbereid zijn dat ze hem daarbij een handje moeten helpen.
De kern hier is seks. Want wanneer de seks fantastisch is, gaat de hele relatie er aanzienlijk op vooruit.

Hoe je een vrouw elke keer bevredigt:

Streel haar, complimenteer haar, knuffel haar, bekoor haar, laat haar genieten, masseer haar, repareer dingen, leef mee, bezing haar, geef haar ondersteuning en eten, kalmeer haar, wek verwachtingen, wees haar ter wille, vlei haar, stimuleer, streel, troost, omhels, negeer vetkussentjes, wind haar op, breng haar tot rust, wees beschermend, bel haar op, anticipeer, wees vergevensgezind, geef haar een sieraad, vermaak haar, charmeer haar, draag dingen voor haar, wees beleefd, fascineer haar, bied aandacht, vertrouwen, verdediging, kleding, schep over haar op, plaats haar op een voetstuk, wees instemmend, verwen haar, omarm haar, sterf voor haar, droom van haar, flirt, behaag haar, knijp haar zachtjes, stel haar tevreden, idoliseer haar, aanbid haar.

Hoe je een man elke keer bevredigt:

Verschijn naakt.

Wat mannen willen van seks

Voor mannen is het simpel: door middel van een orgasme laten ze opgebouwde spanning los. Na seks weegt een man minder (sommigen beweren dat dit komt doordat zijn hersenen zijn leeggelopen), omdat hij een deel van zijn lichaam kwijt is en zich moet herstellen. Dit is de reden waarom mannen na seks vaak in slaap vallen. Een vrouw kan hier boos over worden en het gevoel hebben dat haar man egoïstisch is en niet om haar behoeften geeft.

Mannen gebruiken seks ook om lichamelijk te uiten wat ze emotioneel niet kunnen uiten. Als een man een probleem heeft, zoals wanneer hij een nieuwe baan moet zoeken, zijn banksaldo moet aanvullen of een meningsverschil moet oplossen, dan zal hij waarschijnlijk seks gebruiken om de intensiteit van zijn emoties te bevrijden. Vrouwen begrijpen dit meestal niet en raken verontwaardigd over het feit dat ze 'gebruikt' worden waarbij ze voorbijgaan aan de kern: dat de man een probleem had waar hij niet mee uit de voeten kon.

Mannen fantaseren over seks met twee vrouwen.
Vrouwen fantaseren hier ook over
– zodat ze iemand hebben om mee te praten
wanneer hij in slaap valt.

Er zijn maar weinig problemen die een man niet kan oplossen met goede seks. Onderzoek toont aan dat een man die een opgekropte behoefte aan seks heeft slecht kan horen, denken, rijden of zware machinerie bedienen. Hij lijdt tevens aan een vorm van vertekend tijdsbesef, waarbij drie minuten voor hem als vijftien minuten aanvoelen. Als een vrouw van een man een beslissing wil die om denkvermogen vraagt, kan ze dit beter na de seks bespreken, wanneer zijn hersenen weer helder werken.

Wat vrouwen willen van seks

Om zich door seks vervuld te voelen heeft een man het nodig zich van spanning te ontdoen. Een vrouw heeft de tegengestelde behoefte: zij wil met haar behoefte aan veel aandacht en praten de spanning over een langere periode opbouwen. Hij wil zich legen, zij wil zich vullen. Begrip van dit verschil maakt mannen attentere minnaars. De meeste vrouwen hebben minstens dertig minuten voorspel nodig voor ze klaar zijn voor seks. Mannen hebben minstens dertig seconden nodig, en de meesten beschouwen het als voorspel om haar naar huis te brengen.

Adam kwam als eerste – maar dat doen mannen meestal.

Na seks bevinden vrouwen zich in de roes van hormonen en kunnen de hele wereld aan. Ze wil aanraken, knuffelen en praten. Een man echter trekt zich, als hij niet al in slaap is gevallen, terug door op te staan en 'iets te doen' zoals een gloeilamp vervangen of koffie zetten. Dit komt doordat een man het gevoel nodig heeft dat hij zichzelf te allen tijde onder controle heeft, en tijdens een orgasme *verliest* hij tijdelijk de controle. Door op te staan en iets te gaan doen stelt hij zichzelf in staat de controle terug te winnen.

Waarom mannen tijdens seks niet praten

Mannen kunnen maar één ding tegelijk. Wanneer een man een erectie heeft, vindt hij het moeilijk om te praten, te luisteren of te rijden, en dit is dan ook de reden waarom mannen zelden praten tijdens seks. Soms moet een vrouw naar zijn ademhaling luisteren om te weten te komen hoever hij is. Mannen vinden het fijn wanneer vrouwen met 'vieze woorden' vertellen wat ze voor hem kan en zal doen – maar alleen *voor* de seks, niet *tijdens*. Een man kan zijn richtingsgevoel (en erectie) kwijtraken wanneer een vrouw tijdens de seks tegen hem praat. Tijdens seks gebruikt een man zijn rechterhersenhelft. Hersenscans laten zien dat hij zo geconcentreerd is op waar hij mee bezig is dat hij nagenoeg doof is.

Voor een vrouw vormt praten een essentieel onderdeel van het voorspel, omdat woorden voor haar van het grootste belang zijn. Als een man tijdens seks stopt met praten, kan een vrouw gaan denken dat hij niet in haar geïnteresseerd is. Een man moet oefenen tijdens het voorspel heel veel lieve woorden te gebruiken om de behoefte van een vrouw te vervullen. Een vrouw moet echter stoppen met praten tijdens de seks en alleen geluiden maken om de man geïnteresseerd te houden – heel veel 'ooo's' en 'aaa's' bieden de man de positieve terugkoppeling die hij nodig heeft om vervulling te bereiken. Als een vrouw tijdens seks praat, voelt de man zich verplicht te reageren en kan het zijn dat de seks op niets uitloopt.

Als een man tijdens seks wil praten,
moet hij overschakelen naar zijn linkerhersenhelft.
Een vrouw kan seks en spraak via meerdere sporen
laten verlopen.

De hersenen van een vrouw zijn dusdanig geschakeld dat ze niet zo ingrijpend reageren op de chemische stoffen van de geslachtsdrift als die van de man. Tijdens seks is een vrouw zich scherp bewust van geluiden om haar heen of veranderingen in haar omgeving maar een man zal alleen volledig op de seks gericht zijn en niet afgeleid worden. Dit is de aloude nestverdedigingsbiologie van de vrouw die in actie is: ze luistert naar geluiden om zich ervan te verzekeren dat er niets naderbij sluipt om haar kinderen te roven. Zoals veel mannen hebben ontdekt, kan een poging om een vrouw te verleiden tot seks in een open omgeving, of in een kamer met dunne muren of niet-afgesloten deuren, een prima manier zijn om een ruzie te beginnen. Dit werpt tevens enig licht op de reden waarom deze ingebouwde angst de geheime fantasie is van de meeste vrouwen: seks hebben in een openbare ruimte.

Het orgasme als doel

'Ze gebruikt me wanneer ze wil, en vergeet me vervolgens totaal! Ik haat het om een seksobject te zijn!' Deze woorden zijn nog nóóit door een man geuit. Het criterium voor vervulling is voor een man een orgasme en hij gaat er ten onrechte van uit dat dit bij de vrouw ook het geval is. 'Hoe kan ze zich nou vervuld voelen zonder een orgasme?' vraagt hij zich af. Een man kan zich zo'n situatie voor zichzelf niet voorstellen en hij gebruikt het orgasme van een vrouw als de maatstaf voor zijn eigen succes als minnaar. Deze verwachting zet vrouwen enorm onder prestatiedruk en maakt de kans op een orgasme steeds kleiner. Voor goede seks heeft een vrouw het nodig intimiteit en warmte te voelen en de opbouw van spanning, en ze ziet het orgasme gewoonlijk als iets extra's – niet als een doel. Een man heeft altijd een orgasme nodig, maar een vrouw niet. Mannen zien vrouwen als hun seksuele spiegels en brengen uren door met stoten en pompen, met het idee dat dat is wat vrouwen echt willen. Kijk naar de volgende tabel en bestudeer de pieken en dalen van de geslachtsdrift van een vrouw in de loop van een jaar. De pieken vertegenwoordigen de momenten waarop ze het meest waarschijnlijk een orgasme wil bereiken – rond haar ovulatie – en de dalen de momenten waarop ze veel knuffels en niet-seksueel gerichte aanraking nodig heeft.

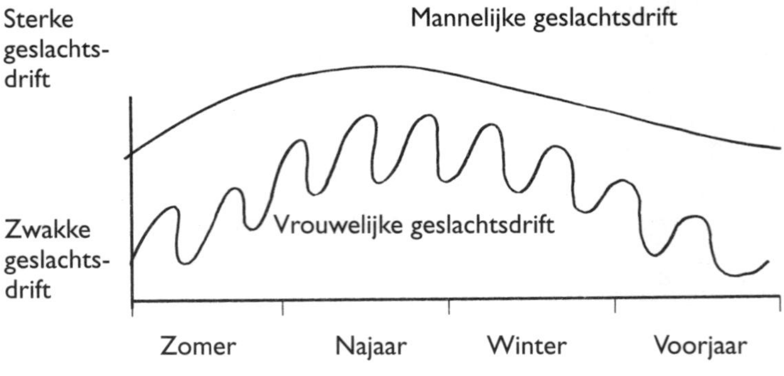

Mannelijke en vrouwelijke geslachtsdrift
(bron: Pease International Research, Engeland)

Een algemeen voorkomende fantasie van de meeste mannen is dat er een sensuele, onbekende vrouw naar hen toe komt en hen onweerstaanbaar vindt. De man bevredigt al haar behoeften – al háár behoeften. De maatstaf van een man voor zijn bekwaamheid als minnaar staat rechtstreeks in verband met háár hoogte van bevrediging en dus houdt hij voortdurend haar reacties in de gaten om te zien hoe goed hij het doet.
De meeste mannen beschikken niet over het vermogen tijdens seks de intieme gevoelens en emoties van een vrouw na te voelen, wat weer een reden is waarom haar orgasme zo belangrijk voor hem is. Dat bewijst voor hem dat hij het goed gedaan moet hebben, dat hij een resultaat heeft bereikt. De meeste mannen zullen nooit begrijpen dat voor hen het dwangmatig orgasme het criterium voor succes is, maar dat is het niet noodzakelijkerwijs voor een vrouw. Voor een vrouw is een orgasme een extraatje, geen maatstaf.

Wat maakt ons seksueel opgewonden?

Hier volgt een lijst van de dingen waardoor zowel mannen als vrouwen seksueel opgewonden raken, maar waaruit ook blijkt dat mannen en vrouwen elkaars seksuele behoeften niet begrijpen. De lijst van voorkeuren is een rechtstreekse afspiegeling van de gedachtegang van mannen en vrouwen. Mannen zijn visueel ingesteld en willen seks. Vrouwen zijn auditief en gevoelsmatig ingesteld en willen aanraking en romantiek.

Waardoor vrouwen opgewonden raken	Waardoor mannen opgewonden raken
1. *Romantiek*	1. *Pornografie*
2. *Betrokkenheid*	2. *Vrouwelijk naakt*
3. *Communicatie*	3. *Seksuele variatie*
4. *Intimiteit*	4. *Lingerie*
5. *Niet-seksuele aanraking*	5. *Haar gewilligheid*

Het is de biologische taak van een man zoveel mogelijk gezonde vrouwen te vinden en hen zwanger maken. De biologische rol van de vrouw is kinderen dragen en een partner vinden die lang genoeg bij haar blijft om deze groot te brengen. Beiden worden aangedreven door deze aloude krachten, ondanks het feit dat we in een tijdperk leven waarin voortplanting niet langer relevant is voor overleving. Dit is de reden waarom betrokkenheid voor veel vrouwen zo opwindend werkt, waarbij romantiek de subtiele belofte inhoudt van de bereidheid van een man om te helpen de kinderen op te voeden. Dit is de reden waarom vrouwen monogamie nodig hebben, een onderwerp dat we in het volgende hoofdstuk zullen bespreken.
Wanneer een vrouw de behoefte van een man om visueel gestimuleerd te worden bekritiseert, is dit hetzelfde wanneer een man een vrouw bekritiseert omdat ze wil praten of uit eten wil gaan. Het antwoord hierop luidt: doe het allebei.

Mannen komen er bekaaid af

De dingen waardoor mannen opgewonden raken worden vaak beschreven als 'smerig', 'walgelijk', 'grof' of 'pervers', vooral door vrouwen. Vrouwen worden over het algemeen niet opgewonden door de dingen die bij mannen op de lijst staan, en mannen reageren nauwelijks op de dingen die op de lijst van de vrouw staan.
De seksuele opwinding van een vrouw wordt vaak opgehemeld in films, boeken en advertenties, en mannen worden verworpen omdat ze pornografisch ingesteld en grof zouden zijn. Vanuit het biologische standpunt gezien heeft ieder echter deze factoren nodig om opgewonden te raken. Door de kritiek die mensen hebben op de dingen waardoor mannen opgewonden raken, worden mannen ertoe gedreven hun *Playboy* te verbergen en hun geheime fantasieën te ontkennen. De behoeften van veel mannen blijven onvervuld en velen voelen zich schuldig of verontwaardigd. Wanneer een man en een vrouw de geschiedenis en evolutie van hun verlangens begrijpen, wordt het makkelijker

om elkaar zonder boosheid, afgunst of schuldgevoelens te begrijpen en te aanvaarden. Niemand zou iets moeten doen waar hij of zij zich niet prettig bij voelt, maar een open gesprek over elkaars behoeften kan een liefdevolle relatie helpen verrijken. Een man moet ook begrijpen dat het voor hem makkelijker is een romantisch diner of weekendje weg te organiseren dan het voor een vrouw is om met jarretels aan uit een kroonluchter te komen zwaaien!

De mythe van het afrodisiacum

Er bestaan honderden afrodisiaca, maar van geen enkele daarvan is wetenschappelijk aangetoond dat het werkt. De middelen moeten het hebben van wat het *placebo-effect* wordt genoemd: als je dénkt dat het zal werken, zál het waarschijnlijk ook werken. Sommige zogenaamde afrodisiaca kunnen zelfs seksueel verlangen inperken of belemmeren, vooral wanneer ze de nieren irriteren en jeuk en rode plekken veroorzaken. De enige afrodisiaca die gegarandeerd werken, zijn de dingen die op de lijst van wat ons seksueel opgewonden maakt staan.

Mannen en hun pornografie

Mannen houden van pornografie en vrouwen niet. De biologische drang van mannen wordt aangesproken als ze beelden te zien krijgen van vrouwelijke vormen, lust en seks. Veel vrouwen zien pornografie echter als de verbeelding van de dominantie van ongevoelige mannen over vrouwen. Er is geen bewijs dat aantoont dat er verband bestaat tussen pornografie en zedendelicten. Pornografie kan echter psychologische schade aanrichten bij mannen en vrouwen, om de eenvoudige reden dat er mannen worden getoond die gedachteloos uren achtereen als ezels kunnen blijven stoten. Dit kan de verwachtingen van een man over zijn eigen prestaties ingrijpend beïnvloeden.

Pornografie veronderstelt ook dat vrouwen dezelfde visuele en lichamelijke criteria voor opgewondenheid hebben als mannen en dat de geslachtsdrift van vrouwen net zo sterk, of sterker, is dan die van mannen. Dit kan een schadelijke invloed op vrouwen hebben. Het kan hun zelfrespect aantasten als ze zien hoe ze worden neergezet als seksobjecten met een volkomen onrealistische honger naar lichamelijke seks. Maar hoewel onderzoeken onder achttien- tot drieëntwintigjarigen aantonen dat 50 procent van de mannen het gevoel heeft dat hun seksleven niet zo goed is als wordt afgebeeld in films, televisie en tijdschriften, had 62 procent van de vrouwen het gevoel dat hun seksleven net zo goed, of beter, is dan in de pornografie wordt voorgesteld. Het lijkt erop dat mannen meer dan vrouwen door hun prestatieverwachtingen worden beïnvloed.

Bestaan er vrouwelijke seksmaniakken?

Als buitenaardse wezens op aarde zouden landen en een stapeltje vrouwen- en mannentijdschriften, boeken en films zouden onderzoeken, zouden ze al snel tot de conclusie komen dat de menselijke vrouwen zeer seksueel ingestelde creaturen zijn die een heleboel orgasmen krijgen en er wel pap van lusten. Als de buitenaardse wezens vervolgens het soort pornografie dat wij routinematig produceren zouden lezen of bekijken, zouden ze ervan overtuigd zijn dat vrouwen een onverzadigbare honger naar seks hebben en onder bijna alle omstandigheden met bijna iedere man naar bed gaan. Dit is het door de media geschapen beeld waarvan wordt verwacht dat de moderne vrouw eraan tegemoet komt. Maar in werkelijkheid is de gulzige vrouwelijke seksmaniak een hersenspinsel van de meeste mannen; maar 1 procent van alle vrouwen zit zo in elkaar. Een moderne vrouw vindt het moeilijk een man te geloven die zegt dat hij haar waardeert zoals ze eruitziet wanneer ze naakt is. Dit fantasiebeeld is over het algemeen alleen van invloed op de moderne mannen en vrouwen, omdat hun ouders en grootouders nooit met het idee te maken kregen dat een vrouw eenzelfde geslachtsdrift zou hebben als een man. Veel vrouwen voelen zich echter abnormaal of zelfs frigide omdat ze niet beantwoorden aan de mediabeelden. Mannen zijn zover gekomen dat ze zijn gaan geloven dat vrouwen een sterke geslachtsdrift hebben, en het maakt hen boos of gefrustreerd wanneer vrouwen niet vaak genoeg het initiatief tot seks nemen. Zolang er tijdschriftkoppen verschijnen als: 'hoe je binnen vijf dagen meerdere orgasmen kunt krijgen!', 'Leer vrijen met een Europese minnaar', 'Tantraseks – urenlang genot', 'Ik had in drie jaar 300 minnaars!' en 'Hoe je hem de hele nacht een erectie laat behouden' is het geen wonder dan mannen en vrouwen in de war raken en denken dat vrouwen alleen maar aan seks denken.

De vrouwenbeweging bevrijdde de houding van de moderne vrouw tegenover seks, maar deed haar fundamentele drang tot seks niet toenemen.

De geslachtsdrift van vrouwen is waarschijnlijk duizenden jaren hetzelfde gebleven en het enige wat is veranderd is dat er tegenwoordig over gediscussieerd kan worden. De geslachtsdrift van een moderne vrouw verschilt waarschijnlijk niet van die van haar moeder of grootmoeder, maar de oudere generatie vrouwen onderdrukte hun gevoel en sprak er zeer zeker niet over. Voordat de pil op de markt kwam, moet de seksuele frustratie veel groter geweest zijn. Maar zeker niet zo groot als de media ons tegenwoordig willen doen geloven.

Het licht aan of uit?

Zoals we nu weten, zijn mannen visueel ingesteld wanneer het op seks aankomt. Ze willen vormen, welvingen, naakte vrouwen en pornografie zien. Kinsey ontdekte dat 76 procent van de mannen zei dat ze seks wilden met het licht aan, tegen 36 procent van de vrouwen. Vrouwen worden over het algemeen niet door naaktheid gestimuleerd tenzij het een naakt stel betreft in een romantische of suggestieve scène. Wanneer een man een naakte vrouw ziet raakt hij sterk gestimuleerd en opgewonden. Wanneer een vrouw een naakte man ziet, barst ze meestal in lachen uit.

Vrouwen houden van woorden en gevoelens. Ze geven de voorkeur aan seks met gedempt licht of het licht uit, of met hun ogen dicht, aangezien dit perfect aansluit bij de verfijnd afgestemde zintuiglijke uitrusting van een vrouw. De meeste vrouwen raken opgewonden door zachte strelingen, sensuele aanrakingen en gefluisterde lieve woordjes. Centerfolds met naakte mannen komen en gaan, terwijl vrouwentijdschriften proberen ons ervan te overtuigen dat de houding van vrouwen tegenover bloot nu dezelfde is als die van mannen. Deze centerfolds verdwijnen net zo snel als ze zijn verschenen, maar het is gebleken dat ze over het algemeen meer lezers trekken: homoseksuele mannen.

De meeste vrouwen verkiezen seks met het licht uit; ze kunnen het niet verdragen te zien hoe een man geniet.

Mannen houden van seks met het licht aan, zodat ze later nog weten welke vrouw het was.

Alle pogingen om pornografie te slijten aan vrouwen zijn mislukt, hoewel er eind jaren negentig een stijging te zien was in de verkoop van semi-naakte mannelijke pin-upkalenders, die uiteindelijk de verkoop van vrouwelijke naaktkalenders overtroffen. Er is gebleken dat de kopers van mannelijke naaktkalenders in drie groepen kunnen worden verdeeld: tienermeisjes die afbeeldingen willen van hun favoriete film- of popster, vrouwen die zo'n kalender kopen als een grapje voor een van hun vriendinnen, en homo's.

Hoofdstuk 10

Huwelijk, liefde & romantiek

Wachten op de ware

Het vormen van een paar, ofwel één man en één vrouw, is voor mensen al lange tijd het algemene levenspatroon geweest. Meestal was het een overeenkomst waarbij een man er zijn favoriete vrouw op na hield en, als hij het zich kon veroorloven hen te voeden, enkele andere vrouwen, plus een reeks van lukrake seksuele ontmoetingen in het geniep.
Het moderne huwelijk vloeide voort uit de joods-christelijke idealen en had een duidelijke doelstelling: rekrutering. Door twee volwassenen ervan te overtuigen zich te binden aan een reeks regels die gehoorzaamheid eisen aan een hogere God, zouden de kinderen automatisch in de geloofsovertuiging van de ouders worden geboren.

Het huwelijk heeft zijn goede kant.
Het leert je trouw, onthouding, tolerantie, zelfbeheersing, en andere waardevolle kwaliteiten, die je niét nodig zou hebben als je alleenstaand zou blijven.

Een samenleving die wordt omgeven door uitgebreide rituelen en formele verklaringen, past over het algemeen echter slecht bij onze biologie. De regels zijn bedoeld om mensen iets te laten doen wat ze van nature niet zouden doen. Twee mooie vogels hebben geen uitgebreide huwelijksceremonie nodig om te 'trouwen' – dat is hun natuurlijke staat. Erop staan dat een polygaam dier als een ram instemt met een huwelijkscontract met één ooi is al even belachelijk. Hiermee is niet gezegd dat het huwelijk geen plaats heeft in de moderne maatschappij. Wij, de auteurs, zijn tenslotte getrouwd, maar het is belangrijk de geschiedenis van het huwelijk te begrijpen en de manier waarop het in verband staat met onze biologie.
Wat voor voordeel heeft het huwelijk voor mannen? In funda-

mentele evolutionaire termen: geen enkel. Een man is als een haan die zo uitgebreid en zo vaak mogelijk zijn genetische zaad wil verspreiden. Toch treedt het merendeel van de mannen in het huwelijk en hertrouwen gescheiden mannen, of ze leven in een pseudo-huwelijkse staat. Dit toont het opmerkelijke vermogen van de maatschappij om de promiscuïteit van mannen te beteugelen.

Wanneer een man wordt gevraagd: 'Wat kan het huwelijk je bieden?', zullen de meesten iets mompelen over een warm, veilig toevluchtsoord, dat het eten voor hen wordt klaargemaakt en dat hun kleren worden gestreken. In wezen willen mannen een kruising tussen een moeder en een persoonlijke bediende. De psychoanalyticus Sigmund Freud zei dat zulke mannen waarschijnlijk een moeder-zoonrelatie met hun vrouwen zouden willen hebben. Slechts 22 procent van de mannen noemt hun vrouwelijke partner hun beste vriend. De beste vriend van de meeste mannen is meestal een andere man, omdat ze elkaars gedachtegang kunnen begrijpen. Wanneer een vrouw wordt gevraagd: 'Wie is je beste vriend?', antwoordt 86 procent van de vrouwen dat dit een andere vrouw is, met andere woorden: iemand met dezelfde hersenbouw. Wanneer een man het middenpad van de kerk af loopt, ziet hij dit vaak als het begin van een eindeloze voorraad seks-op-verzoek, maar deze verwachting die vóór het huwelijk nooit is besproken, stemt niet overeen met de manier waarop vrouwen erover denken. Onderzoeken onthullen echter dat getrouwde mannen van tussen de vijfentwintig en vijftig jaar gemiddeld drie keer per week seks hebben, terwijl slechts de helft van de alleenstaande mannen deze score haalt. Het gemiddelde van de alleenstaande man was minder dan één keer per week. In 1997 had in Australië 21 procent van de alleenstaande mannen geen seks in het jaar dat het onderzoek liep en 3 procent van de getrouwde mannen ontbrak het er ook aan. Zoals we al hebben besproken is seks fantastisch voor je algehele gezondheid. Het sterftecijfer onder ongetrouwde mannen of weduwnaars ligt dan ook hoger dan dat onder getrouwde mannen.

Waarom vrouwen monogamie nodig hebben

Ook al is het huwelijk in westerse samenlevingen vanuit wettelijk oogpunt een tandeloze tijger, toch is het nog altijd het streven van de meeste vrouwen, en nog altijd trouwt 91 procent van alle mensen. Dit komt doordat voor een vrouw het huwelijk een verklaring aan de wereld is dat een man haar als 'speciaal' beschouwt en de intentie heeft een monogame relatie met haar aan te gaan. Dit gevoel van speciaal-zijn heeft een ingrijpende invloed op de chemie in de hersenen van een vrouw. Dit wordt gestaafd door onderzoek dat aantoont dat het aantal orgasmen bij een vrouw in het huwelijksbed vier tot vijf keer hoger ligt en in een monogame relatie twee tot drie keer hoger.

Oudere mensen denken weleens dat jongeren het huwelijk als een verouderde instelling beschouwen. Bij een in 1998 uitgevoerd onderzoek onder 2344 mannelijke en vrouwelijke studenten in de leeftijd van achttien tot drieëntwintig jaar, die naar geslacht gelijk verdeeld waren, werd gevonden dat dit niet het geval was. Van de vrouwen die vragen moesten beantwoorden over relaties zei 84 procent van de vrouwen dat ze op een dag zouden trouwen, tegenover 70 procent van de mannen. Slechts 5 procent van de mannen en 2 procent van de vrouwen had het gevoel dat het huwelijk uit de tijd was.

Bij 92 procent van zowel mannen als vrouwen werd vriendschap als belangrijker beschouwd dan seksuele relaties. Toen werd gevraagd wat de deelnemers aan het onderzoek ervan zouden vinden de rest van hun leven getrouwd te zijn met één partner, beviel dit idee 86 procent van de vrouwen, tegenover 75 procent van de mannen. Slechts 35 procent van de stellen had het gevoel dat de relaties tegenwoordig beter zijn dan die van de generatie van hun ouders. Trouw stond hoog op de lijst bij vrouwen. Van de vrouwen onder de dertig jaar zei 44 procent dat ze een einde aan de relatie zouden maken als de man ontrouw was, een percentage dat daalde tot 32 procent bij vrouwen van in de dertig. Van de vrouwen van in de veertig zei 28 procent dat ze de relatie zouden beëindigen, terwijl slechts 11 procent van de vrouwen van in de

zestig hier hetzelfde over dacht. Dit alles toont aan dat hoe jonger de vrouw is, hoe harder ze zich zal opstellen tegenover een 'afdwalende' man, en hoe belangrijker trouw en monogamie voor haar zijn.
Dit is een verschil dat de meeste mannen nooit zullen begrijpen. De meerderheid gelooft dat af en toe vreemd gaan geen invloed zal hebben op hun relatie, omdat mannen qua hersenbouw er weinig problemen mee hebben seks en liefde te scheiden. Voor vrouwen zijn seks en liefde echter onlosmakelijk met elkaar verbonden. Wanneer hun man een seksuele verhouding met een andere vrouw zou hebben, kan worden beschouwd als het ultieme verraad, een goede reden om een relatie te beëindigen.

Waarom mannen een vaste relatie vermijden

Een getrouwde man of een man die een duurzame relatie heeft maakt zich er heimelijk altijd zorgen over dat alleenstaande mannen meer seks en plezier hebben dan hij. Hij stelt zich wilde vrijgezellenfeesten voor, avontuurlijke seks zonder verplichtingen en bubbelbaden vol naakte topmodellen. Hij is bang dat de kansen zijn neus voorbij gaan en dat hij de boot mist. Het doet er niet toe dat dergelijk kansen zich, toen híj alleenstaand was, nooit hebben voorgedaan. Hij vergeet die avonden dat hij alleen koude bonen uit blik zat te eten, de vernederende afwijzingen van vrouwen in het bijzijn van vrienden op een feestje, en de lange perioden dat hij geen seks had. Hij kan niet anders dan zich zorgen maken over het feit dat een vast relatie hetzelfde is als de boot missen.

Waar zetelt liefde in de hersenen?

De Amerikaanse antropoloog en pionierster Helen Fisher van de Rutgers-universiteit in New Jersey heeft via hersenscans gezocht naar de locatie van het liefdescentrum in de hersenen. Hoewel haar onderzoek zich nog in de beginfase bevindt, heeft ze drie soorten emoties in de hersenen gelokaliseerd: lust, verliefdheid en hechting. Elke emotie heeft zijn eigen specifieke hersenchemie die de hersenen prikkelt wanneer de persoon in kwestie zich tot iemand aangetrokken voelt. In biologische termen hebben deze drie liefdescomponenten zich ontwikkeld ten dienste van de essentiële functie van de voortplanting. Nadat eenmaal conceptie heeft plaatsgevonden, schakelt het systeem zichzelf uit en stopt het liefdesproces.

De eerste fase – lust –, is de lichamelijke en non-verbale aantrekking die we eerder bespraken. Fisher zegt: 'Verliefdheid is de fase waarin iemand telkens in je gedachten blijft opduiken en je die persoon maar niet uit je hoofd kunt zetten. Je hersenen richten zich op de positieve kanten van de geliefde en negeren diens slechte gewoonten.'

Verliefdheid heeft tot doel de hersenen een band te laten vormen met een potentiële partner. Deze emotie is zo sterk dat hij een enorme euforie kan veroorzaken. Als iemand is afgewezen, kan dit tevens enorme wanhoop veroorzaken en tot geobsedeerdheid leiden. In extreme gevallen kan het zelfs in moord eindigen. In de verliefdheidsfase komen een paar krachtige chemische stoffen in de hersenen vrij die gevoelens van vervoering veroorzaken. Dopamine geeft het gevoel van welzijn, fenylethylamine verhoogt het opwindingsniveau, serotonine creëert het gevoel van emotionele stabiliteit en noradrenaline omvat het gevoel dat alles binnen je mogelijkheden ligt. Een seksverslaafde is iemand die verslaafd is aan de hormonale cocktail van de verliefdheidsfase en permanent high wil blijven. Maar verliefdheid is een tijdelijk gevoel dat gemiddeld drie tot twaalf maanden blijft; de meeste mensen zien dit abusievelijk voor liefde aan. Verliefdheid is in feite een biologische truc van de natuur om te waarborgen dat een man en een vrouw lang genoeg bij elkaar blijven om zich te kunnen voortplanten. Het gevaar dat in deze fase schuilt is dat minnaars geloven dat hun geslachtsdrift volmaakt op elkaar is afgestemd, maar dit komt alleen maar doordat ze als konijnen tekeergaan. De echte verschillen in hun geslachtsdrift blijken pas nadat de verliefdheidsfase voorbij is of de hechtingsfase begint.

Wanneer de werkelijkheid het ten slotte overneemt van verliefdheid, zal de ene partner de andere afwijzen of zullen ze elkaar afwijzen; ofwel de derde fase – hechting – treedt in werking, die gericht is op het opbouwen van een samenwerkingsverband dat lang genoeg zal duren om kinderen groot te brengen. Fisher verwacht met meer onderzoek en gezien de huidige snelle technologische ontwikkelingen op het gebied van hersenscanners binnenkort meer gegevens te genereren waarmee beter inzicht te krijgen is in de hersenlocaties voor liefde en emoties bij zowel mannen als vrouwen. Begrip van deze drie fasen kan ervoor zorgen dat mensen makkelijker om weten te gaan met de verliefdheidsfase en voorbereid zijn op de mogelijk donkere kant ervan.

Verliefdheid is een biologische truc van de natuur om te waarborgen dat een man en een vrouw lang genoeg bij elkaar blijven om zich te kunnen voortplanten.

Verliefd – waarom mannen het worden en vrouwen het niet meer zijn

Liefde wordt verwarrend genoemd, en dit gaat met name op voor mannen. Mannen worden tot hun oren volgepompt met testosteron waardoor ze makkelijk in de lustfase van verliefdheid komen. Tijdens de verliefdheidsfase zijn mannen zo aangewakkerd door testosteron dat de meesten niet weten wat er gebeurt. De werkelijkheid kan, wanneer deze doordringt, zeer hard aankomen. De vrouw die de vorige nacht zo opwindend was kan de volgende morgen totaal niet meer zo aantrekkelijk zijn, en ook niet zo intelligent. Maar omdat de centra voor emotie en rede in de hersenen van een vrouw beter met elkaar in verbinding staan – en omdat ze niet de controle kwijt is door testosteron – vindt zij het makkelijker te beoordelen of de man een potentieel goede partner voor haar is. Dit is de reden waarom de meeste relaties door vrouwen worden beëindigd en waarom zoveel vrouwen in de war raken door wat er gebeurd is. Vrouwen gaan zachtaardig te werk bij een scheiding, zelfs wanneer ze een man de bons geven. Sommige vrouwen zullen in een afscheidsbrief onderaan een hoofdje met een smile-gezichtje tekenen of zeggen dat ze altijd van hem zullen houden.

Waarom mannen geen 'ik hou van jou' kunnen zeggen

Voor vrouwen is het nooit een probleem 'ik hou van jou' te zeggen. Hun hersenaanleg zorgt ervoor dat hun wereld gevuld is met gevoelens, emoties, communicatie en woorden. Een vrouw weet dat ze, wanneer ze warmte voelt en zich gewild en aanbeden weet, zich in de hechtingsfase bevindt en waarschijnlijk verliefd is, maar een man weet niet precies wat liefde is en hij verwart lust en verliefdheid waarschijnlijk met liefde. Het enige wat hij weet is dat hij zijn handen niet van haar af kan houden dus... is hij misschien verliefd? Zijn hersenen zijn verblind door testosteron, hij heeft voortdurend een erectie en hij kan niet logisch nadenken. Het duurt vaak na het begin van de relatie vaak jaren tot de man inziet dat hij verliefd was, maar dat is redeneren achteraf. Vrouwen weten het voor zichzelf wanneer er geen liefde is. Dat is de reden waarom de meeste relaties worden beëindigd door de vrouw.

Vrouwen weten het voor zichzelf wanneer er geen liefde is. Dat is de reden waarom de meeste relaties worden beëindigd door de vrouw.

Veel mannen hebben een fobie voor vaste relaties. Ze zijn bang dat als ze het woord 'liefde' in de mond nemen dat hen voor de rest van hun leven verplicht en het einde is van elke kans op naakte topmodellen in bubbelbaden. Wanneer een man eenmaal de grens passeert en het woord toch uitspreekt, wil hij het vervolgens iedereen en overal vertellen. De meeste mannen merken echter niet dat het aantal orgasmen van de vrouw toeneemt nadat hij het woord 'liefde' heeft gezegd.

Hoe mannen liefde van seks kunnen scheiden

Gelukkig getrouwde vrouwen die een buitenechtelijke relatie hebben komen zelden voor, maar de gelukkig getrouwde mannelijke afdwaler is een algemeen voorkomend verschijnsel. Meer dan 90 procent van de liefdesaffaires worden geïnitieerd door mannen, maar meer dan 80 procent wordt beëindigd door vrouwen. Dit komt doordat een vrouw, wanneer ze zich begint te realiseren dat de affaire geen blijvende emotionele belofte inhoudt en alleen lichamelijk zal zijn, er vanaf wil. De hersenen van een man, die het vermogen bezitten liefde van seks te scheiden en vanwege hun opbouw in vakjes met elk afzonderlijk weten om te gaan, stellen hem in staat slechts één ding tegelijk te zien. Daarom is hij vaak al gelukkig met een goede lichamelijke relatie; die neemt al zijn aandacht in beslag. Het nog altijd onduidelijke waar liefde zich precies in de hersenen bevindt, maar onderzoek wijst uit dat de hersenen van een vrouw een netwerk van verbindingen bezitten tussen haar liefdescentrum en sekscentrum (hypothalamus), en dat het liefdescentrum moet worden geactiveerd voordat haar sekscentrum ingeschakeld kan worden. Mannen lijken deze verbindingen niet te hebben en daarom kunnen ze afzonderlijk omgaan met liefde of seks. Voor een man is seks seks en liefde liefde, en soms vallen deze samen.

De eerste vraag die een vrouw een man zal stellen die is betrapt op een buitenechtelijke relatie is: 'Hou je van die vrouw?' De man die antwoordt: 'Nee, het is alleen lichamelijk. Het stelde niets voor', spreekt naar alle waarschijnlijkheid de waarheid, omdat hij seks van liefde kan scheiden. De hersenen van een vrouw zijn niet zodanig geschakeld dat ze dit antwoord begrijpt of accepteert, en dit is de reden waarom veel vrouwen het moeilijk vinden een man te geloven die zegt dat het niets voorstelde, omdat voor haar seks gelijkstaat aan liefde. In het brein van de vrouw is niet zozeer de lichamelijke seksdaad met de andere vrouw van invloed, als wel de schending van het emotionele contract en het vertrouwen dat ze in hem had. Als een vrouw een buitenechtelijke relatie heeft en zegt dat het niets voorstelde, is de kans groot dat ze liegt. Wanneer een vrouw de grens overschrijdt en seks met een ander heeft, moet ze al een emotionele band met de nieuwe man hebben.

Wanneer vrouwen de liefde bedrijven, hebben mannen seks

Een oud spreekwoord zegt dat de liefde bedrijven datgene is wat een vrouw doet wanneer een man haar neukt. Wat het echter precies is, leidt vaak in de hele wereld tot ruzies tussen minnaars. Een man zal seks 'seks' noemen maar een vrouw reageert waarschijnlijk negatief op dat woord, aangezien het volgens haar geen goed woord is voor wat er gebeurt. Een vrouw 'bedrijft de liefde', wat betekent dat ze het nodig heeft zich geliefd te voelen en liefhebbende gevoelens te hebben voordat ze seks wil. De meeste vrouwen zien de daad van 'seks' over het algemeen als een liefdeloze, onnodige handeling, omdat de schakelingen in de vrouwelijke hersenen zich niet met deze definitie kunnen verenigen.
Wanneer een man 'seks' zegt bedoelt hij soms lichamelijke seks, maar dat betekent niet dat hij niet van zijn vrouw houdt.

'Heb je met deze vrouw geslapen?' vroeg de rechter.

'Nee, edelachtbare, ik heb geen oog dichtgedaan!'

Wanneer een man 'de liefde wil bedrijven' is het nog altijd waarschijnlijk dat hij het 'seks' zal noemen. Dit kan een negatief effect hebben op een vrouw, maar het gebruik van de uitdrukking 'de liefde bedrijven' kan veel mannen het gevoel van bedrog geven, of hij voelt dat hij zijn vrouw belazert omdat hij soms gewoon alleen seks wil. Wanneer mannen en vrouwen elkaars gezichtspunten begrijpen is dit gegeven niet langer een struikelblok in relaties.

Waarom fantastische partners er aantrekkelijk uitzien

Onderzoek aan het Kinsey-instituut onthult dat tijdens het vrijen de manier waarop de man zijn vrouw waarneemt is gerelateerd aan de diepte van zijn intieme gevoelens voor haar. Dit betekent dat hij haar hoger inschaalt qua lichamelijke aantrekkelijkheid als hij smoorverliefd op haar is, zelfs als anderen vinden dat zij er, wanneer ze naakt is, uitziet als een Michelin-mannetje. Als hij niet echt om haar geeft, schaalt hij haar qua aantrekkelijkheid lager in, ook al is ze verbluffend mooi. Wanneer een man opgewonden raakt door een vrouw, wordt de afmeting van haar dijbenen onbelangrijk; ze zijn gewoon volmaakt. Dit toont aan dat hoewel de lichamelijke aantrekkelijkheid van een vrouw bij de eerste ontmoeting door mannen al een belangrijk punt wordt gezien, een warme, koesterende relatie toch voor een belangrijk deel van haar aantrekkelijkheid op de lange termijn zorgt. Dit wordt bevestigd door de onderzoeken in hoofdstuk 9 over waar mannen en waar vrouwen naar op zoek zijn.

Het is echter niet zo dat dit ook opgaat voor de aantrekkelijkheid van een man voor een vrouw. Dit gegeven werd belicht door een paar interessante onderzoeken die werden uitgevoerd in cafés voor alleenstaanden. Onderzoekers ontdekten dat hoe later het werd, hoe aantrekkelijker de beschikbare vrouwen er voor de niet-gebonden mannen uitzagen. Een vrouw die door de mannen om zeven uur een 5 kreeg op de schaal van 10, kreeg rond half elf een 7 en rond middernacht een 8,5, waarbij het alcoholpercentage in het bloed de scores omhoogdreef. Maar bij vrouwen kreeg een man die om zeven uur een 5 had gekregen rond middernacht nog altijd een 5.

Bij een vrouw haalt een man die rond zeven uur een 5 kreeg rond middernacht nog altijd een 5, ongeacht hoeveel ze heeft gedronken.

Alcohol verhoogde zijn score wat betreft aantrekkelijkheid niet en in sommige gevallen kreeg hij zelfs een lager cijfer. Vrouwen beoordelen de mogelijkheid dat een man hun partner wordt nog altijd meer naar zijn persoonlijke eigenschappen dan naar zijn uiterlijk, ongeacht het tijdstip van de avond en de hoeveelheid geconsumeerde alcohol. Mannen geven hogere cijfers voor de aantrekkelijkheid van een vrouw in verhouding tot de kans dat ze hem zijn rol als professioneel spermadonor laat uitvoeren.

Trekken tegenpolen elkaar aan?

Baanbrekende onderzoeken die door wetenschappers in 1962 werden uitgevoerd toonden aan dat we worden aangetrokken tot mensen met gelijke waarden, interesses, houdingen en inzichten en dat die mensen degenen zijn met wie het onmiddellijk 'klikt'. Daaropvolgende onderzoeken toonden aan dat geliefden een grotere kans op een langdurige relatie hebben als aan deze voorwaarden wordt voldaan. Maar te veel overeenkomsten kunnen het ook saai maken. Er moet net genoeg verschil zijn om het interessant te maken en om er onze eigen persoonlijkheid mee aan te vullen, maar niet zoveel dat het in botsing komt met wie wij zijn. Een rustige man kan zich bijvoorbeeld aangetrokken voelen tot een extraverte vrouw, en een vrouw die piekert kan ingaan op de avances van een ontspannen, zorgeloze man.

Lichamelijke tegenpolen trekken elkaar aan

Kijk naar een willekeurig onderzoek van wat ons lichamelijk aantrekt tot het andere geslacht, en je zult ontdekken dat we de voorkeur geven aan lichamelijke kenmerken die tegengesteld zijn aan de onze. Mannen geven de voorkeur aan vrouwen met een zachte huid en welvingen daar waar ze zelf stevig en plat zijn. Mannen geven de voorkeur aan vrouwen met brede heupen, een smalle taille, lange benen en ronde borsten – allemaal kenmerken die ze nooit zullen bezitten. Hij geeft ook de voorkeur aan een smallere

kin en neus en een platte buik, omdat hij normaal gesproken het tegengestelde heeft.
Vrouwen geven bij de man ook de voorkeur aan hun tegengestelde, inclusief bredere schouders, smallere heupen, dikkere benen en armen, een krachtiger kin en bredere neus. Toch zijn er een paar interessante uitzonderingen. Sommige onderzoeken hebben bijvoorbeeld aangetoond dat mannen die geen alcohol drinken de voorkeur geven aan vrouwen met kleine borsten, dat vrouwen met grote borsten de voorkeur geven aan een man met een kleine neus, en dat mannen met grote neuzen over het algemeen omgaan met vrouwen die nauwelijks borsten hebben. Extraverte mannen geven de voorkeur aan vrouwen met heel grote borsten.

De verhouding heup-middel vormt de sleutel

Als je naar de smaak van mannen door de eeuwen heen kijkt, zul je zien dat ze stapel waren op alles van grote, mollige modellen in de zestiende eeuw tot de topmodellen met figuurtjes die eruitzien als een aspergepunt. Het enige wat echter constant is gebleven, is de verhouding heup-middel, die de aandacht van de man altijd vangt. Het is gebleken dat vrouwen bij wie het middel 70 procent bedraagt ten opzichte van de heupen vruchtbaarder en gezonder zijn dat andere vrouwen. Devendra Singh van de Universiteit van Cambridge deed een onderzoek onder mannen van verschillende nationaliteiten en ontdekte dat mannen ergens in hun verleden hadden geleerd deze informatie onbewust op te vangen en dat dit nu in hun hersenen zo geschakeld is.
Het goede nieuws voor vrouwen is dat ze, als de omvang van hun taille tussen de 67 tot 80 procent van hun heupomvang bedraagt, de aandacht van mannen zullen trekken, ook als ze vijf tot tien kilo te zwaar zijn. De welvingen zijn immers de doorslaggevende criteria.

Vrouwen over de hele wereld geven de voorkeur aan een klein, strak kontje bij een man, hoewel maar weinig vrouwen weten waarom.

Vrouwen vallen nog altijd op de V-vormige man: met brede schouders, een smal middel en sterke armen. Dit waren oorspronkelijke de vereiste fysieke kenmerken voor de succesvolle jager. Vrouwen in de hele wereld geven nog altijd de voorkeur aan een klein, strak kontje bij een man hoewel maar weinig vrouwen enig idee hebben waarom ze dat zo aantrekkelijk vinden. Wij zijn de enige primaatsoort die een uitstekend achterwerk heeft en het doel hiervan is tweevoudig. Ten eerste helpt het ons om rechtop te staan. En ten tweede zorgt het ervoor dat een man tijdens seks een krachtige voorwaartse stoot kan geven om de kans op bevruchting te vergroten.

Mannen en romantiek

Het is niet zo dat mannen vrouwen niet het hof willen maken, maar ze begrijpen gewoon niet hoe belangrijk dit is voor vrouwen. De boeken die we kopen vormen een duidelijke aanwijzing voor de dingen die ons interesseren. Vrouwen geven jaarlijks miljoenen uit aan romantische boeken. Vrouwentijdschriften concentreren zich op liefde, romantiek, de affaires van anderen, of op lichaamsbeweging, voeding en kledingtips om nog meer romantiek in je leven te halen. Een Australisch onderzoek toonde aan dat vrouwen die romantische boeken lezen twee keer zo vaak seks hebben dan vrouwen die ze niet lezen. Mannen daarentegen geven miljoenen uit aan boeken en tijdschriften over technische kennis over een reeks van onderwerpen die met ruimtelijk inzicht te maken hebben, variërend van computers en mechanische apparatuur tot jageractiviteiten zoals vissen, jagen en voetbal.

Het is geen wonder dat, wanneer het aankomt op romantiek, de meeste mannen over het algemeen niet weten wat ze moeten doen. Dit is begrijpelijk, aangezien een moderne man nooit een rolmodel heeft gehad. Zijn vader wist ook niet wat hij moest doen, want dit was nooit een punt voor hem. Tijdens een van onze seminars zei een vrouw dat ze haar man had gevraagd of hij haar meer genegenheid wilde tonen – dus ging hij haar auto wassen en in de was zetten. Hieraan zie je dat mannen 'dingen doen' beschouwen als een manier van genegenheid tonen. Dezelfde echtgenoot gaf zijn vrouw een autokrik voor haar verjaardag en kocht kaartjes voor een bokswedstrijd om hun tiende trouwdag te vieren.

Vergeet nooit dat een vrouw romantisch is. Ze geniet van wijn, bloemen en bonbons. Laat haar weten dat ook jij aan die dingen denkt... door het er af en toe over te hebben.

Hoewel Europese mannen om niet geheel begrijpelijke redenen de reputatie hebben romantisch te zijn, snapt het overgrote deel van de mannen op de wereld er geen snars van. Voorgaande generaties mannen hadden het te druk om de eindjes aan elkaar te knopen om zich over dergelijke beuzelarijen zorgen te maken. Trouwens, de hersenbouw van de man is gericht op technische kwesties en niet op esthetische. Het is niet zo dat de man het niet wil proberen, maar hij begrijpt gewoon niet waarom het belangrijk zou zijn het autoportier open te houden, bloemen te sturen, te dansen, te koken voor een vrouw of een nieuwe rol wc-papier op te hangen. Een vrouw gaat als ze een nieuwe relatie aangaat op zoek naar romantiek en liefde. Seks vloeit hieruit voort. Mannen gaan vaak een relatie aan door middel van seks, en zien daarna wel of er een relatie in zit.

Een paar onfeilbare romantische tips voor mannen

Vrouwen hebben er geen moeite mee wanneer het aankomt op liefde en romantiek, maar de meeste mannen tasten wat dit betreft volledig in het duister en zorgen er dus eenvoudigweg voor dat ze op elk tijdstip, waar dan ook, klaar zijn voor de liefde. De romantische vaardigheden van een man (of het gebrek hieraan) spelen een belangrijke rol bij het gevoel dat de vrouw heeft over seks met hem. Hieronder volgen daarom zes beproefde tips. Ze werken net zo goed voor de man van nu als voor de man van vijfduizend jaar geleden.

Hoe weet je of een man klaar is voor seks?
Hij haalt adem.

1. Zorg voor een prettige omgeving – Wanneer je bedenkt dat een vrouw gevoelig is voor haar omgeving en dat ze met haar zintuigen makkelijk externe prikkels opvangt, is het logisch dat een man aandacht besteedt aan haar omgeving. Het hormoon oestrogeen maakt vrouwen gevoelig voor de juiste verlichting – in een zacht verlichte kamer worden je pupillen groter, waardoor mensen er aantrekkelijk voor elkaar uitzien en onvolkomenheden aan de huid en rimpels minder zichtbaar zijn. Het superieure gehoor van de vrouw houdt in dat de juiste muziek belangrijk is; en een schone, veilige grot is beter dan een grot waar elk moment kinderen of andere mensen kunnen binnenvallen. Het feit dat vrouwen staan op seks in een persoonlijke sfeer verklaart waarom de persoonlijke fantasie van de meeste vrouwen seks in het openbaar is, terwijl de persoonlijke fantasie van een man seks met een vreemde is.

2. Geef haar te eten – Je zou denken dat de man, omdat hij zich heeft ontwikkeld tot jager, wel zou kunnen bedenken dat als hij ervoor zorgt dat de vrouw te eten krijgt, dit haar vrouwelijke oergevoelens zou prikkelen. Dit is de reden waarom het voor een vrouw, zelfs wanneer ze geen honger heeft, een belangrijke gebeurtenis is wanneer ze mee uit eten wordt genomen. Het feit dat de man haar van voedsel voorziet geeft blijk van zijn aandacht voor haar welzijn en overleving. Wanneer een man een maaltijd klaarmaakt voor een vrouw, heeft dit nog diepere betekenis want voor zowel de man als de vrouw brengt dit primitieve gevoelens naar boven.

3. Ontsteek een vuur – Al duizenden jaren hebben mannen voor vrouwen hout verzameld en vuren ontstoken voor warmte en bescherming; zo'n vuur spreekt de romantische kant van de meeste vrouwen aan. Zelfs als het gaat om een gashaard die ze makkelijk zelf kan aansteken, kan een man voor een romantische sfeer zorgen als hij dit voor haar doet. De beloning komt voort uit de daad waarmee hij voorziet in haar behoeften, niet uit het vuur zelf.

4. Breng bloemen mee – De meeste mannen begrijpen niet waarom een bos verse bloemen zo belangrijk kan zijn. Mannen denken: waarom zou je zoveel geld uitgeven aan iets wat binnen een paar dagen dood is en weggegooid wordt? Voor het logische brein van de man is het zinniger de vrouw een plant in een pot te geven, omdat deze met voortdurende zorg en aandacht overleeft. Maar een vrouw ziet dat niet zo; zij wil een bos verse bloemen. Na een paar dagen gaan de bloemen dood en worden ze weggegooid, maar dit biedt de man de kans om een nieuwe bos te kopen en opnieuw haar romantische kant aan te spreken door in haar behoeften te voorzien.

5. Ga uit dansen – Het is niet zo dat mannen niet willen dansen, maar alleen zijn de hersenen bij veel mannen niet zodanig gebouwd dat ze makkelijk ritmes kunnen voelen. Ga naar een willekeurige aerobicles en kijk naar de mannelijke deelnemers (als die er zijn) die proberen maat te houden. Wanneer een man dansles neemt voor de basisstappen voor rock-'n'-roll en de wals, is hij voor álle vrouwen de hit van de avond. Dansen is weleens beschreven als een 'verticale daad van horizontaal verlangen', en dat is ook de geschiedenis van dansen: het is een ritueel dat zich heeft ontwikkeld om te zorgen voor intiem lichamelijk contact tussen man en vrouw als een inleiding tot hofmakerij, net zoals bij andere diersoorten.

6. Koop bonbons en champagne – Deze combinatie wordt al lange tijd geassocieerd met romantiek, hoewel maar weinig mensen weten waarom. Champagne bevat een chemische stof die niet in andere alcoholische dranken wordt aangetroffen en die de hoeveelheid testosteron verhoogt. Chocolade bevat fenylethylamine, een stof die het liefdescentrum in de hersenen van de vrouw stimuleert. Recent onderzoek door Danielle Piomella aan het Instituut voor Neurowetenschappen in San Diego bracht drie nieuwe chemische stoffen aan het licht die N-acylethanolaminen worden genoemd en die zich aan de cannabisreceptoren in de hersenen van een vrouw hechten, waardoor zij sensaties ondergaat die overeenkomen met het high-zijn na het gebruik van marihuana. Deze chemische stoffen zitten in bruine chocolade en cacao, maar niet in witte chocolade of koffie.

Waarom mannen ophouden met aanraken en praten

'Voor we getrouwd waren hield hij altijd in het openbaar mijn hand vast, wreef me over mijn rug en praatte eindeloos tegen me. Nu houdt hij mijn hand nooit meer vast en wil hij niet praten – en hij raakt me alleen maar aan als hij seks wil.' Klinkt deze klacht je niet bekend in de oren?

Na het huwelijk weet een man alles wat hij moet weten over zijn partner en ziet hij niet in waarom hij nog uitgebreid zou moeten praten.

Tijdens de perioden van hofmakerij raakt een man zijn vriendin meer aan dan tijdens elke andere periode in hun relatie. Dit komt doordat hij haar maar al te graag 'wil pakken', maar hij heeft nog geen groen licht voor seksuele aanrakingen gekregen en raakt haar daarom op alle andere plaatsen aan. Wanneer hij zijn gang kan gaan en haar seksueel mag aanraken, zien zijn hersenen er het nut niet meer van om terug te keren naar 'de situatie voorheen'. Dus concentreert hij zich alleen maar op de 'sappige stukjes'. Tijdens de perioden van hofmakerij praat hij veel om informatie te verzamelen – feiten en gegevens over zijn vriendin – en om haar informatie over zichzelf te verschaffen. Tegen de tijd dat ze getrouwd zijn, weet hij alles wat hij over haar weten moet en ziet hij geen nut meer in uitgebreide gesprekken. Maar wanneer een man begrijpt dat de hersenen van een vrouw erop zijn geprogrammeerd om te communiceren door te praten en dat ze tien keer zo gevoelig is voor aanraking als hij, kan hij zichzelf leren op deze gebieden vaardig te worden. Daardoor zal de algehele kwaliteit van zijn liefdesleven ingrijpend verbeteren.

Waarom mannen betasten en vrouwen niet

Het hormoon oxytocine staat bekend als het 'knuffelhormoon', en het komt vrij wanneer iemands huid zachtjes gestreeld wordt of wanneer hij wordt geknuffeld. Het verhoogt de gevoeligheid voor aanraking en de gevoelens van hechting en is een belangrijke factor bij het gedrag van vrouwen tegenover baby's en mannen. Wanneer een vrouw borstvoeding begint te geven wordt de 'leegloopreflex' in werking gezet, waardoor de melk uit de borsten kan komen.

Als een vrouw een man wil behagen door hem aan te raken, doet ze dit meestal op de manier zoals ze zelf zou willen worden aangeraakt: ze krauwt hem op zijn hoofd, streelt zijn gezicht, wrijft over zijn rug en borstelt teder zijn haar. Maar dit soort aanraking heeft weinig invloed op de meeste mannen en kan zelfs ergerlijk zijn. De huid van de man is in belangrijke mate minder gevoelig voor aanraking dan die van een vrouw, zodat hij tijdens de jacht geen pijn of verwonding zal voelen. Mannen geven de voorkeur aan aanraking in voornamelijk één gebied, en dan zo vaak mogelijk. Dit leidt tot grote relatieproblemen. Wanneer een man besluit een vrouw sensueel aan te raken, biedt hij haar de dingen die hij fijn vindt; hij betast haar borsten en kruis. Dit staat boven aan de lijst van dingen waar vrouwen een hekel aan hebben en veroorzaakt verbolgenheid aan beide kanten. Wanneer een man en een vrouw leren elkaar sensueel aan te raken op een manier die is gebaseerd op hun individuele behoeften en huidgevoeligheid, wordt hun relatie nog meer verrijkt.

Hangt er in het voorjaar liefde in de lucht?

De biologische klok werkt dusdanig dat vrouwelijke dieren kunnen baren tijdens de warme tijd van het jaar om de overleving van de kleintjes te waarborgen. Als het bij een soort bijvoorbeeld drie maanden duurt voordat de geboorte plaatsvindt, zorgt de natuur ervoor dat de mannetjes in het voorjaar bronstig worden zodat de jongen in de zomer worden geboren.

Bij mensen bedraagt de draagtijd negen maanden en daarom is de hoeveelheid testosteron bij een man negen maanden daarvoor het hoogst: in de herfst. Het oude gezegde 'In het voorjaar veranderen de gevoelens van een man in liefde' is alleen van toepassing op soorten waarbij de zwangerschapsduur kort is, ongeveer drie maanden.

'Liefde in het voorjaar' bestaat alleen voor dieren die hun jongen kort dragen.

Onderzoek toont aan dat op het zuidelijk halfrond de hoeveelheid testosteron bij een man het hoogst is in de maand maart en op het noordelijk halfrond in de maand september. Tevens is aangetoond dat mannen in deze maanden beter zijn in kaartlezen, omdat hun vermogen tot ruimtelijk inzicht door testosteron wordt verhoogd. (Kijk op de tabel op pagina 254 in Hoofdstuk 9 en je zult zien hoe dit in zijn werk gaat.)

Hoe je sexy denkt

Omdat het brein een cocktail is van chemische reacties, is het mogelijk jezelf door middel van denken een sexy gevoel te geven. Deze techniek wordt door veel therapeuten geleerd. Je concentreert je alleen op de positieve aspecten van je partner en herinnert je opwindende seksuele ervaringen die jullie samen hebben gehad. De hersenen reageren hierop door de chemische stoffen in het spel te brengen die je seksdrang prikkelen en je in de stemming te brengen. Deze reactie is duidelijk te zien tijdens de verliefdheidsfase. Geliefden zien dan alleen het goede in elkaar en hun geslachtsdrift schijnt geen einde te kennen. Het is ook mogelijk jezelf door middel van denken een niet-sexy gevoel te geven, namelijk door je te concentreren op de negatieve kanten van je partner. Zo wordt voorkomen dat de hersenen de chemische stoffen vrijgeven die nodig zijn voor de geslachtsdrift.

Opnieuw verliefd worden

Het goede nieuws is dat je, omdat je jezelf door middel van denken een sexy gevoel kunt geven, jezelf ook door middel van denken op elk gewenst moment weer verliefd kunt maken door de hofmakerij die tijdens het begin van je relatie bestond, opnieuw in het leven te roepen. Dit is de reden waarom diners bij kaarslicht, romantische strandwandelingen en een weekendje weg met z'n tweetjes zo goed werken. Stellen krijgen op die manier een hormonale 'injectie' – het gevoel dat vaak wordt beschreven als een 'natuurlijk high-zijn' en 'high-zijn door liefde'. Geliefden die verwachten dat de roes van verliefdheid eeuwig duurt, worden helaas teleurgesteld. Maar als je effectief plant, kun je opnieuw verliefd worden wanneer je het gevoel hebt dat jullie dit nodig hebben.

De juiste partner vinden

Liefde begint met lust, die enkele uren, een paar dagen of een paar weken kan voortduren. Daarna volgt de verliefdheid, die gemiddeld drie tot twaalf maanden duurt, waarna hechting het overneemt. Wanneer de verblindende cocktail van hormonen na ongeveer een jaar afneemt, zien we nu onze partner in het kille daglicht. De gewoonten van de ander die we in het begin zo innemend vonden, worden nu irritant.

> *De bloem der liefde is de roos. Na drie dagen vallen de bloemblaadjes af en blijf je zitten met een lelijk, stekelig ding.*

Ooit vond je het vertederend dat hij nooit iets in de koelkast kon vinden, maar nu zou je het wel uit willen schreeuwen. Hij luisterde vroeger altijd graag naar je gepraat over kleine dingen, maar nu overweegt hij moord. Je vraagt je in stilte af: kan ik dit wel voor de rest van mijn leven uithouden? Wat hebben we met elkaar gemeen?

De kans is groot dat je niet veel met elkaar gemeen hebt en dat er niet veel is om over te praten. De natuur heeft tot doel mannen en vrouwen bij elkaar te brengen onder de invloed van een hormonale cocktail die veroorzaakt dat ze zich voortplanten en níét denken. Het vinden van de juiste partner houdt in dat je moet vaststellen welke dingen je met iemand gemeen zult hebben *op de lange termijn*, en dat je dit doet vóórdat de verblindende hormonencocktail der natuur toeslaat. Kun je, wanneer de verliefdheidsfase voorbij is – en voorbij gaat die –, een blijvende relatie onderhouden die is gebaseerd op vriendschap en gemeenschappelijke belangstellingen? Maak een lijst van eigenschappen en interessegebieden die je graag ziet bij een partner voor de lange duur, en dan weet je precies naar wie je op zoek bent. Een man zal ook een lijst van eigenschappen hebben voor zijn ideale maatje, maar wanneer hij naar een feestje gaat worden zijn hersenen overspoeld door testosteron. Hij gaat dan op zoek naar de 'ideale' vrouw vanuit een hormonale motivatie: ze moet mooie benen hebben, een platte buik, ronde billen, mooie borsten enzovoort – allemaal kenmerken die in verband staan met voortplanting op de korte termijn. Vrouwen willen een man die gevoelig en verzorgend is, met een V-vormige tors en een geweldige persoonlijkheid – allemaal dingen die in verband staan met kinderen grootbrengen, jagen op voedsel en bescherming bieden. Ook dit zijn biologische behoeften op de korte termijn, en die hebben weinig te maken met succes in een moderne relatie. Wanneer je een lijst opstelt van wenselijke eigenschappen van je volmaakte partner op de lange duur en deze bij de hand houdt, helpt dit je objectief te zijn tegenover een nieuw iemand wanneer de natuur een poging doet je gedachten en zin in seks te beheersen.

De natuur wil dat je je zo vaak mogelijk voortplant en maakt gebruik van de meest krachtige drugs om je daartoe aan te zetten. Wanneer je dit begrijpt en jezelf wapent met een taakomschrijving van je ideale partner op de lange termijn, loop je minder kans dat je erin tuint en meer kans op succes. Uiteindelijk zal je jacht op die moeilijk te vinden ideale partner ertoe leiden dat je lang en gelukkig met hem samenleeft.

Hoofdstuk 11

Naar een andere toekomst

'We komen waarschijnlijk nooit te weten wat onze visachtige voorouders ertoe aanzette uit het water te komen.'
David Attenborough – natuurkenner

Men zegt dat het geweldig is een man te zijn, omdat je dan in Tunesië topless over het strand kunt lopen zonder dat je gestenigd wordt, omdat je je niet hoeft te herinneren waar je je spullen hebt gelaten, en omdat je voor de ogen van bouwvakkers een banaan kunt gaan zitten eten. Het is geweldig een vrouw te zijn, omdat je je eigen kleren kunt kopen, omdat je je benen over elkaar kunt slaan zonder dat je hoeft te gaan verzitten en in het openbaar een man een klap in zijn gezicht kunt geven en iedereen dan denkt dat je groot gelijk hebt.

Mannen en vrouwen verschillen van elkaar. De een is niet beter dan de ander – maar verschillend. De wetenschap weet dit, maar politieke correctheid stelt alles in het werk om dit te ontkennen. Er heerst een sociale en politieke tendens om mannen en vrouwen gelijk te behandelden, waarbij men uitgaat van de vreemde overtuiging dat mannen en vrouwen hetzelfde zijn. Dat zijn ze aantoonbaar niet.

Wat willen mannen en vrouwen echt?

Voor de moderne man is er de afgelopen eeuwen niet veel veranderd. Van de mannen van nu zegt 87 procent dat hun werk het belangrijkste in hun leven is, en 99 procent zegt dat ze een seksleven willen waar de vonken vanaf vliegen. Maar de prioriteiten van de moderne vrouw liggen anders dan die van hun moeders en grootmoeders.

Veel vrouwen hebben gekozen voor een professionele carrière, omdat ze sommige dingen willen die mannen hebben: geld, prestige en macht. Onderzoek toont aan dat carrièrevrouwen te maken krijgen met neveneffecten die meer bij mannen horen: hartproblemen, maagzweren, stress en vroegtijdig overlijden. Werkende vrouwen drinken en roken in deze tijd meer dan tijdens welke andere periode in de geschiedenis ook. Een op de drie carrièrevrouwen in het Engeland rookt.

> *Meer dan één op de drie vrouwen neemt tegenwoordig negen dagen per jaar vrij vanwege stress.*

Van de carrièrevrouwen zegt 44 procent dat hun werk de grootste bron van stress vormt. Een onderzoek onder vijfduizend vrouwen dat werd uitgevoerd door de Britse particuliere ziektekostenverzekeraar BUPA en het gezondheidstijdschrift *Top Santé* toonde aan dat 66 procent het gevoel had dat overwerk schadelijk was voor hun gezondheid.

De meeste vrouwen zeiden ook dat als geld niet het doel was, ze er de voorkeur aan zouden geven huisvrouw of niet-werkende vrouw te zijn. Slechts 19 procent zei geïnteresseerd te zijn in het carrièremaken. Bij een soortgelijk onderzoek in Australië stond carrière bij slechts bij 5 procent van de vrouwen tussen de achttien en vijfenzestig jaar boven aan het prioriteitenlijstje; het moederschap stond als eerste keuze vermeld. Zestig procent van de vrouwen in de leeftijdsgroep 31-39 jaar zei dat het moederschap nummer 1 stond; carrière scoorde slechts 18 procent.

Over de hele linie zette 80 procent van alle vrouwen het grootbrengen van hun kinderen in een traditioneel gezinsverband boven aan hun prioriteitenlijst, waarmee wordt aangetoond dat de opgeklopte mediaberichten en de feministische beweging niet zo'n grote invloed hebben gehad op de houding van vrouwen als vroeger werd aangenomen. De waarden en prioriteiten van moderne vrouwen zijn fundamenteel dezelfde als in vroeger eeuwen. Het dramatische verschil is dat 93 procent van de moderne vrouwen zegt dat financiële onafhankelijkheid voor hen van levensbelang is, en 62 procent wil meer politieke macht – met andere woorden, ze willen niet afhankelijk zijn van mannen.

Wat betreft hun persoonlijke leven staat seks bij slechts 1 procent van de vrouwen boven aan, vergeleken bij 45 procent voor vertrouwen en 22 procent voor respect. Slechts 20 procent van de

vrouwen zei dat hun seksleven fantastisch was en 63 procent zei dat hun partner geen geweldige minnaar was.
De einduitkomst is dat bij de meeste vrouwen het moederschap nog altijd boven aan de lijst staat van de dingen die de grootste bevrediging schenken. Veel carrièrevrouwen zeggen dat ze werken voor het geld; ze wonen meestal in steden, waar een dubbel inkomen cruciaal is om te overleven. Velen schijnen te geloven dat geld verdienen om de volgende generatie te voeden, te kleden en te onderwijzen een edeler zaak is dan de opvoeding ervan. Vrouwen genieten meer van het ouderschap dan mannen, en helaas zullen de meeste mannen het ouderschap pas gaan waarderen als ze grootvaders zijn.

Beroepskeuzen

Over het geheel genomen zijn de beroepskeuzen niet zoveel veranderd voor mannen, bij wie een carrière die in verband staat met ruimtelijk inzicht nog altijd bovenaan staat. Er zijn meer mannen traditioneel vrouwelijke beroepen ingegaan, maar een onderzoek onder deze mannen zou aantonen dat ze in meer of mindere mate hersenen met een vrouwelijke aanleg hebben. Dit is duidelijk te zien binnen vakgebieden als kapperswerk en creativiteit, en het is minder duidelijk bij beroepen als therapeut en leerkracht.
Voor vrouwen zijn er echter een paar dingen veranderd. Van de werkende vrouwen in de Verenigde Staten is tegenwoordig 84 procent werkzaam in de informatie- en dienstverlenende sectoren. In de westerse wereld zijn circa de helft tot tweederde van alle nieuwe bedrijven het eigendom van vrouwen, en vrouwen vervullen nu meer dan 40 procent van de uitvoerende, administratieve en managementfuncties.

Als je een vrouw bent die in een traditionele mannelijke hiërarchie werkt, heb je twee mogelijkheden: ontslag nemen of vermannelijken.

Binnen de traditionele mannelijke hiërarchieën moeten vrouwen nog altijd een gevecht leveren om de topbanen te krijgen, en zoals we hebben gezien ambiëren de meeste vrouwen deze posities niet eens. Binnen de meeste politieke systemen is minder dan 5 procent van de politici vrouw, hoewel vrouwen wel 50 procent van alle mediaverslaggeving voor hun rekening lijken te nemen. Als je een vrouw bent die binnen een traditionele mannelijke hiërarchie werkt, heb je twee mogelijkheden om succesvol te worden: de eerste is ontslag nemen en een baan zien te vinden waarin vrouwen een eerlijke kans krijgen, en de tweede is om je meer als een man te gedragen. Mannelijkheid opent nog altijd deuren en onderzoek bevestigt dat vrouwen met een meer mannelijke kleding een betere kans maken te worden geselecteerd voor managementposities dan vrouwen die zich vrouwelijk kleden – zelfs wanneer de besluitvormer een vrouw is. Mannelijke ondervragers van sollicitanten geven ook de voorkeur aan kandidaten die geen parfum op hebben.

De vervrouwelijking van de zakenwereld

Mannelijke eigenschappen en waarden zijn er grotendeels verantwoordelijk voor dat mensen naar de top worden gedreven, maar vrouwelijke waarden worden al snel de enige manier om daar te blijven.

De meeste organisaties werden van oudsher beheerst door een mannelijke hiërarchie met een dominante mannelijke leider, wiens credo luidde: 'Volg mij, of anders...!' Deze organisaties worden vandaag de dag alras tot een zeldzaamheid, net zoals de ruwe bink op school, die naar de top steeg in een tijd dat spierkracht meer waard was dan hersens, nu ook onmiskenbaar wordt veracht. Iedereen die naar de top streeft, moet begrip hebben van de mannelijke prioriteiten, maar vrouwelijke waardesystemen zijn in deze tijd veel beter geschikt om de hele show op efficiënte en harmonieuze wijze te laten slagen.

Op topniveau leidt een nadruk op mannelijke waarden tot een interne machtsstrijd. Individuen willen er 'alleen tegenaan' wanneer er geen overeenkomst kan worden bereikt. Initiatief en intuïtieve ingevingen nemen geen plaats in binnen het gevecht om de beste te lijken of te zijn, ongeacht de vraag of nieuwe strategieën of benaderingen vanuit de zijlinie zouden kunnen aansporen tot nieuwe groei en ontwikkeling. Vrouwelijke waarden sporen daarentegen aan tot teamwerk, samenwerking en onderlinge afhankelijkheid, hetgeen veel beter past bij de strategische vermogens en menselijke middelen. Dit betekent niet dat een man vrouwelijk moet zijn of dat een vrouw mannelijk moet zijn, maar mannen en vrouwen moeten begrijpen dat als het gaat om het beklimmen van de ladder naar de top het systeem van elk geslacht op verschillende tijdstippen van wezenlijk belang is.

Is dit alles politiek correct?

We bestudeerden meer dan tienduizend conferentieafgevaardigden in zes landen waar politieke correctheid hoog op de politieke agenda staat en ontdekten dat 98 procent van de mannen en 94 procent van de vrouwen het gevoel had dat die beklemmend is geworden en dat hun recht om zonder censuur te zeggen wat ze voelen erdoor wordt onderdrukt.

Politieke correctheid was met betrekking tot sekse oorspronkelijk bedoeld om de seksistische vooroordelen, het taalgebruik en de ongelijkheid tussen mannen en vrouwen tegen te gaan en om vrouwen gelijke kansen te bieden. Vrouwen werden zogenaamd onderdrukt door dominante mannen, maar het is duidelijk dat politieke correctheid niet door de meerderheid wordt ondersteund. Zal die gedachte dus ooit vruchten afwerpen? Wetenschappers zeggen dat dit onwaarschijnlijk is. Het heeft miljoenen jaren geduurd voordat mannen en vrouwen zich ontwikkelden tot wat ze nu zijn en het zal waarschijnlijk nog een miljoen jaar duren voor ze zich hebben ontwikkeld tot wezens die passen bij een politiek correcte omgeving. Het grootste probleem waarmee de mensheid vandaag de dag wordt geconfronteerd, is dat hun hoogstaande idealen en ideeën over gedrag miljoenen jaren voorliggen op hun genetische werkelijkheid.

Onze biologie is niet veel veranderd

Jongens willen met dingen spelen, meisjes willen een interactie met mensen aangaan. Jongens willen beheersen, domineren en de top bereiken, maar meisjes houden zich meer bezig met moraliteit, relaties en mensen. Binnen de zakenwereld en de politieke arena zijn vrouwen nog altijd in de minderheid, maar niet vanwege mannelijke onderdrukking. Het is gewoon een gegeven dat vrouwen hier niet in zijn geïnteresseerd.

Ondanks de beste bedoelingen wat betreft gelijke kansen, nemen jongens koppig een baan die te maken heeft met techniek en ruimtelijk inzicht en lijken meisjes zich genoodzaakt te voelen een baan te zoeken die te maken heeft met menselijke interactie.

In de kibboetsen in Israël wordt al jaren geprobeerd de seksestereotypen van jongens en meisjes op te heffen. De kleding, het schoeisel, de haardracht en levensstijl van de kinderen kregen één geslachtloos, neutraal model. Jongens werden aangemoedigd met poppen te spelen, te naaien, te breien, te koken en schoon te maken, en meisjes werden gemotiveerd om te voetballen, in bomen te klimmen en darts te spelen. Het idee achter de kibboets was een seksueel neutrale gemeenschap waarin geen rigide formules bestonden voor elk geslacht en waarin ieder lid gelijke kansen en gelijke verantwoordelijken binnen de groep had. Seksistisch taalgebruik en uitspraken als: 'Grote jongens huilen niet', en: 'Kleine meisjes maken zich niet vies' werden afgeschaft en de bewoners van de kibboetsen beweerden dat ze konden aantonen dat de rollen onderling volledig verwisselbaar waren. Wat is er dan gebeurd?

Onderzoek heeft na 90 jaar kibboetsen aangetoond dat jongens voortdurend agressief en ongehoorzaam gedrag vertoonden, machtsgroepen vormden, onderling vochten, ongeschreven hiërarchieën vormden en 'deals' sloten, terwijl de meisjes met elkaar

samenwerkten, conflicten vermeden, hartelijk waren, vriendschappen sloten en met elkaar deelden. Wanneer ze de vrije keuze kregen wat opleiding betrof, koos elke groep voor seksespecifieke vakken: de jongens voor natuurwetenschappen, techniek en sport, de meisjes voor onderwijs, therapie, verpleging en personeelsmanagement. Hun biologie leidde hen naar activiteiten en beroepen die pasten bij de aanleg van hun hersenen.
Onderzoek onder neutraal opgevoede kinderen in deze gemeenschappen lieten zien dat het opheffen van de moeder-kindband het sekseverschil of de voorkeuren bij kinderen niet opheft. Er ontstaat dan juist een generatie kinderen die zich verwaarloosd voelen en verward zijn en naar alle waarschijnlijkheid opgroeien tot 'zieke' volwassenen.

Ten slotte...

Relaties tussen mannen en vrouwen functioneren ondanks de overweldigende verschillen tussen de geslachten. De grootste verdienste ligt hierbij bij de vrouwen, omdat zij beschikken over de noodzakelijke vaardigheden om relaties en familie te beheren. Ze zijn uitgerust met het vermogen de motieven en betekenissen aan te voelen achter taalgebruik en gedrag, en kunnen daarom uitkomsten voorspellen of vroegtijdig actie ondernemen om problemen af te wenden. Mannen zijn uitgerust voor de jacht en het jagen op voedsel, voor het terugvinden van de weg naar huis, voor in het vuur staren en zich voortplanten – meer niet. Ze moeten, net als de vrouwen, nieuwe manieren leren om zich in deze moderne wereld staande te houden.
Relaties worden wankel wanneer mannen en vrouwen er niet in slagen te onderkennen dat ze biologisch van elkaar verschillen en wanneer een ieder verwacht dat de ander aan zijn of haar verwachtingen voldoet. Veel van de stress die wij in relaties ervaren, komt voort uit de onjuiste overtuiging dat mannen en vrouwen hetzelfde zouden zijn en dezelfde prioriteiten, drijfveren en verlangens zouden hebben.
Voor het eerst in de menselijke geschiedenis brengen wij nu kin-

deren groot en onderwijzen we hen op identieke wijze, waarbij hun wordt bijgebracht dat ze hetzelfde zijn en dat de een net zo vaardig is als de ander. Vervolgens gaan ze als volwassenen trouwen en worden ze op een ochtend wakker om tot de ontdekking te komen dat ze op alle manieren en in alle gedaanten en vormen van elkaar verschillen. Het is geen wonder dat de relaties en huwelijken van jonge mensen zich in zo'n impasse bevinden. In elk idee dat volhardt in seksuele uniformiteit schuilt gevaar, omdat dit hetzelfde gedrag veronderstelt van mannen en vrouwen, terwijl hun hersenbouw sterk verschilt. Soms is het moeilijk te begrijpen waarom de natuur zo'n duidelijke onverenigbaarheid tussen de geslachten heeft bedacht, maar dat lijkt alleen maar zo omdat onze biologie zo in conflict is met onze huidige omgeving.
Het goede nieuws is dat je, wanneer je de oorsprong van de verschillen begrijpt, er makkelijker mee kunt leven, dat je ermee om kunt gaan, ze leert waarderen en uiteindelijk ook leert koesteren. Mannen willen macht, prestaties en seks. Vrouwen willen relaties, stabiliteit en liefde. Het heeft net zo weinig zin hierdoor van streek te raken als je op te winden over het weer. Als je aanvaardt dat het regent, stelt dat je in staat het weer aan te kunnen door een paraplu mee te nemen of regenjas aan te trekken, waardoor het niet langer een probleem is. Op dezelfde manier word je, door de moeilijkheden of conflicten die in een relatie kunnen ontstaan als gevolg van onze verschillen, in staat gesteld te anticiperen en ze te bezweren wanneer ze de kop opsteken.
Dag in dag uit geven hersenscans ons nieuwe en opwindende inzichten over de manier waarop onze hersenen werken en verklaren ze veel dingen die we als vanzelfsprekend beschouwen. Wanneer een meisje met anorexia in de spiegel kijkt, ziet ze iemand die dik is. Wat ze ziet, is op de een of andere manier een vertekening van haar werkelijkheid. Dokter Bryan Lask van het Londense Great Ormond Street-ziekenhuis maakte in 1988 scans van de hersenen van tieners die aan anorexia leden en ontdekte dat ze bijna allemaal een verminderde doorbloeding hadden naar dat gedeelte van de hersenen dat met het gezichtsvermogen in verband staat. Zijn onderzoek is maar een van de tientallen die onthullen wat er in de hersenen gebeurt wanneer het niet gaat zoals het moet.

Er komt van wetenschappers in de hele wereld voortdurend deugdelijk bewijs dat aantoont dat biochemische stoffen in de baarmoeder richting geven aan de structuur van onze hersenen, wat op zijn beurt onze voorkeuren dicteert. Maar de meesten van ons hebben geen kostbare hersenscanapparatuur nodig om te weten dat mannen niet luisteren en vrouwen geen kaart kunnen lezen; de apparatuur verklaart alleen datgene dat vaak al vaststaat.

Met dit boek hebben we informatie aangeboden die je waarschijnlijk op onbewust niveau al bekend was, maar die je nooit bewust hebt kunnen begrijpen.

Het is verbazingwekkend dat er nu, aan het begin van de eenentwintigste eeuw, op onze scholen nog steeds geen les wordt gegeven in begrip van de relaties tussen mannen en vrouwen. We bestuderen liever ratten die in doolhoven rondrennen, of bekijken hoe een aap een achterwaartse salto maakt wanneer hij hiertoe wordt geconditioneerd door middel van een beloningssysteem met bananen. De wetenschap is een traag voortsjokkende discipline en heeft jaren nodig om de resultaten in het onderwijs te integreren.

Daarom is het aan jou, de lezer, om jezelf te onderwijzen. Want alleen dan kun je hopen op een relatie die zo gelukkig en vervullend is als zowel mannen als vrouwen verdienen.

Dankbetuiging

We willen de volgende mensen danken voor de bijdrage die ze direct, indirect en vaak zonder het te weten aan dit boek hebben geleverd.

Ray & Ruth Pease, Bill & Beat Suter, Alison & Mike Tilley, Jaci Eliott, Stella Brocklesby, Paula Thompson, Natasha Thompson, Col & Jill Haste, dr. Desmond Morris, prof. Detlef Linke, Carole Tonkinson, prof. Alan Garner, Bronia Szczygiel, John & Sue Macintosh, Kevin Austin, dr. John Tickell, dr. Rosie King, dr. Barry Kitchen, Diana Ritchie, Cadbury Schwepps, Amanda Gore, Esther Rantzen, Melissa, Cameron & Jasmine Pease, John Fenton, Adam Sellars, Gary Skinner, Mike & Carol Pease, Andy Clarke, Len & Sue Smith, dr. Dennis Waitley, Fiona & Michael Hedger, Christine Maher, Ray Marin, dr. Rudi Brasch, Michael Kelly, prof. Stephen Dain, Christine Craigie, dr. Themi Garagounas, prof. Dennis Burnham, prof. Barbara Gillham, Bryan Cockerill, Leanne Wilson, Geoff Arnold, Lisa Tierney, Robyn McCormick, Kerri-Anne Kennerley, Geoff Birch, Jonathan Norman, Marie Ricot, Jill Bett, Glen Harrison, Julie Fenton, Nick Symons, Peter & Hilary Westwood, Richard & Linda Denny, Sheila Watson-Challis, Angela Watson-Challis, Simon Howard, Simon Timothy Lee, Tom Kenyon-Slaney, Tony en Patrica Earle, Darley Anderson, Sue Irvin, Leanne Christie, Anita & Dave Kite, Barry Toepher, Bert Newton, Brendan Walsh, Carrie Siipola, Debbie Tawse, Celia Barnes, Christina Peters, Hannelore Federspiel, David & Jan Goodwin, Eunice en Ken Worden, Frank en Cavill Boggs, Graham & Tracey Dufty, Graham Shields, Grant Sexton, Kaz Lyon, Barry Markoff, Peter Rosetti, Max Hitchins, Debbie Mehrtens, Jack & Valerie Collis, Allison & John Allanson, John Hepworth, Pru Watts, Michael & Sue Rabbit, Michael & Sue Burnett, Michael & Kaye Goldring, Mike Schoettler, Peter & Jill Gosper, Rachel Jones, Ros & Simon Townsend, Sussan Hawryluk, Sue Williams, Terry & Tammy Butler, W. Mitchell.

Literatuur

Antes, J.R., McBridge, R.B., and Collins, J.D. (1988). *The effect of a new city route on the cognitive maps of its residents.* Environment and Behaviour, 20, 75-91.

Baker, Robin. *De Spermaoorlog: het slagveld van seksueel conflict en ontrouw.* Arbeiderspers.

Barash, D. (1981), *Sociobiology.* London: Fontana.

Beatty, W.W., and Truster, A.I. (1987). *Gender differences in geographical knowledge.* Sex Roles, 16, 565-590.

Beatty. W.W. (1988). *The Fargo Map Test: A standardised method for assessing remote memory for visuospatial information.* Journal of Clinical Psychology, 44, 61-67.

Becker, J.B., Marc Breedlove, S., and Crews, D. *Behavioural Endocrinology.* The MIT Press/Bradford Books (1992).

Blum, D. *Sex on the Brain.* Viking, Penguin.

Brown, M.A., and Broadway, M.J. (1981). *The cognitive maps of adolescents: Confusion about inter-town distances.* Professional Geographer, 33, 315-325.

Buss, David, *The Evolution of Desire.* Basic Books.

Cabot, Dr Sandra, *Don't Let Your Hormones Rule Your Life.* Women's Health Advisory Service, Sydney, 1991.

Chang, K.T., and Antes, J.R. (1987). *Sex and cultural differences in map reading.* The American Cartographer, 14, 29-42.

Crick, F. *The Astonishing Hypothesis.* Touchstone Books. 1995

Darwin, C. D*e reis van de Beagle.* Uitgeverij Contact.

Dawkins, R. *Onze zelfzuchtige genen.* Uitgeverij Contact.

Dawkins, R. *De blinde horlogemaker.* Uitgeverij Contact.

Deacon, T., Lane, A. *The Symbolic Species: The Co-Evolution of Language and the Human Brain.*

DeVries, G.J., De Bruin, J.P.C., Uylings, H.B.M., and Corner, M.A., *The relationship between Structure and Function, Progress in Brain Research.* Vol 61. Elsevier, (1984).

Dixon, N. (1988), *Our Own Worst Enemy.* London: Futura.

Diamond, J. (1992), *The Rise and Fall of the Third Chimpanzee*, London: Vintage.
Dubovsky, S.L., Norton, W.W. *Mind-Body Deceptions.* W.W.Norton & Co. 1997.
Farrell, Dr Elizabeth and Westmore, Ann., *The HRT Handbook*, Anne O'Donovan Pty Ltd, Australia, 1993.
Fisher, Helen, *Over de liefde.* Uitgeverij Contact.
Gardner H., Weidenfeld and Nicolson. *Extraordinary Minds.* Basic Books.
Glass, Lillian (1992). Bantam Books, *He Says, She Says.*
Goleman, D. Bloomsbury. *Emotionele Intelligentie.* Uitgeverij Contact.
Gray, John. *Mars & Venus voor altijd samen.* Uitgeverij Het Spectrum.
Gray, John. *Mars and Venus in de slaapkamer.* Uitgeverij Het Spectrum.
Greenfield, S., Freeman, W.H. *Journey to the Centers of the Mind.* Basic Books. 1998.
Greenfield, S., Weidenfeld and Nicholson. *Het menselijk brein.* Uitgeverij Contact.
Hobson J.A., Little, Brown. *The Chemistry of Conscious States: How the Brain Changes Its Mind.*
Johnson, Gary. *Monkey Business.* Uitgeverij Thema.
Kimura, D. (1992). *Sex differences in the brain.* Scientific American, 267, 118-125.
Kimura, D. (1995). *Estrogen replacement therapy may protect against intellectual decline in post-menopausal women.* Hormones and Behaviour, 29, 312-321.
Kimura, D. (1996). *Sex, sexual orientation and sex hormones influence human cognitive function.* Current Opinion in Neurobiology, 6, 259-263.
Kimura, D. and Hampson, E. (1994). *Cognitive pattern in men and women is influenced by fluctuations in sex hormones.* Current Directions in Psychological Science, 3, 57-61.
Kumler and Butterfield, University of Colorado (1998). *Gender Difference In Map Reading.*
MacCoby, E. and Jacklin, C. (1974). *The Psychology of Sex Differences.* Stanford University Press. 1987.
Martin P., *The Sickening Mind.* HarperCollins.
Maynard Smith, J. (1993), *Did Darwin Get It Right?*, London: Penguin.
Morris, Desmond (1990) *Animal watching*, Arrow Books.
Ornstein, R., *The Right Mind: Making Sense of the Hemispheres.* Roundhouse.
Pertot, Dr Sandra, *A commonsense Guide to Sex*, Harper Collins, Sydney, 1994.

Rabin, Claire, *Equal Partners, Good Friends – Empowering couples through therapy*, Routledge, London, 1996.
Reinisch, J.M., Rosenblum, L.A. and Sanders, S.A., *Masculinity/Femininity*. Oxford.
Reisner, Paul, *Couplehood*, Bantam, USA, 1994.
Shapiro, R. (1988), *Origins*, London: Pelican.
Wilson, E.O. (1980), *Sociobiology*, Cambridge, Massachusetts: Belknap Press of Harvard.
Wolf, Naomi, *The Beauty Myth*. Anchor. 1992.
Wright, R. *Het morele dier*. Wereldbibliotheek.
Young, J.Z. (1979), *An Introduction to the Study of Man*, Oxford: Oxford University Press.